Becker · Äbte, Kies und Duffesbach

Hans-Michel Becker

# Äbte, Kies
# und Duffesbach

Zur Geschichte der Kölner
Vororte Sülz und Klettenberg

Verlag J. P. Bachem in Köln

Die Illustration auf dem Einband zeigt
den de-Noël-Platz in Sülz
nach einer aquarellierten Zeichnung
von Heinrich Keller aus dem Jahr 1961

CIP-Kurztitelaufnahme der Deutschen Bibliothek

**Becker, Hans-Michel:**
Äbte, Kies und Duffesbach: zur Geschichte d.
Kölner Vororte Sülz und Klettenberg / Hans-Michel Becker.
– 1. Aufl. – Köln: Bachem, 1987.
  ISBN 3-7616-0897-7

Erste Auflage · 1987
© J. P. Bachem Verlag, Köln, 1987
Gestaltung und Einbandentwurf:
Helmut Hartrumpf, Köln
Satz und Druck: J. P. Bachem, Köln
Reproduktionen: Willy Kühl, Köln
Einband: Hunke & Schröder, Iserlohn
Printed in Germany
ISBN 3-7616-0897-7

# Inhalt

6

# Der Bach war schon da, aber sonst . . .

Die weite Ebene zwischen dem Stadtgebiet von Köln und der Ville, die den Süden und Südwesten der Kölner Bucht begrenzt, verdankt ihr Entstehen und ihre heutige Gestalt vorwiegend dem Rhein. Vor Jahrtausenden hat der Strom im Verlauf und Wechsel von Eiszeiten und Zwischeneiszeiten eine Landschaft geprägt, die in drei Höhenschritten von der Niederterrasse mit der Stadt Köln und deren unmittelbarer Umgebung über die Mittelterrasse des erweiterten Umfelds zu den Höhen des Vorgebirges, der Hauptterrasse, emporsteigt und dabei einen Höhenunterschied von etwa 100 m überwindet.

Der Boden, nur noch auf der Hauptterrasse teilweise bewaldet, besteht vorwiegend aus Sand und Löß. Der sandige Boden der Niederterrasse setzt sich im Lößlehm und Löß der Mittelterrasse fort; nur auf der Höhe der Ville ist neben Lößlehm auch Grauerde zu finden.

Zahlreiche Bäche ergießen sich vom Vorgebirge in die Kölner Bucht. Sie führen jedoch wenig Wasser mit sich und verdunsten auf ihrem Weg in die Ebene, ehe sie den Rhein erreichen. Die einzige Ausnahme bildet der Duffesbach. Er entspringt in der Nähe von Hürth im Waldgebiet der Ville und mündet am Ende seines Laufs durch die Kölner Bucht innerhalb des Stadtgebiets in den Rhein. Für die Geschichte von Sülz ist er von erheblicher Bedeutung.

Klima und Boden der Kölner Bucht sind für den Ackerbau günstig. Ausreichende Niederschläge und milde Winter – die Kölner Bucht zählt zu den schneeärmsten Gebieten Deutschlands – machten es möglich, daß sich bereits in vorgeschichtlicher Zeit hier Menschen ansiedeln konnten.

Die Bandkeramiker der Jüngeren Steinzeit waren wohl um 3000 v. Chr. die ersten, die sich in der Kölner Bucht am Rand der Mittelterrasse zur Niederterrasse seßhaft gemacht haben. Sie fanden hier, was für eine frühe Ansiedlung unverzichtbar war: neben dem günstigen Klima und dem fruchtbaren Boden den nahen Wald und damit Holz, unentbehrlich für Heizung, Hausbau, Stallung und Gerät. Der Eichenmischwald, durchsetzt mit Buche, Erle, Ahorn und Linde, eignete sich darüber hinaus als Weidegrund; hierhin wurden die Schweine zur Mast getrieben.

Daß sich im Gebiet des heutigen Sülz-Klettenberg bisher keine steinzeitlichen Siedlungen – wie etwa im benachbarten Lindenthal – gefunden haben, hängt wohl damit zusammen, daß sich die Oberflächengestalt gerade dieses Gebietes für eine frühe Ansiedlung als wenig günstig erwiesen hat. Auf diesen Umstand deutet der Name »Sülz« hin. Er taucht zuerst in einer Urkunde des 12. Jahrhunderts in der Form »Sulpeze« auf. In späteren Urkunden finden sich »Sulpze« und »Sulpce«. Um die Mitte des 14. Jahrhunderts ist von »Sulpse« die Rede; einige Jahrzehnte später heißt es dann »Sulze«, »Sultze«, »Sultz« oder auch »Suls« bzw. »Sulss«. Der Umlaut »ü« dagegen findet sich erst in der Neuzeit.

In welcher Form auch immer der Name »Sülz« erschien, er kennzeichnete ein Areal samt dem Hof, der sich darauf befand. Die allen Formen von »Sülz« zugehörige Sprachwurzel »sul« bedeutet soviel wie Morast, Sumpf, nasser Grund und kann im Zusammenhang mit dem im benachbarten Gebiet vorkommenden »mar« für stehendes Gewässer – s. »Komar« – die Geländeform belegen, die der Duffesbach in Jahrtausenden geschaffen hat.

Die unterschiedliche Rechtschreibung ist nicht weiter verwunderlich: eine einheitliche Rechtschreibung gab es im gesamten Mittelalter und bis weit in die Neuzeit ebensowenig wie eine einheitliche deutsche Hochsprache. Die des Schreibens Kundigen – es waren nicht allzu viele – verließen sich bei der Niederschrift eines Textes auf ihr Gehör oder schrieben von älteren Urkunden ab; Schreibfehler waren nicht eben selten.

Auch »Klettenberg« ist ein Flurname. 1225 ist in einer Urkunde von einem Lehen in »Smithusin et Cletenbergh« die Rede; ebenfalls im 13. Jahrhundert lassen sich die Bezeichnungen »Cleyttenberch«, »Cletenbergh« und »Clettenbergh« in weiteren Urkunden der Zeit nachweisen. 1318 spricht eine Urkunde von »mons« (deutsch: Berg), der »Cleyttenberg« genannt wird.

Die Namen beider heutigen Kölner Vororte finden sich ab dem 12. Jahrhundert in lateinischen Urkunden der Zeit. Ohne Zweifel aber sind beide Flurnamen deutschsprachigen Ursprungs und älter, als die Urkunden belegen. Während im frühen und hohen Mittelalter das Lateinische die Amtssprache königlicher, adliger und kirchlicher Verlautbarungen und damit offizielle Schriftsprache war, herrschte im Alltag das Deutsche vor, und zwar in der Kölner Gegend in seiner rheinfränkischen Form. Das Volk prägte in seiner Sprache Namen und Begriffe, und ein Teil davon fand Aufnahme auch in die amtlichen lateinischen Urkunden, zumal dann, wenn entsprechende lateinische Bezeichnungen offensichtlich fehlten.

# Ohne Römer geht nichts in Köln . . .

Mit dem Erscheinen der Römer um die Mitte des ersten vorchristlichen Jahrhunderts geriet auch das Gebiet an Mittel- und Niederrhein in den Sog der römischen Macht. Hier hatten bisher die keltischen Eburonen ihre Wohnsitze gehabt. Sie wurden aber im Jahr 53 v. Chr. von Julius Caesar aus Rache für den Überfall auf Teile seines Heeres fast vollständig ausgerottet. In den nun menschenleer gewordenen Raum begann 38 v. Chr. der römische Feldherr Vipsanius Agrippa die germanischen Ubier umzusiedeln. Diese hatten zuvor auf dem rechten Rheinufer zwischen Sieg und Lahn gewohnt, sich aber bei den benachbarten germanischen Stämmen wegen ihrer römerfreundlichen Haltung recht unbeliebt gemacht. Ihre Umsiedlung vollzog sich offenbar über eine Reihe von Jahren und kann um das Jahr 12 v. Chr., Agrippas Todesjahr, als abgeschlossen gelten. Neben das »Oppidum Ubiorum«, die Ubiersiedlung, bauten die Römer ihr Militärlager: es sieht so aus, als hätte sich ihr Vertrauen zu ihren germanischen Bundesgenossen mit einer gehörigen Portion Vorsicht gemischt. In diesem römischen Militärlager wurde 16. n. Chr. Agrippina die Jüngere geboren. Ihr Vater Germanicus war römischer Oberbefehlshaber am Rhein, ihre Mutter, Agrippina die Ältere, eine Tochter des Agrippa. Die jüngere Agrippina, äußerst ehrgeizig und in der Wahl ihrer Mittel alles andere als zimperlich, stieg schließlich in Rom zu den höchsten Ehren auf: sie heiratete in zweiter Ehe ihren Onkel, den römischen Kaiser Claudius, und bewog ihn, ihren Geburtsort römischen Veteranen als Wohnort zuzuweisen. So wurde im Jahr 50 n. Chr. die »Colonia Claudia Ara Agrippinensium« – der lateinische Name Kölns, in der Abkürzung CCAA – römische Stadt und blieb bis in das fünfte nachchristliche Jahrhundert das bedeutendste politische und kulturelle Zentrum römischer Herrschaft am Rhein.

Als eine der großen Römerstädte, als militärisches Bollwerk gegen die germanische Bedrohung und als Verkehrsmittelpunkt war Köln mit dem übrigen Reichsgebiet durch große Heerstraßen verbunden. Eine davon verlief von der »Colonia Agrippina«, wie die Stadt in den letzten Jahrhunderten der Römerherrschaft hieß, in südwestlicher Richtung zunächst parallel zum Lauf des Duffesbachs durch das Gebiet der heutigen Vororte Sülz und Klettenberg und weiter

*Agrippina die Jüngere*

*Glasierter Humpen aus einem Römergrab,
Fundort Luxemburger Straße, Ende 2. Jh. n. Chr.*

über die Ville hinweg bis zum Römerlager Tolbiacum, dem heutigen Zülpich. Dort teilte sich die Straße; ein Strang führte weiter nach Reims, ein zweiter erreichte über Trier, Metz und Lyon schließlich das Mittelmeer. Die heutige Luxemburger Straße, die den Verlauf der alten römischen Heerstraße nach Zülpich genau markiert, hieß deshalb folgerichtig bis weit in die zweite Hälfte des 19. Jahrhunderts hinein »Zülpicher Landstraße«. In ihrem Bereich, vor allem in der Nähe der Stadt, hinterließen die Römer zahlreiche Spuren. Sie erlauben Einsicht in die Vorstellung, die sich die Römer vom Leben nach dem Tod machten. Sie pflegten ihre Toten vor den Mauern ihrer Städte zu bestatten, oft zu den Seiten der großen Straßen. So lassen sich in Köln ausgedehnte römische Gräberfelder im Severinsviertel an der Heerstraße nach Bonn, um St. Ursula zur Seite der Straße nach Neuss und weiter

nach Nymwegen sowie um St. Gereon und St. Apostel nachweisen.

Auch an der Luxemburger Straße wurden die Archäologen zwischen Eifelwall und Weißhaus fündig. Das dortige Gräberfeld stammt aus dem dritten Viertel des ersten nachchristlichen Jahrhunderts sowie dem zweiten und dritten Jahrhundert, also aus der Zeit nach der Erhebung Kölns zur römischen Stadt. Die Toten waren in Brand- und Körpergräbern bestattet. Der Leichenbrand in den Urnen war teilweise mit Brandschutt vermischt, was darauf hindeutet, daß die Leichen auf Scheiterhaufen verbrannt worden waren. Einige wenige Tote waren in Holz- und Tuffsteinkisten beigesetzt worden, im ganzen aber überwog die Brandbestattung. Fast alle entdeckten Gräber enthielten noch die damals üblichen Grabbeilagen oder deren Reste, in der Hauptsache Kultgegenstände. Auf der Darstellung einer

9

*Einhenkelkrug aus einem Römergrab,*
*Fundort Luxemburger Straße, 2. Hälfte 2. Jh. n. Chr.*

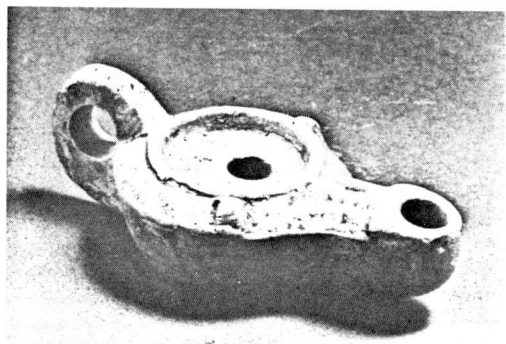

*Öllampe aus einem Römergrab,*
*Fundort Luxemburger Straße, um 100 n. Chr.*

Muttergottheit, die einen Hund auf ihrem Schoß trug, ließ sich – selten genug – der Name des Töpfers ermitteln: Fidelis hieß der Künstler; von ihm stammt offensichtlich auch die figürliche Darstellung der sitzenden Minerva, eine der römischen Hauptgottheiten. Aber auch Gebrauchsgegenstände fanden sich in den Gräbern: Werkzeug, Speisegeschirr, Kochtöpfe, Trinkbecher, Weinkrüge, Kosmetikfläschchen, Spielmarken, sogar ein Tintenfaß: was den Lebenden gedient hatte, sollte auch die Toten begleiten.

Neben der Heerstraße nach Zülpich und deren Gräberfeld hinterließen die Römer in der Sülzer Gemarkung ein weiteres bedeutendes Kulturdenkmal. Dem römischen Wunsch nach frischem Quellwasser für ihre Städte und Garnisonen konnte das Wasser des nahen Rheins nicht genügen, deshalb bauten sie eine Wasserleitung, die das kostbare Naß aus Eifel und Vorgebirge heranführte.

Um 50 n. Chr. konstruierten römische Ingenieure einen auf weite Strecken unterirdisch verlaufenden Kanal von den Tälern am nördlichen Rand des Vorgebirges zunächst bis nach Hermülheim; dort verbanden sich mehrere Zuleitungen zu einem Hauptkanal, der das Wasser weiter nach Köln leitete. Von dieser Anlage ist im äußeren Grüngürtel an der Berrenrather Straße ein Schlammfang erhalten. Außerdem wies der Kanal eine Reihe von Einstiegsschächten auf, die es ermöglichten, das Kanalinnere zu überprüfen und Störungen im Strömungsverlauf zu beseitigen.

*Pfeilerrest der römischen Wasserleitung,*
*Berrenrather Straße 436*

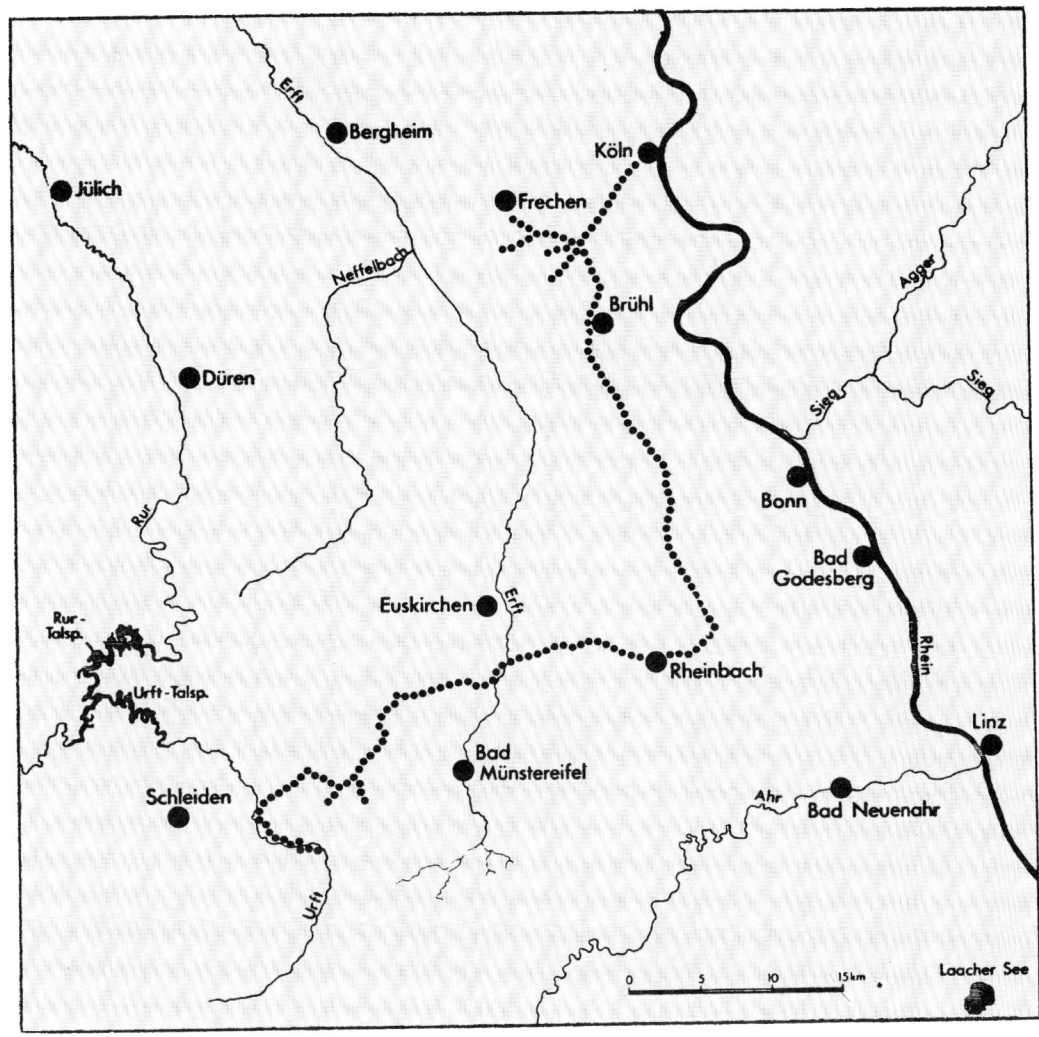

*Römische Wasserleitung nach Köln (nach W. Haberey)*

Offensichtlich aber ließ sich der wachsende Wasserbedarf des römischen Köln bald nicht mehr allein durch den Hürther Kanal befriedigen. Deshalb schritt man im zweiten Jahrhundert zum Bau einer neuen Wasserleitung. Sie begann in der Eifel zwischen Marmagen und Nettersheim, überwand auf ihrem Weg in die Ebene mehrere Täler durch kleinere Aquädukte und strebte schließlich vom Rand des Vorgebirges bei Hermülheim in fast gerader Linie, dabei meist der Richtung des älteren Kanals folgend, in einem mächtigen Aquädukt der Stadt Köln zu. Etwa 200 l pro Sekunde vermochte die neue Wasserleitung zu transportieren; so konnte das römische Köln täglich über 20 000 Kubikmeter besten Quellwassers verfügen. Leider sind von diesem bewundernswerten Zeugnis römischer Ingenieurkunst in der Gemarkung von Sülz, durch die hindurch die Wasserleitung nach Köln führte, kaum noch Überreste vorhanden. Lediglich der Stumpf eines Aquäduktpfeilers an der Berrenrather Straße in Höhe des Hauses Nr. 436 ist erhalten geblieben. In der frühen Neuzeit entstand daraus die Flurbezeichnung »Zum langen Stein«.

11

# Herrschaft bleibt Herrschaft . . .

Spätestens um die Mitte des 5. Jahrhunderts wurden die Römer am Rhein von den germanischen Franken vertrieben, so auch in Köln. Die neuen Herren teilten das eroberte Land in Gaue ein, an deren Spitze jeweils ein Gaugraf die oberste militärische und richterliche Gewalt ausübte. Köln mit seiner Umgebung wurde dem Kölngau zugeschlagen, der auch Gilgau hieß. Die Franken übernahmen den Grund und Boden, den ehemals die vornehmen römischen Eigentümer durch ihre unfreien Bauern, die Kolonen, hatten bewirtschaften lassen. Diese Kolonen waren an die Scholle gebunden und hatten ihren Herren, die entweder in der Stadt oder in einem Landhaus, einer »Villa«, inmitten ihres Besitzes vor den Mauern der Stadt wohnten, neben Pacht und Zins auch persönliche Dienste zu leisten. Eine derartige römische Grundherrschaft, wie sie auch in den Provinzen am Rhein ausgeübt wurde, beruhte auf dem Eigentum an Grund und Boden. Die Franken dagegen bevorzugten wie alle Germanen das Wohnen in Einzelhöfen oder kleinen Weilern. Familien und Sippen waren die Eigentümer von Grund und Boden; Familien und Gesinde unterstanden der »Munt«, der Herrschergewalt des Hausherrn. Der sich bereits während der fränkischen Landnahme herausbildende Adel verfügte jedoch im Gegensatz zu seinen römischen Vorgängern weniger über ausgebreiteten Landbesitz; der fränkische Adel bezog seine Bedeutung vielmehr aus dem Umstand, daß er über Personen herrschte. Bis zum 9. Jahrhundert veränderte sich dann bei den Franken die Grundherrschaft dergestalt, daß sie mit der früheren römischen Form verschmolz: die Herrschaft über Personen war nunmehr mit dem Besitz von Grund und Boden verbunden.
Mittelpunkt derartiger fränkischer Grundherrschaften unterschiedlicher Größe war der Herrenhof, als Wirtschafts- und Gerichtszentrum Sitz des Grundherrn, wenn dieser seinen Hof, dem oft eine Reihe kleinerer bäuerlicher Wirtschaftsbetriebe angeschlossen war, selbst bewirtschaftete. Wenn aber der Grundherr die eigene Bewirtschaftung von Grund und Boden einschränkte oder – wie bei geistlichen Grundherrschaften – der Herrensitz außerhalb des Höfeverbandes lag, wurde auf dem Herrenhof, auch Fronhof genannt, ein Meier oder Schultheiß als grundherrlicher Beamter eingesetzt. Dieser bestimmte und überwachte nun die Dienstleistungen der abhängigen Bauern und Knechte und war dafür verantwortlich, daß der Grundherr die geforderten Erträge aus der Bewirtschaftung seiner Güter erhielt. Dazu zählten nicht nur landwirtschaftliche Erzeugnisse; der Grundherr nahm auch handwerkliche Leistungen, wie sie innerhalb eines großen bäuerlichen Wirtschaftsbetriebs notwendig und üblich waren, für sich in Anspruch; ebenso erwartete er, daß Baumaterial angeliefert und verarbeitet sowie Wirtschaftsgüter entsprechend seinen Wünschen herangeschafft wurden. Die Aufgaben eines Meiers waren also sehr vielfältig, und es wird nicht immer leicht gewesen sein, die Ansprüche des Grundherrn zu dessen voller Zufriedenheit zu erfüllen. Der Meier übte jedoch auf dem Fronhof die niedere Gerichtsbarkeit aus und führte im Hofgericht, das sich auf den Fronhöfen zu einer eigenen Gerichtsgemeinde herausbildete, den Vorsitz; das stärkte seine Stellung nicht nur gegenüber den Hörigen, sondern auch gegenüber seinem Herrn.
Grundherren, die nur noch einen Teil ihres Grundbesitzes selbst bewirtschafteten, liehen den anderen Teil an ihre Grundholden aus, die sich dafür zu Abgaben und Dienstleistungen verpflichteten. Auf diese Weise wurde das Eigentum von seiner Nutzung getrennt. Eigentum aber bedeutete nicht nur Grund und Boden, dazu zählten auch Wohnhäuser, Stallungen, Scheunen, Mühlen, Kelter; auch deren Nutzung wurde ver-

liehen, zunächst auf Zeit, dann auf Dauer. Oft begaben sich auch freie Bauern in ihrem Bedürfnis nach Schutz und Sicherheit freiwillig in die Abhängigkeit eines mächtigen Grundherrn. Dies geschah in unterschiedlicher Weise: entweder verlieh der Grundherr einen Teil seines eigenen Bodens an den Bauern gegen Zins und Dienstleistungen, oder der Bauer überantwortete sein eigenes Land dem Grundherrn, um es als Lehen zurückzuempfangen. Wenn beide Leiheformen zusammenfielen, verfügte der nunmehr abhängige Bauer am Ende über mehr Land, als er als Freier besessen hatte.

Zwischen der Mitte des 5. Jahrhunderts und der zweiten Hälfte des 10. Jahrhunderts setzt die geschichtliche Überlieferung für Sülz-Klettenberg aus. Zwar ist die Annahme gerechtfertigt, daß während dieser Zeit fränkische Bauern auch das Gebiet vor den Toren der Römerstadt beiderseits der Luxemburger Straße bewohnt und landwirtschaftlich genutzt haben, es fehlen aber bisher schriftliche Quellen oder Bodenfunde, die in der Sülzer Gemarkung fränkische Höfe oder Weiler bezeugen könnten. Ein Teil des sehr umfangreichen römischen Siedlungslandes verwaldete. Unmittelbar vor der Stadt wird das kaum der Fall gewesen sein, denn hier waren zumindest noch Reste der von den Römern geschaffenen Kulturlandschaft mit Straße und Wasserzufluß vorhanden, was die landwirtschaftliche Nutzung des Gebiets zweifellos erleichterte.

# Wenn zur Tüchtigkeit erstklassige Beziehungen kommen . . .

Im Jahr 953 n. Chr. erhielt die Kölner Kirche in Bruno, dem jüngsten Bruder Kaiser Ottos I., des Großen, einen neuen Erzbischof. Bruno sollte trotz seiner Jugend – er war bei der Übernahme des Amts noch keine dreißig Jahre alt – zu einem der bedeutendsten Kölner Kirchenfürsten werden. Als Erzbischof von Köln, als Herr der Stadt mit der hohen Gerichtsbarkeit sowie dem königlichen Münz- und Zollrecht ausgestattet, erhielt er schon bald eine noch größere Machtfülle: sein königlicher Bruder belehnte ihn mit dem Herzogtum Lothringen. Nun vereinigte Bruno kirchliche und weltliche Gewalt in seiner Hand, ein Beispiel für die neue Ordnung in der Verwaltung des deutschen Reiches, wie sie Otto der Große geschaffen hatte. Der Kaiser ließ Bischöfe und Äbte auch weltliche Gewalt ausüben, nachdem alle Versuche gescheitert waren, das Reich mit Hilfe der Stammesherzöge oder der weltlichen Mitglieder der königlichen Familie zu regieren.

In seinem weltlichen Amt als Herzog von Lothringen bewies Bruno Tatkraft und politischen Weitblick. Zugleich bemühte er sich

*Erzbischof Bruno von Köln (953–965),*
*Tuschezeichnung von J. M. Laporterie, 1793*

13

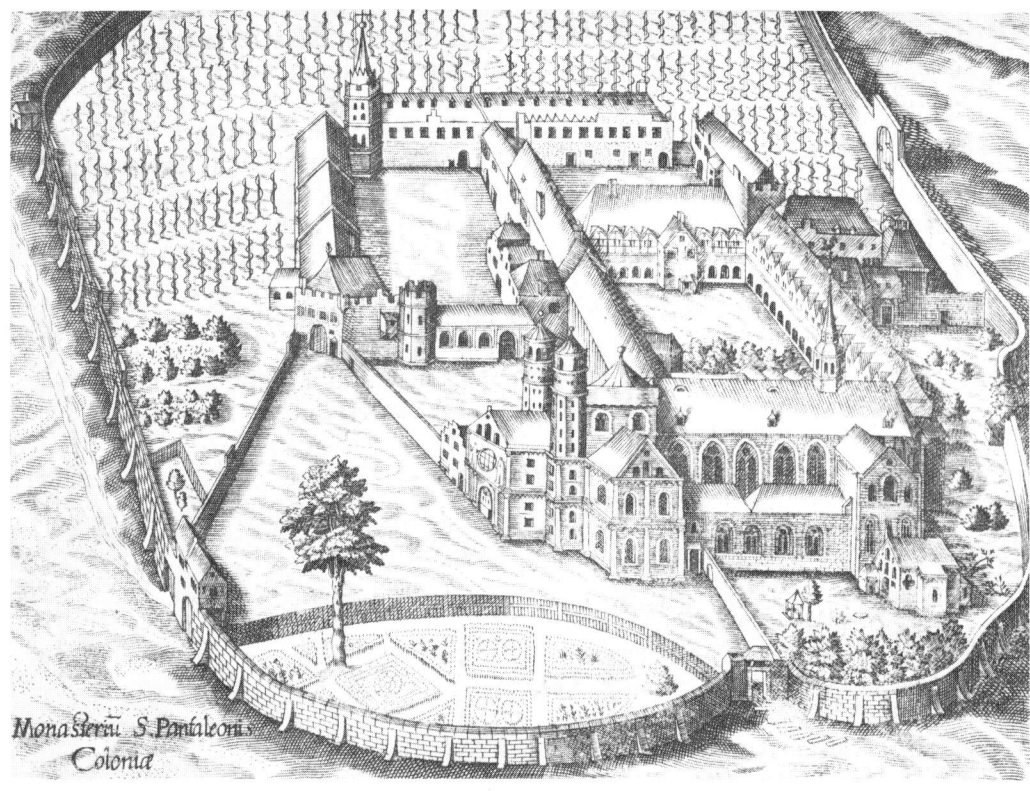

*Kirche und Kloster St. Pantaleon, um 1630*

nach besten Kräften um die Aufgaben seines Bischofsamts. Der Kirche seiner Stadt Köln galt seine besondere Fürsorge, er stattete sie mit reichen Stiftungen aus. Eine seiner bedeutendsten Gründungen wurde das Benediktinerkloster St. Pantaleon. Diese Abtei ist mit der geschichtlichen Entwicklung von Sülz-Klettenberg auf das engste verbunden.

Klostergründungen des Mittelalters waren meist das Werk adliger Stifter und Stifterinnen. Dabei spielten neben dem Gedanken, mit der Stiftung z. B. eines Klosters ein gottgefälliges Werk zu tun, auch praktische Überlegungen durchaus eine Rolle. Klöster und Stifte boten dem Adel die gern genutzte Gelegenheit, nachgeborene, unverheiratet gebliebene Söhne und Töchter dort unterzubringen, nahe Familienangehörige also, deren spätere Versorgung sonst recht unsicher geblieben wäre. Die Stifter statteten ihre

Kirchen und Klöster mit reichen Pfründen in der Form von Ländereien und Ämtern aus, deren Einnahmen dazu bestimmt waren, den Unterhalt der Insassen zu gewährleisten.

Ähnlich verfuhr Bruno bei seiner Stiftung des Benediktinerklosters St. Pantaleon. Als Mitglied der königlichen Familie, als Kölner Erzbischof und Stadtherr wie auch als Herzog verfügte er über erhebliche Mittel und Möglichkeiten. Bruno ließ das Kloster an der Stelle errichten, die zuvor eine kleine und inzwischen baufällig gewordene Kapelle aus dem 9. Jahrhundert eingenommen hatte. Ob Bruno für den Bau des Klosters, wie zuweilen behauptet wird, Reste der römischen Rheinbrücke hat verwenden lassen, entzieht sich heute einer genauen Nachprüfung. Bezeugt sind aber große Schenkungen des Kölner Erzbischofs an St. Pantaleon; sie umfaßten Ländereien im weiten Gebiet zwischen

Zuidersee, Maas, Mosel und Rhein sowie in Westfalen. Zum Streubesitz des Klosters in der näheren Umgebung Kölns zählte neben Langel a. Rh., Rolshoven bei Deutz und Kleinkönigsdorf auch der Klosterhof Sülz. Er lag ursprünglich zwischen der heutigen Weißhausstraße und dem Sülzgürtel. Wann er errichtet worden ist, läßt sich nicht ermitteln. Er gehörte aber bereits zur Erstausstattung der neugegründeten Abtei St. Pantaleon, denn er zählte, wie die ältesten Urkunden berichten, zu den Tafelgütern des Klosters. Diese hatten im monatlichen Wechsel besondere Versorgungsaufgaben gegenüber dem klösterlichen Grundherrn zu übernehmen; der Hof in Sülz leistete jeweils im Monat März seinen Beitrag.

Zwischen Brunos Todesjahr (965 n. Chr.) und dem Beginn des 13. Jahrhunderts erlauben die wenigen vorhandenen Urkunden kaum einen genaueren Einblick in die Entwicklung des Klosterhofs Sülz. Eine der seltenen Ausnahmen bildet die Nachricht, daß Erzbischof Anno II. (1056–1075) dem heiligen Pantaleon – gemeint sind Abt und Konvent des Klosters – den Rottzehnt in Sülz geschenkt habe. Die Schenkungsurkunde erwähnt nicht den Namen Sülz, sondern spricht von der »Villa Sancti Pantaleonis«. Dahinter verbirgt sich sowohl der Bezirk um die vor 1144 gegründete Pfarrkirche St. Mauritius als auch das der Abtei im Südwesten vorgelagerte Gebiet, das zu Annos Zeiten offenbar teilweise bewaldet war, worauf der Begriff »Rottzehnt« hindeutet. Der Rottzehnt wurde für die neugerodeten und damit urbar gemachten Flächen erhoben und stand dem Ortsbischof zu. Er war eine der Arten des Zehnt, im Mittelalter und bis weit in die Neuzeit hinein die übliche Form der Kirchensteuer. Zehntpflichtig waren alle Laien und der Weltklerus, soweit es sein Privatvermögen betraf, und außerdem die Klöster. Wenn aber der Grundherr eine Eigenkirche gegründet hatte – eine solche war auch St. Pantaleon als Stiftung Brunos –, mußte der Zehnt an den Grundherrn abgeführt werden. Im Lauf der Zeit wurde dann der Zehnt den übrigen Vermögenswerten insofern gleichgestellt, als er wie diese verschenkt, getauscht, verliehen, gepachtet oder auch verpfändet werden konnte; Annos Schenkung weist darauf hin.

Die sehr spärlichen Nachrichten darüber, wie sich die Grundherrschaft des Abts von St. Pantaleon bis zum Beginn des 13. Jahrhunderts entwickelt hat, lassen sich dem Urbar des Klosters, dem Güter- und Einkommensverzeichnis, entnehmen. Wie viele andere Klöster verfügte auch die Abtei des heiligen Pantaleon zu Köln über ein Urbar. Derartige Verzeichnisse in Listen- oder Buchform hielten Besitztitel und Einkünfte fest, vereinfachten dadurch die Verwaltungsarbeit und galten als Beweismittel in einem Rechtsstreit. Einige Bistümer und Klöster besaßen schon im 9. Jahrhundert derartige Grundbücher. Die weltlichen Herren übernahmen etwa drei Jahrhunderte später diese praktische Einrichtung und benutzten sie nun ihrerseits dazu, ihre Herrschaftsansprüche zu begründen.

# Beten und – arbeiten lassen . . .

Bereits die frühen Urkunden der Abtei St. Pantaleon vermitteln ein anschauliches Bild von der Vielfalt der Rechtsgeschäfte innerhalb der Grundherrschaft des Abts. Liegenschaften wurden geschenkt, verliehen, veräußert, getauscht und seit der Mitte des 13. Jahrhunderts auch verpachtet, was nicht immer ohne Streit abging. Im Jahr 1144 z. B. mußte der damalige Kölner Erzbischof Arnold I. schlichtend eingreifen; wegen des Baus der Mauritiuskirche auf dem Grund und Boden der Abtei waren sich ein reicher Kölner Bürger namens Hermann und der Abt von St. Pantaleon kräftig in die Haare geraten. Die Schlichtung führte dazu, daß St. Mauritius Pfarrkirche wurde und damit eine Aufgabe übernahm, die bisher die Abtei wahrgenommen hatte. In das bei der Kirche errichtete Kloster zogen Benediktinerinnen von Nonnenwerth ein, und der Abt von St. Pantaleon erhielt mit der Aufsicht über das neue Kloster zugleich das Patronat über die Pfarrei. Später wurde St. Mauritius Pfarrkirche auch für den Hof Sülz und die zu ihm gehörenden Güter.

1145 tauchte zum erstenmal in einer Urkunde der Name Sülz in der Form von »Sulpece« auf. Ein gewisser Hecelo von Köln erklärte, er habe sein Lehen an die Abtei St. Pantaleon zurückerstattet und dasselbe nunmehr gegen Zins wieder erhalten. Hecelo verpflichtete sich, den Zins – jährlich 10 Schilling, 1 Malter Weizen und 2 Kapaune – in den Hof Sülz zu liefern. Die Urkunde unterzeichneten neben einigen anderen auch »Wolbero de Sulpece« sowie »tota familia de Sulpece«. Wolbero war damals Abt des Klosters, und hinter der »familia« verbargen sich die Geschworenen des Hofgerichts. Die Verpflichtung, den Zins an den Hof Sülz zu zahlen, läßt darauf schließen, daß Hecelos Lehen in der Sülzer Gemarkung lag. Später wurden dann Abgaben unmittelbar an das Kloster entrichtet.

1152 vermachte derselbe Abt Wolbero den Schwestern des Klosters bei St. Mauritius 8 Morgen Land, »neben Sülz gelegen«. Er überließ das Land den Nonnen zu beliebiger Verwendung mit der einzigen Auflage, jährlich für ihn ein Gedächtnisamt zu feiern. Derartige Seelmeß- oder Memorienstiftungen waren nicht nur in geistlichen Kreisen üblich, auch Laien mehrten durch Schenkungen und Legate den Reichtum von Kirchen und Klöstern und erwarteten davon günstige Folgen für das eigene Seelenheil.

1181 geriet eine gewisse Lucharis wohl ohne ihren Willen in einen Rechtsstreit zwischen dem Abt von Pantaleon und seinen Vasallen in Sülz. Der Abt hatte die Dame zur Wachszinsigen gemacht; anstelle des jährlichen Kopfzinses, den Lucharis bis dahin dem Hof Sülz zu entrichten hatte, sollte sie nunmehr nach dem Willen des Abts dem heiligen Pantaleon, d. h. der Abtei, jedes Jahr eine bestimmte Menge Wachs liefern, woran das Kloster einen großen Bedarf hatte. Deshalb war die Maßnahme des Abts im Fall der Lucharis durchaus verständlich und wurde von dieser akzeptiert, bedeutete sie doch für die Dame einen großen Schritt auf die persönliche Freiheit hin. Die Hofgenossen aber waren überhaupt nicht einverstanden, denn ihnen entging nun der jährliche Kopfzins der Lucharis. Diese mußte schließlich den ganzen Handel bezahlen, indem sie einen Morgen Land an den Sülzer Hof abtrat; an dessen Einkünften hielten sich die Hofgenossen für den ihnen entgangenen Kopfzins schadlos.

Bei einem Rechtsstreit wurde nach dem geltenden Gewohnheitsrecht entschieden. Schöffen oder Geschworene legten in der Form eines Weistums die dem anstehenden Rechtsfall entsprechenden Umstände vergangener Rechtsfälle und -urteile dar: das Recht wurde »gewiesen«. Etwa um die Mitte des 13. Jahrhunderts ging man dazu über, Weistümer schriftlich festzuhalten, was zu größerer Rechtssicherheit führte.

1225 ist von einem Lehen in Klettenberg die Rede, dessen Kornerträge dem Kämmerer

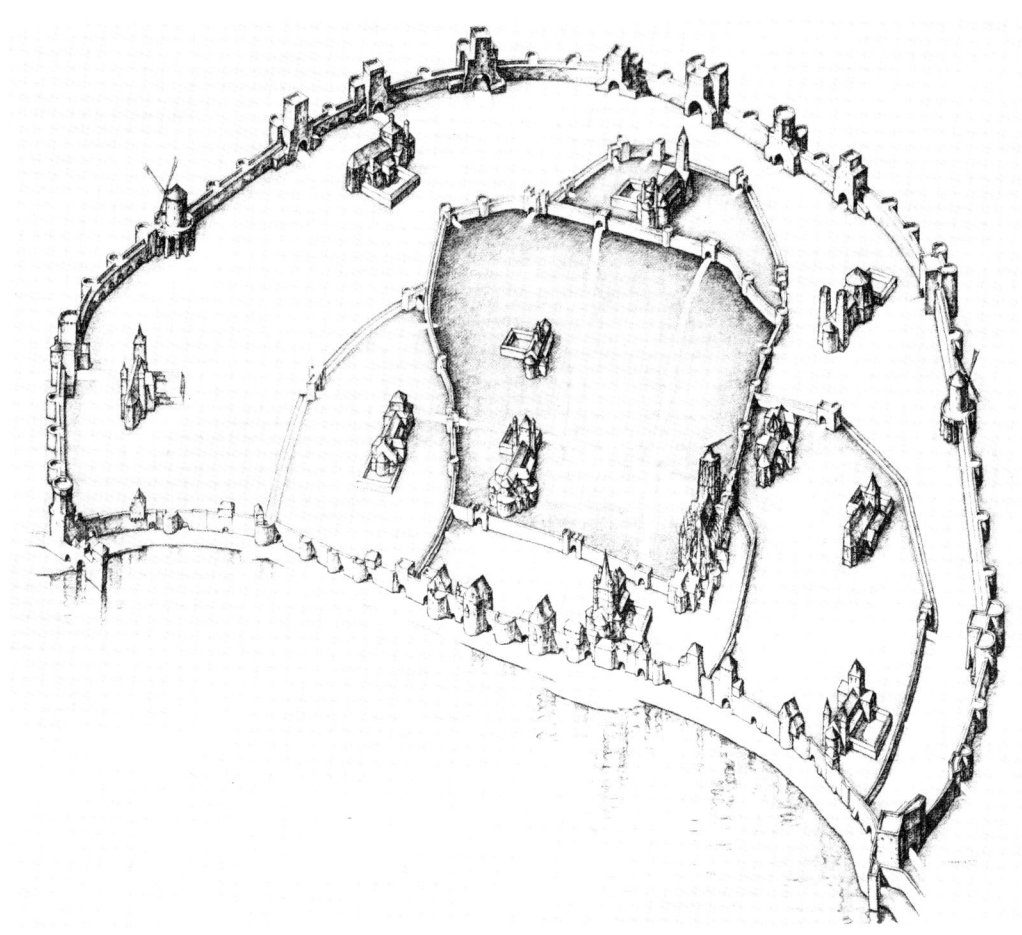

*Kölner Stadtmauern der Römerzeit und des Mittelalters*

der Abtei St. Pantaleon zufließen sollten. 1238 verlieh Abt Heinrich IV. den Hof Klettenberg an den Magister Ulrich von St. Aposteln auf Lebenszeit für 6 Mark jährlich zuzüglich verschiedener anderer Zinsen, die an den Fronhofmeier des Sülzer Hofes zu entrichten waren. Die in der Urkunde auftauchende »Mark« hat zwar unserem heutigen Zahlungsmittel den Namen gegeben, war aber im Mittelalter nur eine Rechnungseinheit. Der Name wies auf das Gewichts- oder Wertzeichen hin, das einem entsprechenden Stück Silber aufgedrückt war. In zwei Urkunden des Kölner Erzbischofs Hermann II. um 1045 wurde mit einer Mark der Gegenwert für ein Fuder Wein, etwa 960 l, festgestellt.

Allen angeführten rechtlichen Vereinbarungen ist gemeinsam, daß sie auf eine topographische Beschreibung der Liegenschaften weitgehend verzichten. Offensichtlich wußten die Beteiligten sehr wohl, worüber trotz des Fehlens von Flurkarten verhandelt wurde. Beschreibungen wie »bei Sülz« oder »auf dem Klettenberg«, »5 Morgen Land, zum Hof Sülz gehörig« oder »bestimmte Zehnten von Äckern des Hofs Sülz« wären in einem modernen notariellen Vertrag undenkbar. Immerhin aber lassen sie erste Rückschlüsse auf Oberflächengestaltung und Bewirtschaftung in der Sülzer Gemarkung zu, wiewohl sie genaue Angaben über die Gesamtheit der Liegenschaften und deren Besitzverhältnisse nicht ermöglichen. Doch werden erste Um-

17

*Münze (Originalgröße etwa 20 mm) des Kölner Erzbischofs Philipp von Heinsberg (1167–1191)*

risse erkennbar: der Hof Klettenberg war Teil des Fronhofsystems von Sülz, zu ihm gehörten Wald und Weiher.

Im Gegensatz zu den sehr allgemein gehaltenen topographischen Angaben der Urkunden waren Pflichten und Liefertermine recht genau beschrieben, so etwa in einem entsprechenden Katalog für den Fronhofmeier von Sülz. »Am Fest des heiligen Pantaleon soll der Fronhofmeier einen starken Salm abliefern – oder drei Schillinge«, hieß es recht kategorisch. Dienstleistungen und Abgaben erfolgten zu festgesetzten Terminen. Meist waren es kirchliche Feiertage, zu denen die Lieferungen erwartet wurden, für die Abtei St. Pantaleon vorwiegend die Gedenktage des Patrons der Kirche oder des Stifters Bruno. Im Zusammenhang mit den Lieferungen wurden auch deren Empfänger benannt; neben dem Abt als dem Grundherrn traten auch der Kämmerer und der Kellermeister als die für den Wirtschaftsbetrieb der Abtei verantwortlichen Mönche in Erscheinung.

Der Fronhof hatte vor allem Korn und Vieh zu liefern. Ob beides in ausreichender Menge vorhanden war, hing aber nicht allein von der Tüchtigkeit des Meiers und seiner Bauern ab, auch höhere Gewalt wie schlechte Witterung oder kriegerische Ereignisse konnten die Versorgung der Abtei gefährden. So wurden 1242 im Krieg des Kölner Erzbischofs Konrad von Hochstaden gegen den Grafen Wilhelm von Jülich die Höfe von Pantaleon vor den Mauern der Stadt Köln verwüstet und teilweise zerstört. Wenn aber die wirtschaftlichen Grundlagen des Fronhofs und der von ihm abhängigen bäuerlichen Wirtschaftsbetriebe durch Mißernte oder Krieg erschüttert wurden, mußten die Erträge zwangsläufig zurückgehen, wenn nicht gar ausbleiben. Deshalb konnten Streitigkeiten zwischen dem Abt und dem Fronhofmeier nicht verwundern, solange nicht der Urkundentext genau festhielt, wer von beiden den durch höhere Gewalt entstandenen Schaden zu tragen hatte.

Von einschneidender Bedeutung für die Grundherrschaft des Abts von St. Pantaleon in der »Pantaleonsmark« wurde der Bau der großen mittelalterlichen Stadtmauer, den die Bürger der Stadt im Jahr 1179 n. Chr. zunächst gegen den Willen des damaligen Erzbischofs Philipp von Heinsberg begonnen hatten. Dieser vermutete nicht zu Unrecht, daß der Beschluß der Kölner, den gewaltigen Mauerring in eigener Verantwortung zu bauen, seine Machtfülle als Stadtherr beeinträchtigen werde. In dem riesigen Befestigungswerk, das um 1260 n. Chr. vollendet war, manifestierte sich das gewachsene Selbstbewußtsein der Kölner Bürger gegenüber ihrem erzbischöflichen Herrn. Dieser büßte schließlich nach der Schlacht bei Worringen im Jahr 1288 faktisch seine Stellung als Herr der Stadt Köln ein.

Die neue Stadtmauer veränderte die Rechtsverhältnisse innerhalb und außerhalb der Stadt Köln beträchtlich; betroffen davon war auch die Grundherrschaft des Abts von St. Pantaleon. Noch im Jahr 1154 hatte einer von Philipps Vorgängern, Erzbischof Arnold II., den Bewohnern der »villa sancti Pantaleonis« Steuerfreiheit gewährt, soweit sie als Pfarrangehörige von St. Mauritius vor der über tausend Jahre alten römischen Stadtmauer wohnten; innerhalb der Stadtmauer hingegen wurde von den Bürgern Grundsteu-

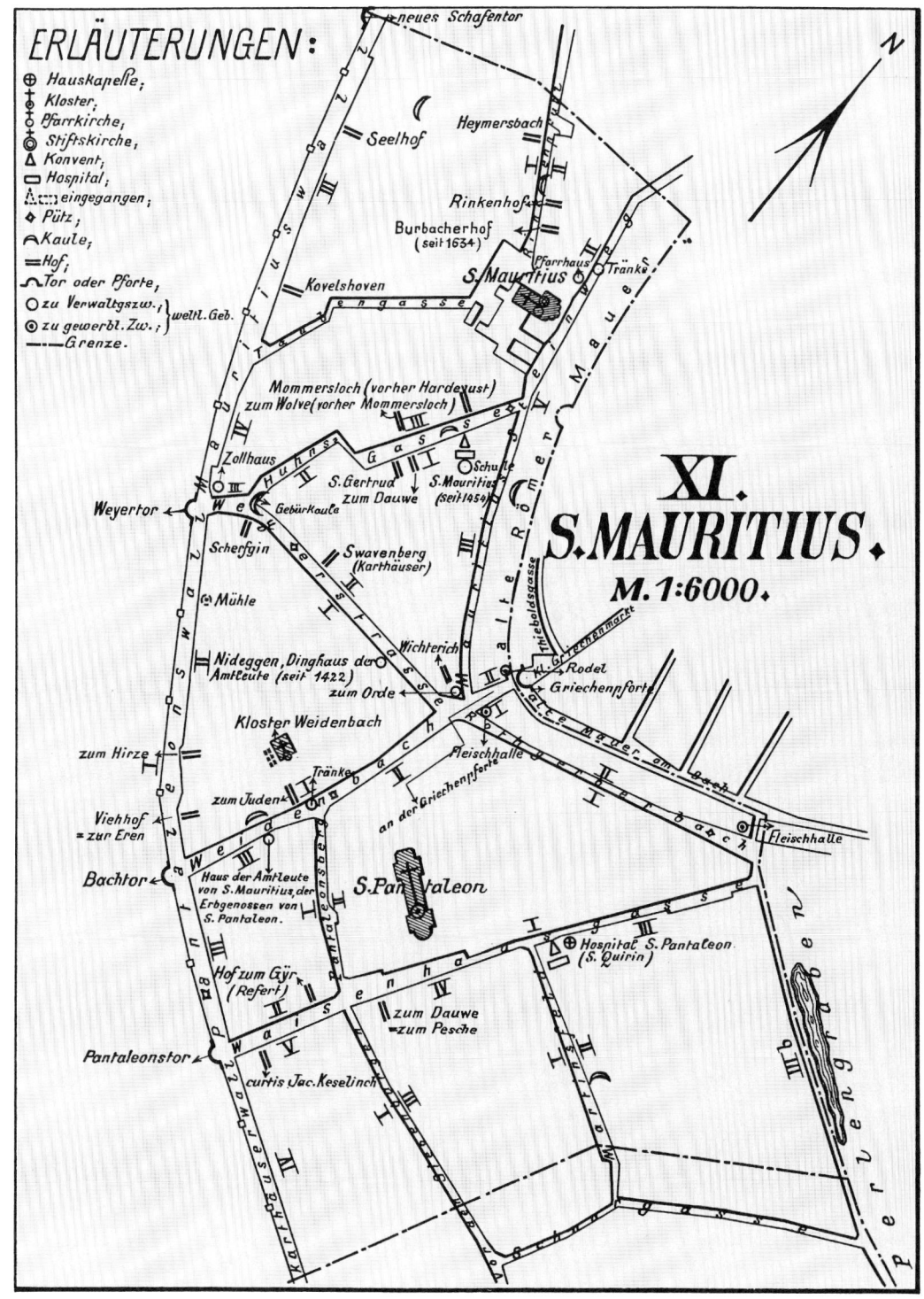

⊕ *Hauskapelle;*
♱ *Kloster;*
⚇ *Pfarrkirche;*
⊚ *Stiftskirche;*
△ *Konvent;*
▭ *Hospital;*
▭ *eingegangen;*
◆ *Pütz;*
⌃ *Kaule;*
⎓ *Hof;*
⌓ *Tor oder Pforte;*
○ *zu Verwaltungszw.;* ⎱ *weltl. Geb.*
⊙ *zu gewerbl. Zw.;* ⎰
--- *Grenze.*

neues Schafentor

Seelhof
Heymersbach
Rinkenhof
Burbacherhof
(seit 1634)
Kovelshoven
S. Mauritius
Pfarrhaus
Tränke

Mommersloch (vorher Hardevust)
zum Wolve (vorher Mommersloch)

Zollhaus
Gebürkaule
S. Gertrud
zum Dauwe
Schule
S. Mauritius
(seit 1454)

Weyertor
Scherfgin
Mühle

Swavenberg
(Karthäuser)

Wichterich
Rodel
Griechenpförte
Nideggen, Dinghaus der
Amtleute (seit 1422)
zum Orde

Kloster Weidenbach

zum Hirze
Tränke
zum Juden
Fleischhalle
an der Griechenpforte
Fleischhalle

Viehhof
= zur Eren

Bachtor

Haus der Amtleute
von S. Mauritius, der
Erbgenossen von
S. Pantaleon.

S. Pantaleon

Hospital S. Pantaleon
(S. Quirin)

Hof zum Gyr
(Refert)

zum Dauwe
= zum Pesche

Pantaleonstor
curtis Jac. Keselinch

# XI.
# S. MAURITIUS.
## M. 1:6000.

*Pfarrbezirk St. Mauritius zwischen römischer und mittelalterlicher Stadtmauer* er erhoben. Auch die meisten Lehnshöfe des Abts von St. Pantaleon hatten vor der römischen Stadtmauer Kölns gelegen. Die neue große Stadtmauer aber bezog die Höfe in den Stadtbereich ein und trennte sie, die jetzt »bynnen Colne« lagen, von dem Großteil ihrer Felder und Äcker vor der Stadt. Zwar beanspruchte Köln in einem etwa drei bis vier Kilometer breiten Streifen rings um die Stadt, dem »Burgbann«, die vollen Hoheitsrechte, im Fall kriegerischer Verwicklungen aber konnten die Liegenschaften der Höfe von St. Pantaleon, soweit sie vor dem Mauerring lagen, kaum geschützt werden.

Auf die Teilung ihres Grundbesitzes als Folge des Mauerbaus reagierten die »Mannen und Heyen«, wie die Vasallen des Abts von St. Pantaleon auch genannt wurden, ohne langes Zögern. Als »Erbgenossen vom Sülzer Feld« gründeten sie, um ihre Interessen besser vertreten zu können, im Jahr 1240 eine Genossenschaft: »In Gottes Namen! Es sei kund allen denen, die jetzt leben und die noch kommen sollen, daß wir Erbgenossen von dem Gut und dem Land, das im Sülzer Feld gelegen ist, uns gemeinschaftlich zu einer Einung vertragen haben zum gemein-samen Nutzen und Vorteil aller Erbgenossen...« Die Heyenhöfe »Zum Juden«, »Zur Eren«, »Zum Hirtz«, »Scherfgin«, »Mummersloch«, »Gyr«, »Wichterich« und »Ulreporze« schieden aus der Fronhofverfassung aus; ihre Ländereien vor den Mauern der Stadt bildeten zusammen mit dem Klosterhof Sülz die »Herrlichkeit des Abts von St. Pantaleon«, wie es in späteren Urkunden heißt.

Genossenschaften bestanden bereits im 12. Jahrhundert in Kölner Pfarreien, so auch seit etwa 1150 in der Pfarrei St. Mauritius. Deren Pfarrbezirk umfaßte neben den Heyenhöfen innerhalb der Stadtmauer auch den Grundbesitz der Höfe im südwestlichen Vorfeld von Köln. Daß die Landbesitzer im Sülzer Feld eine besondere Vereinigung bildeten, ergab sich u. a. aus dem Umstand, daß eine Pfarre vorwiegend geistliche und soziale Aufgaben wahrzunehmen hatte. Für Wege und Felder zu sorgen, Flurfrevel zu ahnden oder Viehdiebe zu verfolgen, das waren Pflichten, mit denen eine Pfarre überfordert war. An ihrer Stelle übernahmen es nun die Erbgenossen, im Sülzer Feld nach dem Rechten zu sehen.

# Halbe-halbe, aber mit Einschränkungen . . .

Innerhalb der ersten Hälfte des 13. Jahrhunderts verzichtete der Abt von St. Pantaleon darauf, seinen Hof Sülz selbst zu bewirtschaften. Er folgte damit dem Beispiel vieler weltlicher und geistlicher Grundherren. So ist 1251 von einem Fronhofmeier in Sülz nicht mehr die Rede, vielmehr verpachtete der Abt den Hof Sülz für neun Jahre an einen Bauern namens Mathias. Dieser erhielt von der Abtei die Hälfte des Saatguts und verpflichtete sich seinerseits, die Hälfte aller Erträge des Hofs an die Abtei abzuliefern: eine Pacht zu »halfwin«, woraus sich später die Bezeichnung »Halfe« entwickelt hat. Im Kölner Lied von »Jan un Griet« läßt diese ihren Freier Jan, der ihr nicht begütert genug erscheint, mit der Bemerkung abblitzen: »Ich well 'nen däft'gen Halfe han . . .«

Der Pachtvertrag von 1251 zwischen dem Abt von St. Pantaleon und dem Bauern Mathias verdeutlicht in seinen Formulierungen nicht nur den Standesunterschied zwischen adligem Grundherrn und bäuerlichem Pächter, sondern läßt auch erkennen, daß es sich bei dem Hof Sülz um einen ansehnlichen landwirtschaftlichen Betrieb gehandelt hat: »Hermann, durch die Gnade Gottes Abt von St. Pantaleon in Köln, entbietet allen, die diese Urkunde in Augenschein nehmen, seinen Gruß. Wir wollen zu eurer

Kenntnis bringen, daß Wir, in voller Übereinstimmung mit Unserem Konvent und entsprechend dem Rat Unserer Lehnsleute, damit einverstanden sind, daß Unser Bauer Mathias die Bewirtschaftung Unseres Hofes in Sülz für neun Jahre für die Hälfte der gesamten Getreideernte und des Fruchtzehnten innehaben soll. Demzufolge werden Wir Abt – oder wer auch immer in Unserem Namen den besagten Hof in Sülz verwaltet – diesem Mathias pro Jahr 10 Malter Roggen und 15 Malter Hafer als Saatgut überlassen. Nach der Ernte aber, nachdem die Frucht eingebracht ist, werden Wir Mathias 1 Mark überlassen; damit soll er für alle Erntearbeiter sorgen, sowohl für solche, die Ähren schneiden oder ernten, als auch für solche, die den Zehnt einbringen, und zwar mit Geld und Lebensmitteln auf seine Kosten. Die beiden Knechte aber, die Wir selbst zur Erntezeit in den Hof Sülz abordnen, wie auch jenen Knecht, der sich um die Einbringung des Zehnten kümmern wird, soll Mathias nur verköstigen. Dabei wird es in Unserem freien Ermessen stehen, ob Wir den vorerwähnten dritten Knecht zum Sammeln des Zehnten abstellen. Wenn aber diesen drei Knechten Lohn in Form von Geld gegeben werden müßte, sind Wir gehalten, ihnen für ihre Dienstleistung – deren Wert in Denaren berechnet – eine entsprechende Gegenleistung zu erbringen. Es gilt auch zwischen uns als vereinbart, daß Wir, sollte Mathias die Äcker Unseres Hofes Sülz durch Mergel verbessern und dafür Unsere Erlaubnis vorliegen, ihm für jeden Morgen, der auf diese Weise vollständig gedüngt ist, zwei Schillinge erstatten. Mathias wird dafür Sorge tragen, daß auf seine Kosten der gesamte in Unserem Hof Sülz anfallende Mist auf die Äcker dieses Hofes geschafft wird. Auch haben Wir gestattet, daß, sollte darüber hinaus Geld für den Ackerzehnt eingenommen werden, das bisher noch nicht angefallen ist, Wir dieses Geld zwischen Uns und Mathias anteilmäßig aufteilen werden. Ausgenommen davon bleibt der Uns, dem Abt, zustehende Ackerzins, der bereits vor Abschluß dieses Pachtvertrags mit Mathias

in Form von Geld angefallen ist. Ferner wird Mathias mit seinem Wickensamen 4 oder 5 Morgen solcher Äcker besäen, die in ebendiesem Jahr für die Aussaat nicht vorgesehen waren. Für Uns oder den Hofverwalter, wen auch immer Wir dazu bestellen sollten, soll Mathias 1 oder 2 Morgen, wenn Wir es möchten, mit Unserem eigenen Wickensamen ebenso bestellen und auf seine Kosten Unsere wie seine Morgen einzäunen. Sollte es sich aber ergeben, daß 2 von Unseren Morgen, die, wie erwähnt, mit Unserem Wickensamen eingesät sind, an 5 der Mathias überlassenen Morgen nicht angrenzen, werden Wir Abt oder Unser Stellvertreter veranlassen, daß Unser Wickensamen auf Unsere Kosten eingezäunt wird. Jährlich am Fest Johannes' des Täufers sind Wir verpflichtet, Mathias für Zäune und Bindung von Saaten und Wicken 1 Mark zukommen zu lassen. Wenn es Uns aber gefallen sollte, daß anstelle besagter Mark in Unserem Forst, der ›Kammerforst des Abts‹ heißt, Ruten geschnitten werden, dann soll Mathias zurecht daraus keine anderen Hölzer erhalten als solche, die für Bindung und Einzäunung der Saaten und Äcker erforderlich sind. Wenn Wir aber lieber die erwähnte Mark geben möchten, wird sich Mathias damit zufriedengeben und einverstanden sein, aus besagtem Forst nichts zu erhalten. Ferner soll Mathias eigens 1 Morgen Roggen von Unserem Roggen bekommen, damit er davon seine Pferde füttern kann. Uns Abt aber soll das gesamte Stroh aller Fruchtzehnten zufallen mit Ausnahme des Roggenstrohs. Falls Wir vom Roggenstroh 2 Wagenladungen erhalten, die Mathias zwischen dem Fest des heiligen Remigius und dem Geburtsfest des Herrn nach Köln bringen wird, soll alles andere Stroh, das bei der Hoferernte anfällt, dort für den Eigenverbrauch zur Verfügung bleiben. Von diesem Stroh soll Mathias unter keinen Umständen etwas veräußern, vielmehr soll der Ertrag aus dem gemeinsamen Stroh, nachdem es gebündelt worden ist, zwischen Uns und Mathias geteilt werden. Außerdem soll die Hälfte des Strohs von allen Früchten, die von den jüngst unter den Pflug genommenen Neuäckern anfallen, Uns allein gehören. Von den beiden Zehnten, die vor kurzem dem Hof zugeschlagen worden sind, nämlich dem einen, aus dem die in der Krankenpflege tätigen Brüder versorgt werden, und dem zweiten, den der Kölner Bürger Wilhelm zu Lehen hat, soll Mathias die Hälfte des Ertrags erhalten. Von der Hälfte des Zehnten der Brüder in der Krankenpflege soll er jährlich 6 Kölner Schillinge, von der Hälfte des anderen Zehnts 1½ Malter Roggen und 1½ Malter Hafer abführen. Mathias erklärt sich auch damit einverstanden, daß Schweine, Schafe und Rinder, sofern diese Uns Abt oder Unserem jeweiligen Verwalter und ihm gemeinsam gehören sollten, auf gemeinsame Kosten versorgt werden. Das soll sowohl durch seine eigenen Knechte, falls für derartige Aufgaben welche vorhanden sind, ebenso wie durch die Unsrigen geschehen. Wenn aber Mathias an Schweinen, Schafen und Rindern kein Miteigentum besitzt, sondern diese Uns allein gehören, werden Wir sie auf jenem Hof abgabenfrei ernähren lassen.

Gänse aber sowie Enten und Hühner sollen auf jenem Hof von Unserem Knecht versorgt werden mit der Maßgabe, daß Mathias sie auf dem gesamten Hof nicht an freiem Auslauf hindern darf; ebenso soll Mathias bei der Aufzucht seiner eigenen Gänse, Hühner und Enten verfahren. Wir sind auch übereingekommen, daß Wir Unseren Anteil aus Saatfeldern und Zehnten auf Unsere Kosten dreschen lassen, daß aber das gedroschene Getreide Mathias auf seine Kosten mit seinem Wagen in Unseren Kornspeicher nach Köln bringen soll. Ebenso wird er zur Zeit der Weinlese leere Fässer zum Rhein schaffen. Ferner werden Wir Abt oder Unser Verwalter die Hälfte derjenigen Getreideernte erhalten, die mittels einer Kornschwinge, einem Verfahren, das ›crinzin‹ genannt wird, erzielt worden ist. Sollte ferner Mathias weitere Gebäude außer denen, die bei Abschluß dieses Vertrages bereits vorhanden waren, nach Unserem Willen und auf Unseren Rat hin in jenem Hof

errichten, werden Wir ihm in den einzelnen Jahren jeweils 1 Mark solange in Folge zahlen, bis alles, was ihm an Kosten bei der Errichtung der Gebäude entstanden ist, zurückerstattet worden ist. Wenn aber besagte Frist von neun Jahren verstrichen ist, nämlich zu Mariä Lichtmeß jenes Jahres, welches das neunte von Beginn des Vertrags über ebendiesen Hof ist, wird Mathias auf die Bewirtschaftung des Hofs vollständig verzichten, und Wir oder Unser Nachfolger werden dann die Bewirtschaftung selbst wieder übernehmen. Die Saaten aber jenes Jahres, nämlich des Hofs und des Zehnten Wintersaat, wird Mathias sammeln und davon die Hälfte erhalten. Wir werden Hafer säen lassen und diesen sowie den Zehnt der Sommerfrucht durch Unsere Leute ernten und in Empfang nehmen lassen. Wenn aber Mathias innerhalb besagter neun Jahre ableben sollte, werden ihm seine Frau und sein Sohn, sofern sie zur Führung dieses landwirtschaftlichen Betriebs in der Lage sind, als Verantwortliche für die Arbeit auf dem Hof nachfolgen, unbeschadet Unserer Rechte und der erwähnten Bedingungen und Fristen.

Alsdann haben Wir zu Zeugnis und Bekräftigung dieses Rechtshandels Unsere Siegel – das des Abtes, der Kirche wie auch des Pfarrers von St. Mauritius in Köln – anbringen lassen, damit dieser Vertrag Rechtskraft erhalte. All dies ist verhandelt worden an Mariä Lichtmeß des Jahrs 1251.«

Dieser Pachtvertrag für den Hof Sülz ist in mehrfacher Hinsicht bemerkenswert. Er läßt erkennen, welche Bedeutung der Sülzer Klosterhof für die Abtei St. Pantaleon hatte, welche Stellung gegenüber seinem Bauern der Abt für sich in Anspruch nahm, wie er aber auch eher untergeordnete Teilbereiche bäuerlichen Wirtschaftens durch den Pachtvertrag geregelt wissen wollte: ein geistlicher Grundherr, der seine Vorstellung von Geflügelhaltung auf einem seiner Höfe vertraglich festlegt, wirkt nach heutigen Maßstäben leicht komisch. Offensichtlich aber dachte man im Mittelalter ganz anders über

*Gerichtsurteil zur Klage des Abts von St. Pantaleon gegen einen seiner Pächter, 1301*

derartige Sachverhalte. Eine über den näheren Bereich von St. Pantaleon und Sülz hinausweisende Bedeutung erhält der Pachtvertrag von 1251 durch den Umstand, daß er einen der frühesten Hinweise überhaupt bietet, wie man um diese Zeit die Bearbeitung des Bodens durch erweiterte Fruchtfolge und vermehrte Düngung zu verbessern begann.

Die im Mittelalter übliche Dreifelderwirtschaft teilte das gesamte Ackerland in drei Fluren, und zwar in der Reihenfolge Brache, Winterfrucht und Sommerfrucht. Die Brache sollte die Erholung des Bodens ermöglichen; auf ihrem Stoppelfeld weidete das Vieh. Im Herbst säte man die Brache mit Winterfrucht ein. Nach der Ernte im folgenden Jahr stand das Feld wieder als Viehweide zur Verfügung und wurde im darauffolgenden Jahr gepflügt und mit Sommergetreide bestellt. Nach dessen Ernte blieb das Feld bis zum Juni des nächsten Jahrs unbebaut, wurde dann umge-

brochen und im Herbst wiederum gepflügt; damit war der Anschluß an den nächsten Umlauf gewährleistet. Die Dreifelderwirtschaft berücksichtigte die Erfahrung, daß der Boden durch fortwährende Bebauung ausgelaugt wurde; Dünger aber stand zunächst nur in der Form von Stallmist zur Verfügung, und der reichte nicht aus.

Der Pachtvertrag weist nun auf zwei wesentliche Neuerungen hin: zum einen wurde der Boden zusätzlich mit Mergel, einem Gemenge aus Kalk und Ton, gedüngt; zum anderen blieb die Brache im Sommer nicht mehr unbebaut, sondern wurde mit Wicken eingesät. Wicken wie auch Klee belasteten den Boden wenig und reicherten ihn darüber hinaus mit Stickstoff an. Ein Ansatz zur heutigen Fruchtwechselwirtschaft wird damit zum erstenmal erkennbar.

Nicht immer kam es beim Abschluß von Verträgen zu Regelungen, die anschließend

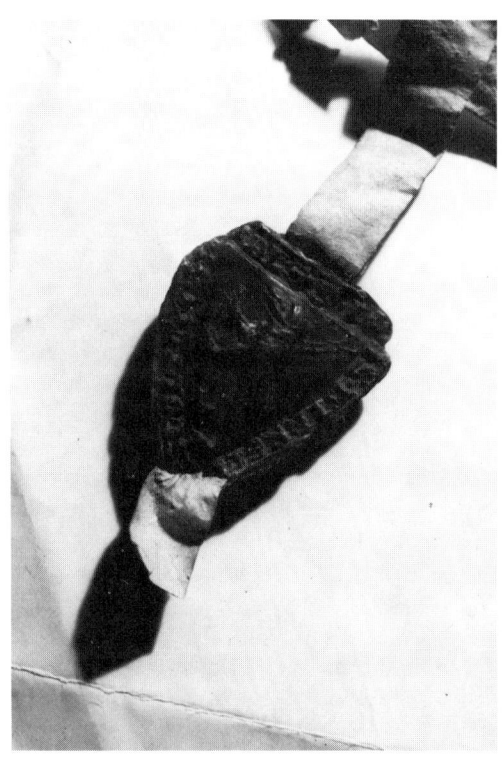

*Zwei Siegel der erwähnten Urkunde*

von den Vertragspartnern auch beachtet wurden. In solchen Fällen mußte nicht anders als heutzutage das Gericht entscheiden, etwa wie im Jahr 1301, als die Bauernstelle des Wilhelm Wegemeggere in Sülz eingezogen wurde, die dieser für sich und seine Söhne auf Lebenszeit gepachtet hatte. Wilhelm war zwei Jahre lang den fälligen Pachtzins schuldig geblieben, und da verstand der Abt von St. Pantaleon keinen Spaß; er war auf die regelmäßigen Zahlungen und Lieferungen seiner Bauern und Lehnsleute dringend angewiesen, denn dem Kloster ging es damals – wie auch anderen Benediktinerklöstern – wirtschaftlich schlecht. Viele von ihnen hatten Schulden, oft deshalb, weil sie überbesetzt waren und die Einnahmen nicht ausreichten, alle Klosterinsassen zu versorgen. Das galt wohl auch für St. Pantaleon; Papst Innozenz IV. ordnete um die Mitte des 13. Jahrhunderts an, daß die Zahl der zur Abtei zählenden Mönche fünfzig nicht übersteigen dürfe.

Zu den schlechten wirtschaftlichen Verhältnissen der Klöster trugen auch die zahlreichen kriegerischen Verwicklungen der Zeit bei, die dem Klosterbesitz besonderen Schaden zufügten. Unter diesen Umständen war es dann für Abt und Konvent ein nur geringer Trost, wenn Streitigkeiten mit Lehnsleuten und Pächtern gütlich geregelt werden konnten. Als Beispiel dafür mag die Erklärung gelten, die ein gewisser Johannes, Sohn des Schenken von Heinsberg, im Jahr 1314 vor Gericht zu Protokoll gab. Johannes erklärte, er habe sich mit dem Abt von St. Pantaleon dahingehend verglichen, daß er in Zukunft wieder von allen seinen Besitzungen in Sülz den Zehnt an das Kloster abführen werde, was seine Eltern verweigert hatten: »Ich aber, in Erwartung meines Seelenheils und in dem Wunsch, die Nachlässigkeit und das Unrecht meiner Eltern zu beseitigen . . ., erkenne hiermit an und gebe zusammen mit meiner rechtmäßigen Ehefrau und meinen Kindern vor den Anwesenden zu Protokoll, daß der Zehnt von allen Feldern, die mir durch väterliche Erbschaft überkommen, besagtem Kloster des heiligen

Pantaleon von mir und meinen Erben jetzt und in Zukunft für alle Zeiten entrichtet werden soll ... mit Ausnahme meiner Felder in der Sülzer Gemarkung, nämlich in Klettenberg, und zwei weiteren jenseits des Bachufers, die früher dem Jakob von Caldario gehört haben, sowie einem weiteren gegenüber dem Hof, den Johannes Cusinus hinterlassen hat. Alle diese Felder sollen vom Zehnt befreit bleiben ... Ebenso werden davon ausgenommen die vier Morgen, von denen einer ›der lange‹ genannt wird, die in der Nähe der Brücke bei den ehemaligen Äckern des Cusinus liegen ... sowie vier weitere bei der ›Leymkulen‹, die dem Pfarrer von St. Mauritius zinspflichtig sind ...«

Zwar erlauben es die Hinweise auch dieser Urkunde nicht, ein genaues Bild der Sülzer Gemarkung zu zeichnen, doch tauchen immerhin einige für Sülz typische Namen und Ortsbeschreibungen auf: von Klettenberg ist die Rede, von einer Lehmkuhle dort und vor allem vom Duffesbach.

Um die Wende zum 14. Jahrhundert beginnen sich dann die Nachrichten über Besitzer und Liegenschaften in Sülz zu verdichten. Dabei gewährt mancher Urkundentext auch Einblick in menschliche Schicksale. So mußte im Jahr 1295 Johann Dagvertius, Pächter des Hofs in Sülz, aufgeben; Brand und andere Unbill hatten ihn zu seinem Entschluß getrieben. Johann wurde mit 22 Mark abgefunden, einer für die damaligen Verhältnisse erheblichen Summe. 1304 erhielt die Abtei St. Pantaleon neun Morgen Land von der in Sülz begüterten Richmudis zum Geschenk und belehnte ebendiese Dame gegen einen Erbzins von sechs Schillingen gleich wieder mit derselben Parzelle. 1318 verkauften die Eheleute Johann und Sophie von Sülz ihren Hof dort zusammen mit Klettenberg, einem Fischweiher und allen ihren Äckern in den Gemarkungen von Sülz, Höningen und Kriel an Abt und Konvent von St. Pantaleon. Der Handel fand in spektakulärer Weise statt: er wurde auf offener Straße in aller Öffentlichkeit getätigt. Die Verkäufer streuten, um die Erinnerung an dieses Rechtsgeschäft möglichst lange wach zu halten, kleine Silbermünzen unter das Volk. Vor allem die Kinder dürften sich darum gerauft haben, was durchaus in der Absicht der Beteiligten lag: noch nach vielen Jahren würde dieser ungewöhnliche Vorfall nicht vergessen sein und damit auch dessen Anlaß bezeugt werden können.

# Bekannte Namen, wenn auch nur von Höfen ...

Der Name von Weißhaus (lat. »alba domus«) tauchte zum erstenmal im Jahr 1378 in einer Urkunde auf, als die Eheleute Godschalk und Johanna Volber ein Stück Land von der Abtei St. Pantaleon zu Erbpacht nahmen. Für die »Sandkuhle bei Weißhaus« entrichteten die Pächter einen jährlichen Zins von 14 Schillingen sowie 5 Hühnern. 1415 ist wiederum von Weißhaus die Rede. Der Kaufpreis für einen Morgen Ackerland in der Nähe betrug diesmal 20 schwere rheinische Gulden.

In der Folgezeit reißen die Nachrichten über die Höfe Sülz, Klettenberg und Weißhaus nicht mehr ab. So kaufte 1448 die Abtei St. Pantaleon von Frau Guetgin, der adligen Witwe Godarts von Hirze gen. von der Landskron, 30 Morgen Land am Klettenberg und am Kendenicher Weg und schlug das Land dem Hof Sülz zu. Im selben Jahr kamen Abt und Konvent mit dem Kölner Rat ins Geschäft; dieser pachtete 2 Morgen Ackerland, um darauf einen Fischweiher anzulegen. Ein Jahr später schließlich ge-

*Hofgut Weißhaus: altes Torgebäude, Zeichnung des 20. Jh.*

schem und jülichem Gebiet führte, wie noch zu zeigen sein wird, zu der Schwierigkeit, ihn eindeutig einem Herrschaftsgebiet zuzuordnen. Zeitweise versuchte der Hof seine Unabhängigkeit gegenüber den benachbarten Landesherren durchzusetzen, wenn auch ohne Erfolg: » . . . ist dis ein frei gut, licht in schutz und schirm des kaisers und des kammergerichts konservation, hat ouch uf data 25 jar lang von geinem fursten Coln oder Guilich un erfordert, sondern sich alzeit uf seins selbs schwaren kosten in allen kriegen von reuter und knechten geschirmt und geschutzt«, berichtete eine Urkunde aus dem Jahr 1543.

lang es dem Abt, eine auf Weißhaus liegende Hypothek abzulösen, die der ehemalige Prior des Kloster, Gobel von Are, dafür erhalten hatte, daß er der Abtei 1200 Mark vorschoß. Offenbar war der Prior, mit dem der Abt handelseinig geworden war, ein schwerreicher Adliger; er ließ sich, selber Pastor in Boisheim, auf Lebenszeit mit der freien Verfügung über den dortigen Hof der Abtei abfinden, für diese wohl nur dann eine vorteilhafte Regelung, wenn der ehemalige Kreditgeber nicht mehr allzu lange am Leben blieb; wie es aussah, waren Abt und Konvent bereit, das Risiko eines derartigen Rentengeschäfts zu tragen.

Während sich die Nachrichten über die drei Sülzer Höfe häuften, blieb der Hof Komar lange Zeit unerwähnt. 1348 ist er als Lehnsgut des Stifts St. Maria im Kapitol bezeugt, vier Jahre später ist von Ackerland im Sülzer Feld »in der Komar« die Rede, wobei es sich bei dieser Angabe eher um eine Flurbezeichnung zu handeln scheint. Als solche tauchte der Name auch im Jahr 1450 auf, als die Abtei und Godert von der Ehren einen Gütertausch vereinbarten. Das Kloster erhielt zwei Parzellen »auf der Bach und in der Koemar gelegen« und überließ dem Vertragspartner dafür zwei andere. Neben dem Flurnamen »in der Koemar« findet sich auch die erweiterte Bezeichnung »an der Koemar an den drencken«. Die Lage des Hofs auf der Grenze zwischen kurkölni-

Die Lehensträger des Abts von St. Pantaleon, seit der ersten Hälfte des 13. Jahrhunderts eine Genossenschaft, nahmen um 1320 ihren Lehnsherrn in ihren Kreis auf: »Wir Erffgenoissen van dem goede und van dem lande dat gelegen ist im Sulzer velde gemeynlichen und semetlichen, hayn overdragin eyner eynunge undis uns erfgenoysin und haan darin genomen eynen ersamen man, usen Herren, den Abt van Senct Panthaleon.« Zwar konnte sich der Abt bei den Genossenschaftsversammlungen durch einen Herrn »van seynem Gotzhuys« vertreten lassen, genoß aber im übrigen keine besonderen Vergünstigungen. Falls er selbst der Versammlung der Genossen fernblieb und es auch unterließ, einen Vertreter zu schicken, hatte er wie alle anderen die vorgeschriebene Buße zu entrichten. Im übrigen aber legten die Statuten ausdrücklich fest, daß sich die Erbgenossen nicht in Angelegenheiten einzumischen hätten, die »zu unseres Herrn, des Abts, Gericht oder seines Schultheißen« gehörten.

Aber nicht nur der Abt, auch andere Grundbesitzer konnten Mitglied der Einung werden, wenn sie etwa durch Erbe, Kauf oder Pacht Grund und Boden im Sülzer Feld erlangt hatten und bereit waren, das hohe Eintrittsgeld von 12 Mark zu entrichten. Kinder von Eigentümern kamen in der Nachfolge ihrer Eltern mit einem ermäßigten Eintrittsgeld davon.

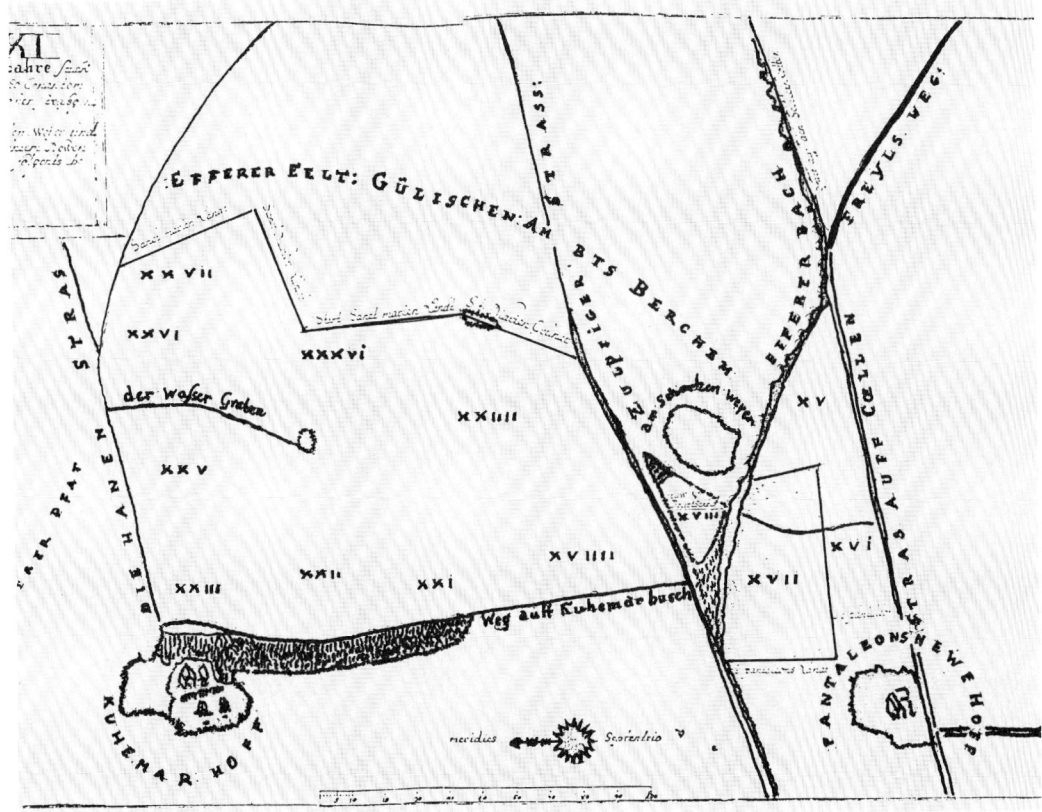

*Karte der Zehnten um den Hof Komar und den Neuenhof, 1763*

Zweifellos wurde im Sülzer Feld eine erhebliche Anzahl von Immobiliengeschäften getätigt. Deren Ergebnisse waren zunächst in sogenannten Schreinskarten, später dann in Schreinsbüchern festgehalten und in einem »Schrein« verwahrt, einer Art Tresor, der auch Geld und Wertsachen aufnehmen konnte. Schreinskarten lassen sich in Köln zum erstenmal um 1135 nachweisen. Sie kamen in der ersten Hälfte des 13. Jahrhunderts außer Gebrauch und wurden durch Schreinsbücher ersetzt. Beide, Schreinskarten wie -bücher, erlauben nicht nur einen umfassenden Einblick in die Liegenschaftsverhältnisse des Mittelalters, sie geben auch Kunde von familien- und erbrechtlichen Verflechtungen. Aus Eheverträgen, Mitgiftbestellungen, Schenkungen, Testamenten und Erbteilungen wird deutlich, daß sich am

Grundmuster menschlichen Verhaltens gegenüber Familie, Mitmenschen und Obrigkeit seither nicht allzuviel geändert hat: wer sich stark fühlte, ließ es den Schwächeren zuweilen spüren; wer etwas zu vererben hatte, trat entsprechend auf. Nach mancher Testamentseröffnung änderte sich das Bild, das sich der Erbe vom Erblasser gemacht hatte, ganz erheblich, und wer Schulden hatte und nicht bezahlen konnte, war auch im Mittelalter keineswegs zu beneiden.
Die Erbgenossen vom Sülzer Feld besaßen ursprünglich für alle Angelegenheiten, die der Rechtsprechung des Abts von St. Pantaleon entzogen waren, einen eigenen Schrein. Dagegen wurden im Kloster alle Gerichtsakten aufbewahrt, die sich auf die Besitz- und Vermögensverhältnisse der Abtei bezogen. Irgendwie aber muß es den Äbten ge-

lungen sein, »der Heyen schryn«, wie der Schrein der Erbgenossen seit 1445 genannt wurde, in ihren Besitz zu bringen. Er wurde als »Schrein des Abts unseres Klosters« (scrinum abbatis nostri monasterii) in der Klosterkirche aufgestellt. Alle Versuche der Erbgenossen, den Schrein für sich zu reklamieren, blieben vergeblich.

In der Abfassung von Urkunden trat übrigens um die Mitte des 14. Jahrhunderts insofern ein Wandel ein, als das Deutsche zunehmend das Lateinische als Urkundensprache verdrängte; in der zweiten Hälfte des 14. Jahrhunderts sind deutsche Urkunden schon in der Überzahl.

# Organisation ist – fast – alles . . .

Der Sturz der Patrizierherrschaft in Köln im Jahr 1396 blieb nicht ohne Folgen für die Herrschaftsverhältnisse im Sülzer Feld. Der Adel verlor allgemein an Einfluß. Neben den eher exklusiven Kreis der Erbgenossen traten Grundbesitzer und Pächter, deren Äcker und Felder nicht ausschließlich in der Sülzer Gemarkung lagen. Im Gerichtsbezirk von St. Pantaleon entstand die Bauerbank auf der Weyerstraße, die wohl älteste der Kölner Bauerbänke. Für die Wahrung bäuerlicher Interessen innerhalb des Kölner Burgbanns, wo die Äcker und Felder der Bauerbankgenossen lagen, erreichten die Bauerbänke die Unterstützung des Rats der Stadt. Dieser überließ ihnen auch einige richterliche Befugnisse; nach »uraltem wolhergebrachtem gebrauch« sollten sie über »gebrechen, überfahrt und schaden« richten und die Übeltäter zur Verantwortung ziehen; im übrigen konnten die Mitglieder der Bauerbank über ihre Statuten, über die Förderung der Landwirtschaft und die Bewachung der Felder selbst entscheiden.
Auch die Bauerbänke waren genossenschaftlich organisiert. Die Mitglieder der Bauerbank Weyerstraße versammelten sich »under der wyerpforten« zu ihrem jeweiligen »Burgeding«; dort trafen sich alle Genossen. Zwei jährlich wechselnde Amtmeister leiteten die Versammlung und traten als Urkundsbeamte auf. Diese »dienenden Meister« wurden der Gruppe der »unverdienten Meister« entnommen, nicht aber

von den Genossen gewählt. Sie wurden vielmehr durch die »verdienten Meister«, die über die eigentliche Macht verfügten, bestimmt. Nur wer das Amt eines »dienenden« Meisters innegehabt hatte, konnte anschließend in die Gruppe der »verdienten« Meister aufgenommen werden. Die letzteren entschieden folglich über Rang und Einfluß aller übrigen Genossen. Die Dreiteilung in »unverdiente«, »dienende« und »verdiente« Meister war in allen Kölner genossenschaftlichen und bruderschaftlichen Einungen üblich; in diesen war das patrizische Element zumindest bis 1396 stark vertreten.

Der Bau der großen Stadtmauer ab 1179 beeinträchtigte nicht nur die Interessen der Vasallen des Abts von St. Pantaleon im Sülzer Feld, er erschwerte ebenso die Seelsorge der Pfarre St. Mauritius für alle diejenigen, die sich, da sie nun vor der Mauer wohnten, durch diese von den übrigen Pfarrangehörigen getrennt sahen. So lag der Gedanke nahe, im Sülzer Feld für die dort wohnenden Pächter und Bauern ein eigenes Gotteshaus zu errichten.
Spätestens ab 1322 läßt sich in Sülz eine Kapelle nachweisen; sie war wie die heutige Pfarrkirche dem heiligen Nikolaus geweiht und soll, wie ein Chronist berichtet, ein Bau mit gewölbter Decke und vier Altären gewesen sein. Kirchenrechtlich war die Kapelle wie auch die Pfarrkirche St. Mauritius der Abtei

St. Pantaleon unterstellt. Inwieweit das Kloster an der Wahl des Patrons für die neue Kapelle beteiligt war, läßt sich heute nicht mehr feststellen. Doch scheinen gerade die Benediktiner eine besondere Vorliebe für den heiligen Nikolaus von Myra entwickelt zu haben, wie sich an mehreren Fällen zeigen läßt, wo in unmittelbarer Nachbarschaft von Benediktinerniederlassungen unter deren geistlichem Einfluß Gotteshäuser dem heiligen Nikolaus geweiht worden sind.

Mit der Nikolauskapelle, deren Tradition die heutige Pfarrkirche St. Nikolaus am selben Ort fortführt, war die Sankt-Nikolaus-Bruderschaft sehr eng verbunden und schon im 13. Jahrhundert bezeugt. Im Gegensatz zu den Erbgenossen vom Sülzer Feld verfolgte sie vorwiegend religiöse und ideelle Ziele: »In goitz namen amen. It si kunt allen dengeinen, die nu sint unde herna kumen sulen, dat wi vurgenante Brudere samentliche geloft und gesichert hain in guden truwen eine geselschaf inde eine broderschaf onder uns inde under den Bruderen, die na unz komen sulen, stede zu haldene as eiche inde erde steit, nummer zu scheidene noch unse gelt van unser Broderschaf nummerme zu delene, inde dise Broderschaf zu besserene inde neit zu ergerne na unser macht, In ere gotz van himelrichen, Inde des juden senthe Nycolais, da sal unse patron syn zu Sulze ...« In der Übersetzung: »In Gottes Namen, Amen. Es sei kund allen denen, die nun sind und hernach kommen sollen, daß wir vorgenannte Brüder sämtlich gelobt und zugesichert haben, in guter Treue eine Gesellschaft und Bruderschaft unter uns und unter den Brüdern, die nach uns kommen, aufrecht zu halten so lange, wie Eiche und Erde stehen, nimmer auseinanderzugehen und unser Geld der Bruderschaft niemals aufzuteilen und diese Bruderschaft zu fördern und nicht verkommen zu lassen, wie es in unserer Macht steht. Zu Ehren Gottes im Himmelreich und des guten St. Nikolaus, der soll unser Patron sein zu Sülz!« Die im Statut vermerkte Jahreszahl 1201 ist später hinzugefügt worden und entspricht nicht dem eigentlichen Gründungsdatum, das

später anzusetzen ist. Davon abgesehen, vermittelt das Statut ein Bild religiösen und sozialen Verhaltens und gewährt Einblick in das damalige Vereinsleben; ihm ist ein nicht geringer Teil des Statuts gewidmet.

Jedes Jahr am 25. Juli wählten die »verdienten« Meister den Bruderschaftsmeister für das kommende Jahr. Der noch amtierende »dienende« Meister bestimmte Ort, Datum und Tageszeit der Wahl, zu der alle »verdienten« Meister zu erscheinen hatten. Unentschuldigt Fehlende mußten eine Buße von 12 Pfennigen entrichten und verloren obendrein ihr Einspruchsrecht. Die Wahl war Zwangswahl; wer nach dreimaliger Weigerung – und es gab für den Gewählten unter Umständen gute Gründe dafür – auch beim viertenmal die Wahl nicht annahm, ging seiner Mitgliedschaft in der Bruderschaft verlustig und wurde ausgeschlossen.

Manch einen mochte bei seiner Wahl ein mulmiges Gefühl beschleichen, denn er sah eine Menge Pflichten und Verpflichtungen auf sich zukommen. Der Bruderschaftsmeister führte die Kasse, hatte Bußen und andere Gelder zu vereinnahmen und zu verwalten und war auch dafür verantwortlich, daß jährlich am Osterdienstag eine Wachskerze von 36 Pfund »zu Sulpze in sentte Nicolais capelle« geopfert wurde. Besonders in Geldangelegenheiten war man recht pingelig; offensichtlich war es in der Kassenführung der Bruderschaften bisweilen zu Unregelmäßigkeiten gekommen. Gegen Wiederholungen derartiger unliebsamer Vorfälle suchte man sich so gut wie möglich zu schützen: vier »verdiente« Meister hatten für den Gewählten zu bürgen, daß er die Kasse der Bruderschaft während seiner Amtszeit korrekt führen und nach einem Jahr seinem Nachfolger in der vorgeschriebenen Ordnung übergeben werde. Starb einer der Bürgen, mußte sofort ein anderer an die Stelle des Verstorbenen treten, andernfalls wurde der amtierende Bruderschaftsmeister samt den verbliebenen Bürgen in Schuldhaft genommen: wenn es um Geld ging, hörte jeder Spaß auf. Auch sonst zeigte man sich um die Reputation der Bruderschaft sehr besorgt. Das Statut enthielt nicht nur ausführliche Bestimmungen, wie bei Begräbnissen von Bruderschaftsmitgliedern innerhalb und außerhalb der Stadt zu verfahren sei, sondern widmete auch der Lebensführung der Mitglieder einen eigenen Abschnitt. Es bedrohte ungebührlichen Lebenswandel mit kräftigen Bußen, wobei die Ehefrauen bei gleicher Verfehlung jeweils mit der Hälfte der Buße ihres Mannes davonkamen. Am Tag seiner Wahl hatte der neue Amtsträger zu einem Umtrunk einzuladen. Dabei kamen »zwei Viertel guten Wein« auf den Tisch, eine respektable Menge, denn das Viertelmaß bezog sich nicht etwa auf ein Liter, sondern auf ein Ahm, und dem entsprachen ungefähr 140 Liter. Damit aber nicht genug: zwischen dem 17. und 31. August mußte der gewählte Meister allen »verdienten« oder »gewesenen« Kol-

legen ein großes Essen geben, und damit keiner auf den Gedanken kam, das Ausmaß dieser Feierlichkeiten nach seinen eigenen Vorstellungen zu bestimmen, schrieb das Statut zumindest die Speisefolge vor: »Drei gute Gerichte, Fladen und Wein.« Überhaupt wurde viel gegessen und noch mehr getrunken. Beides stand bei Bruderschaften und Genossenschaften hoch im Kurs, wie die zeitgenössischen Schilderungen erkennen lassen. Dafür spricht auch die Anweisung, offizielle Gastmähler nicht an ein und demselben Tag an verschiedenen Orten zu veranstalten. Es gab Doppel- und Mehrfachmitgliedschaften in den Einungen, und Terminüberschneidungen hätten zu der ärgerlichen Folge geführt, ein Festessen versäumen zu müssen: für viele Zeitgenossen ein geradezu unerträglicher Gedanke.

# Wenn Höfe, Klöster und Kapellen im Wege stehen . . .

Den zahlreichen politischen Händeln und kriegerischen Auseinandersetzungen konnte sich Köln als eine der größten und bevölkerungsreichsten Städte und als eines der bedeutendsten Handelszentren des Reichs nicht entziehen. Zwar gewährte die mächtige Stadtmauer den Bürgern ausreichende Sicherheit vor feindlichen Angriffen, doch machten es die politischen und wirtschaftlichen Interessen der Stadt immer wieder notwendig, in den Auseinandersetzungen der benachbarten Mächte Partei zu ergreifen. Oft genug brandeten dann Kriege und Fehden bis an die Mauern der Stadt und ließen in deren Vorfeld verwüstete Äcker und zerstörte Höfe zurück.

Mit ihrem Erzbischof als dem ehemaligen Stadtherrn lagen die Kölner sozusagen in Dauerstreit. Wenn auch die Schlacht bei Worringen den Kampf um die Stadtherrschaft zugunsten der Kölner Bürger ent-

schieden hatte, so ließen trotzdem die Kölner Erzbischöfe nicht von ihren Versuchen ab, die Stadt wieder unter ihre Herrschaft zu bringen. In den zahlreichen Bündnissen der Zeit standen Bürger und Erzbischof nicht selten in gegnerischen Lagern. Im Kriegsfall versuchte man sich dann gegenseitig möglichst viel Schaden zuzufügen. Da aber die Kölner Bürger hinter ihrer Stadtmauer für den Erzbischof unerreichbar waren, suchte er sie dort zu treffen, wo ihr Hab und Gut mehr oder weniger schutzlos seinen Angriffen ausgeliefert war: auf den Handelswegen und vor allem im Gebiet vor der Stadtmauer, wo viele Kölner Bürger ihre Güter, Felder und Äcker hatten. Deshalb blieb es nicht aus, daß die Kölner sich nach Möglichkeit gegen die Zugriffe des Erzbischofs zu schützen versuchten; von dem Grafen Wilhelm von Holland, einem der Anwärter auf den deutschen Königsthron, verlangten sie bereits im Jahr 1247 das Versprechen, ihre Besitzungen außerhalb der Stadt vor Plünderungen und Verwüstungen zu schützen.

1263 schlug der Kölner Erzbischof Engelbert von Falkenburg im Streit mit der Stadt Köln sein Lager in der Sülzer Gemarkung auf. Dazu berichtete die Koelhoffsche Chronik: »Kurtz dairnae quam der bischof mechtlich mit eime groisse hair ind lacht sich bi Soultz ind sloigen up ir tenten und irre bannier ind da lach he zo lotschieren up dem Wier weil 8 dage lank.« Es braucht nicht viel Phantasie, sich vorzustellen, wie Gebäude und Äcker nach dem achttägigen erzbischöflichen Biwak zugerichtet waren, wo es doch galt, den Feind nach Kräften zu schädigen.

Im Thronstreit zwischen Ludwig dem Bayer und Friedrich von Österreich standen im Jahr 1317 Stadt und Erzbischof wieder in gegnerischen Lagern. Erzbischof Heinrich von Virneburg hielt zu Österreich, die Stadt Köln war mit Ludwig verbündet. Diesmal ließ die Stadt durch ihre Truppen weite Teile des Erzstifts verwüsten, infolgedessen mußten in diesem Jahr die Äcker des Hofs Sülz unbebaut bleiben.

Am schwersten aber hatte die unmittelbare Umgebung der Stadt Köln unter den kriegerischen Ereignissen der Jahre 1474 und 1475 zu leiden. Karl der Kühne, Herzog von Burgund und einer der mächtigsten Fürsten seiner Zeit, versuchte sich zwischen dem deutschen Reich und Frankreich ein von beiden unabhängiges Herrschaftsgebiet zu schaffen. Es sollte von der Nordsee bis in die Provence reichen. Ein derartiger Plan mußte den Bestand des deutschen Reichs aufs höchste gefährden. Die Stadt Köln stellte

sich entschlossen auf die Seite des deutschen Kaisers. Dagegen schlug sich Erzbischof Ruprecht von der Pfalz auf die burgundische Seite und ermunterte Karl den Kühnen, die befestigte Stadt Neuß anzugreifen. In dieser bedrohlichen Lage trafen die Kölner umfangreiche Maßnahmen zum Schutz ihrer Freiheit. Eine der folgenreichsten war die Anordnung, alle diejenigen Bauwerke vor den Mauern der Stadt niederzulegen, die dem angreifenden Feind hätten Schutz bieten können. So wurde nicht nur das Augustinerinnenkloster am Weiher vor der Stadt zerstört, auch der Hof Sülz und die Nikolauskapelle fielen den militärischen Vorsorgemaßnahmen der Stadt zum Opfer und wurden abgerissen. Als die Kriegsgefahr endlich vorüber war, verzichtete man darauf, die zerstörten Gebäude wieder aufzubauen. Eine der wenigen Ausnahmen war der Klosterhof Sülz; er wurde, wenn auch an anderer Stelle, neu angesiedelt und trug danach den Namen »Neuenhof«. Für das gesamte der Stadt vorgelagerte Gelände, so auch für die Sülzer Gemarkung, waren die Ereignisse des Jahres 1474 von erheblicher Bedeutung. Zwar hemmte der Kölner Ratsbeschluß, alle Bauten vor den Mauern niederzulegen, nicht die weitere Entwicklung der Landwirtschaft in diesem Gebiet, doch blieb die Bautätigkeit im südwestlichen Vorfeld der Stadt bis ins 19. Jahrhundert hinein recht gering.

Wie es bis zum Ausgang des Mittelalters in der Sülzer Gemarkung ausgesehen haben mag, soll der folgende Versuch verdeutlichen, der die Flurbezeichnungen zusammenfaßt. Er stützt sich auf zahlreiche Urkunden der Zeit, die über Rechts- und Liegenschaftsgeschäfte berichten.

1152    8 Morgen Land, »neben Sülz« gelegen
1212    5 Morgen in den Feldern von Sülz
1224    1 Hufe in Sülz
1224    neugerodete Felder in Sülz
1225    Wohnstätte in Klettenberg
1225    Lehen in Smithusin (bei Klettenberg?)
1238    Hof in Sülz, genannt Klettenberg

| 1241 | Gelände beim Fischweiher namens »Sterrenweiher« |
| 1319 | 23 Morgen Ackerland in den Feldern von Sülz nahe bei Höningen und 6 weitere, die man »die goldenen« nennt |
| 1324 | Benachbartes Land in Klettenberg |
| 1340 | Gartenland oberhalb des Seitenwegs »Rodinhecke« zur Weyerpforte hin oberhalb der Sülzer Straße |
| 1340 | Boden beim Acker »Rodinhecke« gegen Köln hin |
| 1352 | Ackerland im Sülzer Feld beim Weg nach St. Pantaleon |
| 1352 | Ackerland im Sülzer Feld oberhalb des Thedenhover Tals |
| 1352 | Ackerland im Sülzer Feld unterhalb der beiden Straßen |
| 1352 | Ackerland im Sülzer Feld beim Fischweiher des Gobelin von Rore |
| 1352 | Ackerland im Sülzer Feld beim Sülzer Weg |
| 1352 | Ackerland im Sülzer Feld bei den Weiden des Abts von St. Pantaleon |
| 1352 | Ackerland im Sülzer Feld bei »Baldhoff« |
| 1352 | Ackerland im Sülzer Feld an der Schmalhecke |
| 1352 | Ackerland im Sülzer Feld in der Komar |
| 1352 | Ackerland im Sülzer Feld an dem »Heengene« |
| 1352 | Ackerland im Sülzer Feld am Weg nach Fischenich |
| 1366 | Ackerland im Thedenhover Tal zum Berg hin |
| 1371 | Land bei Klettenberg |
| 1385 | 7 Parzellen, nach Sülz hin gelegen |
| 1385 | Land in der Nähe von Sülz oberhalb des Bachs |
| 1400 | Land in Sülz mit dem dortigen Fischweiher |
| 1402 | Ackerland beim Mittelpfad zur Sülzer Straße hin |
| 1439 | Ackerland am Klettenberg vom Weiher des Abts von St. Pantaleon bei Klettenberg den Bach entlang |
| 1439 | Ackerland beim Weg von St. Pantaleon |
| 1456 | Ackerland beim Weg nach Sülz |
| 1470 | 1 Morgen Ackerland an der Zülpicher (Luxemburger) Straße |
| 1470 | 3 Morgen Ackerland hinter Weißhaus bei Sülz |
| 1470 | Land in Sülz mit dem dortigen Fischweiher |
| 1470 | 7 Morgen Ackerland zum Gottesweg hin |
| 1470 | 7 Morgen bei Sülz zum Gottesweg hin, 4½ Morgen mitten im Feld gegenüber der Sülzer Brücke, 1 Morgen an der Zülpicher (Luxemburger) Straße, 3 Morgen hinter Weißhaus bei Sülz, 1 Morgen ebenda |
| 1479 | Ackerland am Kendenicher Weg und an der Efferner Hecke |
| 1479 | Ackerland an der Sülzer Brücke |
| 1479 | Ackerland neben dem Besitz des Richolf (Grin) von Wichterich bei Klettenberg |
| 1479 | Ackerland am Ziegelofen zu Sülz |
| 1479 | Land neben dem Besitz des Godart von Mummersloch und am Schwarzen Weiher |
| 1488 | Land auf dem Sülzer Driesch |
| 1488 | beim Sülzer Acker, nach Sülz hin |
| 1488 | Ackerland bei unseres Herrn (des Abts von St. Pantaleon) Gottesweg |
| 1491 | Am Ziegelofen zu Sülz |
| 1491 | oberhalb des Bachs am Ziegelofen |
| 1500 | Ackerland bei der Kirche von Sülz beim Land des Hofs »Zum Juden« zur Sülzer Straße hin |

Exakte topographische Erkenntnisse über die Sülzer Gemarkung sind trotz dieser umfangreichen Aufzählung, die im übrigen keinen Anspruch auf Vollständigkeit erhebt, leider immer noch nicht zu gewinnen. Zwar tauchen im Mosaik der Einzelangaben bekannte Namen auf: die Höfe Sülz, Klettenberg, Weißhaus, die Komar, Gottesweg und Zülpicher (die heutige Luxemburger) Straße; auch lassen die Begriffe »Artland« (Ackerboden), »Gartland« (Gartenland, Gärten) oder »Driesch« (unbenutztes Land) Rückschlüsse auf die Flurbeschaffenheit der Gemarkung zu, die Angaben insgesamt sind jedoch viel zu allgemein gehalten, als daß sich daraus die genaue Lage der Gehöfte und ihrer Felder entnehmen ließe. Zusätzliche Schwierigkeiten bereiten die meisten Flurnamen. Im 15. Jahrhundert z. B. ist im Zusammenhang mit dem Flurnamen »Klettenberg« noch einmal »Smythusin« erwähnt, was offensichtlich dem »Smithusin« in einer Urkunde des 13. Jahrhunderts entspricht. Wahrscheinlich handelt es sich um eine Wüstung, einen ursprünglichen Wohnplatz, der später verlassen wurde. Auch die genaue Lage des »Thedenhover Tals« läßt sich heute nicht mehr feststellen; manches spricht dafür, daß es neben dem Klettenberg zu suchen war. Selbst die Lage der Weiher ist kaum zu ermitteln und kann teilweise erst aus den Hinweisen sehr viel späterer Urkunden ausgemacht werden. Für diejenigen aber, die damals Rechtsgeschäfte tätigten, bestanden bei der Identifizierung von Grundstücken offenbar keine Schwierigkeiten; sie wußten, wo sie den »Sterrenweiher« oder den »Weiher des Abts von St. Pantaleon« zu suchen hatten, und konnten sich auch mit der Lagebeschreibung »beim Fischweiher des Gobelin van Rore« oder »neben der Windmühle« zufriedengeben. Die letztere Ortsbezeichnung entstammt einer späteren Urkunde; im Jahr 1559 hatte der Herzog von Jülich dem Dham (Adam) von Diepenbroch die Erlaubnis erteilt, an der Stelle, wo der von Efferen kommende Weg auf die Luxemburger Straße traf, eine Windmühle zu errichten.

# Neue Namen, aber die alten Herren . . .

An die Stelle des im Burgundischen Krieg niedergelegten ehemaligen Fronhofs Sülz trat bald nach 1475 als Klosterhof des Abts von St. Pantaleon der »Neuenhof«. Der deutsche Name setzte sich gegenüber den älteren lateinischen Bezeichnungen »Villa Nova«, »Nova Domus«, »Villa novae Domus« oder »Nova Villa« spätestens ab 1606 in der Form von »Neuwenhoff« durch; seit 1643 ist vom »hoff zu Sulss, nuhemehe der Newe-Hoff genanndt« die Rede, wenn der Neuenhof gemeint war.

Der Hof lag am Weg nach Efferen, der heutigen Berrenrather Straße, in der Nähe der Abzweigung des Krieler Wegs, der heutigen Neuenhöfer Allee, und nördlich vom »Schwarzen Weiher«, der den Geländewinkel zwischen Luxemburger Straße und Dufesbachs ausfüllte. Im Kölner Kataster ist der Hof noch im ersten Jahrzehnt des 20. Jahrhunderts verzeichnet.

Der Abt von St. Pantaleon beeilte sich sehr mit dem Wiederaufbau des Klosterhofs. Die vorangegangenen Kriegswirren hatten nicht nur Handel und Wandel schwer getroffen, sondern auch die Versorgung der Abtei erheblich beeinträchtigt. Für die erlittenen Kriegsschäden gab es keinen Ersatz, denn der Kölner Rat wies alle Schadensersatzforderungen mit dem Hinweis auf höhere Gewalt strikt ab.

Zunächst wurden Neuenhof und Weißhaus als Wirtschaftsbetriebe zusammengelegt, doch die Hoffnung, auf diese Weise höhere Erträge zu erwirtschaften, erfüllte sich nicht. So wurden beide Höfe wieder getrennt, und spätestens ab 1540 blieb der Hof Weißhaus ein selbständiger landwirtschaftlicher Betrieb.

Kaum aber waren die Höfe nach dem Ende des Burgundischen Kriegs wieder aufgebaut, hatten sie erneut unter kriegerischen Auseinandersetzungen zu leiden. Diesmal stritten im Erzstift Köln zwei geistliche Würdenträger miteinander: der Kölner Erzbischof Ruprecht von der Pfalz und sein Administrator Hermann von Hessen als Stiftsverweser. Eine der Folgen des heftigen Streits der beiden geistlichen Herren war 1481 die Brandschatzung und Verwüstung der Höfe Sülz und Weißhaus.

Trotz der schlimmen Zeiten und der schlechten Erfahrungen der Vorgänger interessierten sich bald wieder Pächter für den Klosterhof Sülz. 1487 übernahm das Ehepaar Coens (Konrad) und Lysa von Deckstein den Neuenhof für 12 Jahre. Als 1540 Goedert (Gotthard) van Overoissem und Magdalena van Neuwenhoeve auf den Hof kamen, betrug die Pacht bei einer Hofgröße von 400 Morgen 170 Malter Roggen, 12 Malter Weizen, 12 Malter Gerste, 3 Schweine und 600 Bund Stroh; sie war jährlich am 1. Oktober, dem Fest des heiligen Remigius, an das Kornhaus der Abtei zu entrichten. Die abzuliefernde Getreidemenge erscheint beträchtlich: dem alten Getreidemaß »Malter«, einem Hohlmaß, entsprachen etwa 700 Liter. Darüber hinaus hatte der Pächter bestimmte Fuhrdienste zu leisten, darunter 2 Fahrten mit Kaufmannshabe, die im Pachtvertrag ausdrücklich erwähnt waren.

Ähnliche Vertragsbedingungen wurden auch mit später folgenden Pächtern ausgehandelt. 1560 etwa hatten Gelen van Harich und seine Frau Maria einen jährlichen Pachtzins von 80 Malter Roggen, 12 Malter Weizen, 12 Malter Gerste, 3 Schweinen, 4 Kapaunen sowie 1 »botterwegken« von 9 bis 10 Pfund zu entrichten. 1566 folgten Driesch (Andreas) und Maria Kistenmächer als Pächter des Neuenhofs, der vier Jahre später von dem vereidigten Landmesser Heinrich Wolff vermessen wurde; die Hofgröße betrug danach 374½ Morgen. Zu die-

ser Zeit drohten dem Hof wirtschaftliche Schwierigkeiten, für die aber das Pächterehepaar nicht die Verantwortung trug. Vielmehr hatte der damalige Abt von St. Pantaleon, Heinrich von Mülheim, durch unsolide Haushaltführung das Kloster in große wirtschaftliche Bedrängnis gebracht und die Höfe der Abtei mit Hypotheken belasten müssen. 1619 pachteten Heinrich Burbach und seine Frau Irmgard Dunwals den Neuenhof für 12 Jahre. Zu ihren Nachfolgern als Pächtern zählten Johannes Rolshoven und seine Ehefrau Magdalena Hovels, die den Hof 1643 übernahmen und offensichtlich gut zurechtkamen; 1661 sind sie wieder als Pächter erwähnt. Der ihnen folgende »neue halbwinner Henrich samp seiner hausfrauen« war wohl ihr Sohn. 1706 wurde Sybilla Walraff, »wittiben Henrichen Rolshoven«, die neue Pächterin. Hier wird deutlich, daß der Pachthof beim Tod des Inhabers nicht ohne weiteres an den Grundherrn zurückfiel, sondern an Familienmitglieder des verstorbenen Pächters übertragen werden konnte, falls diese fähig und willens waren, das Pachtverhältnis fortzusetzen.

Vierhundert Jahre nach dem ersten Pachtbrief von 1251 sind inhaltliche und formale Textunterschiede im folgenden Pachtbrief von 1643 nicht zu übersehen:

»Wir Paulus Breuwer aus vorsehung gottes erwoldt und bestattigter abt, vort prior und sambtliche conventualen von St. Pantaleon bekennen, daß Wir negst vorgehltener capitulsversammelung ... zu pfacht und pfechters recht verpachten den ehrbar und thugentsahmen Ioannen Roelshoffen und Lene Huchelen eheleuden unsern hoff zu Sulss nuhemede der Newe-Hoff genandt mit allsen gehuchtern, baumussgarten und ackerland in dreyhundert 74½ morgen 51 roden bestehent, in massen anno 1570 am 6 septembris durch Henrichen Wolff geschworenen landmesser worden, samt allem Zubehör auf 12 Jahre a dato diesses brieffs, jedoch nach 6 kündbar, für einen jharpfacht von 70 mlr. Roggen, 12 mlr. Gersten, 12 mlr. Weizen, 3 Verken, welche Wir, wan die stuppelen beweidet, wie prauchlich, auswehlen, auf montag zu pfingsten, 4 capuin. zween gudter kees, zween bodterwecken ieder von zehen pfunden, auff unser gesinnen 800 shwarer bauschen strohe. Item zu unserm weingarten die nothige rahmen auch wav einig holtz aus unsserm Konigsforst auf den Rhein pringen lassen, selbiges helfen beyfahren, bey welchen farten wir den knecht und pferden foeder und mahl geben wollen. Allührlich zu Remigii oder 14 Tage danach auf ihre Kosten, Angst und Arbeit in Köln auf unsers Gotteshauses kornlaube vor unser sömber zu liefern. Nur grosser offenbarer Hagelschlag oder Mißwachs, so uber das gelände des hoffs (und darueber über die zehntecker) fiele, der binnen vier Wochen zur Anzeige gebracht und von beiderseitigen Freunden besichtigt worden wäre, soll sie entschuldigen. Sie sollen unsern Hof mit gehuchter und befridde . . . an wenden schwellen zeunen in gutem Notbau halten. Wenn wir aber einige nothige bäw auf den hoff zu setzen hätten, sollen sie alle beyfuhr thuin, den werkluiden nohturftig kost und drank geben, darentgegen machtig sein, allen abfall vom alten und neuen holtz . . . hinzunehmen, wir aber wollen alle gereidtschaft anweissen und den werkleuten ihre belohnung entrichten. Sie sollen auch das artland zu rechten zeiten thuin brachen, sturtzen, misten, sehen, in seinen gewanden und vorgenossen unverkurzt hal, den, die foderey nur zur Mistung der Hofsländerei verwenden . . . Wollen die Pächter nach Ablauf der 12 Jahre die winnung gern ferners continuiren, so sollen sie es ein Vierteljahr zuvor anmelden. Besiegelt mit Siegel der Abtei und des Convents. Gegeben 1643 am 31. Januar.«

Die hochdeutschen Textstellen des Pachtvertrages sind ergänzt. Auslassungen im Text betreffen Bestimmungen über den Schaden, der bei gemeiner Fehde oder bei einer Fehde entsteht, in die das Kloster verwickelt ist, sowie über die Schadensregelung bei Brand des Hofs durch Unvorsichtigkeit der Pächter und über den Heimfall des Hofs wegen Zinsversäumnis, wie sie auch in früheren Pachtverträgen zu finden waren.

Daß beiderseitige Erfahrungen nunmehr im Vertragstext ihren Niederschlag fanden, ist nicht weiter verwunderlich; interessant auch, daß bei witterungsbedingten Schäden eine gemeinsame Kommission die wirtschaftliche Lage des Hofs und der Pächter begutachten sollte. Zwar ist man noch weit entfernt von echter Partnerschaft, doch scheint im Gegensatz zum Vertrag des 13. Jahrhunderts die Abhängigkeit des Pächters von seinem Grundherrn eher gemindert. Im übrigen geht aus den Wirtschaftsannalen des Klosters hervor, daß sich auch die Grundherren an den Pachtvertrag gebunden fühlten: »1655 im Monat Dezember hat der meister Niclas zu Konigstorf 13 eichen gezeichnet zu einem neuen schaffstahl an den Neuen-Hoff.« Abt von St. Pantaleon war zu dieser Zeit Ägidius Romanus, nach dem die heutige Ägidiusstraße in Sülz benannt ist.

Wie die Höfe in Klettenberg gehörte auch Weißhaus ursprünglich zum Fronhofsystem des Sülzer Herrenhofs. Mit diesem blieb der Hof Weißhaus auch nach der Umwandlung des Fronhofs in einen Pachthof zunächst verbunden. Beide Höfe zusammen umfaßten rund 600 Morgen, wobei auf Weißhaus etwa ein Drittel der Gesamtfläche entfiel. 1468 ist der Hof in einem Pachtbrief für den Haupthof Sülz als »Zu dem Wyssenhuys« erwähnt, was dem lateinischen ,,Alba Domus« entspricht. Im Burgundischen Krieg erlitt Weißhaus das gleiche Schicksal wie der Haupthof in Sülz, wurde wie dieser niedergelegt und bald nach Kriegsende wieder aufgebaut. Der Pachtvertrag von 1487 für die bereits erwähnten Pächter des Neuenhofs Coens van Decksteyn und seine Frau Lysa zählt die Felder und Äcker der beiden Höfe auf: ». . . viertzich morgen teygen Wyssenhuyss zo Sultz wart. item hondert morgen hynder Sultz. item anderthalfhondert morgen an des abtz hecken. item eichtzig morgen an den langen steyne. item eynen morgen sent Niclais morgen. item vierindvirtzich morgen hynder den Wysenhuys. item seventzich morgen an dem wissen cruytz. item eynen morgen darby genannt sent Niclais morgen. item eicht morgen mytz in

*Gebhard Truchseß von Waldburg*

dem velde hynder dem Clettenberge. item eicht morgen an der bruggen hynder dem Clettenberge. item dry morgen hynder dem Clettenberge. item zwene morgen up Sulper straissen. item eicht morgen darby. item seessinddrissich morgen an viel stucken yecklich stuck nunyn morgen in der Coemar. item vier morgen in zwey stucker in der Coemar. item zweilf morgen dairby in der Coemar . . . item vier morgen in dem Hanen ind anders nyet me, dan as vurs . . .«

Der Abt von St. Pantaleon verpachtete den Hof Weißhaus »zu halfscheit«; Grundherr und Pächter teilten sich in die Erträge.

Wie die benachbarten Höfe blieb auch Weißhaus nicht von Krieg, Mißwachs und Ungewitter verschont. Und wenn in der Abtei schlecht gewirtschaftet wurde, bekam der Hof nicht anders als die übrigen Pachthöfe des Klosters auch die Folgen zu spüren; so mußte der bereits erwähnte Abt Heinrich von Mülheim im Jahr 1565, nur ein Jahr nach dem Neuenhof, auch den Hof Weiß-

haus verpfänden, um den Forderungen seiner Gläubiger nachkommen zu können.

Schlimmer noch für den Hof waren die Folgen erneuter kriegerischer Auseinandersetzungen. 1584 brannten im Truchsessischen Krieg bayrische Truppen den Vorhof von Weißhaus nieder. In diesem Krieg wurde die für Köln und das Reich schwerwiegende Frage entschieden, ob im Kurstift Köln die Reformation eingeführt würde. Im Streit um den Kölner Bischofsstuhl kämpfte Gebhard Truchseß von Waldburg, der bereits seit 1577 Erzbischof von Köln war, aber zu heiraten gedachte und 1582 zum Protestantismus übertrat, gegen den katholischen Kandidaten Ernst, Sohn des Bayernherzogs Albrecht V. Schließlich behielt nach schweren Kämpfen Ernst die Oberhand. Besonders die nähere Umgebung Kölns hatte zu leiden; Deutz wurde fast vollständig zerstört. Im Vergleich dazu kam Weißhaus noch einigermaßen glimpflich davon, doch fielen infolge der Kriegsschäden die Pachtlieferungen des Hofes, den zu dieser Zeit der Amtmeister der Bauerbank Weyerstraße mit Namen Hain (Heinrich) bewirtschaftete, erheblich geringer aus.

Im Jahr 1606 übernahm der Koadjutor des Abts von St. Pantaleon, Heinrich Spickernagel, die Wirtschaftsführung der Abtei. Er wollte, wie es den Anschein hat, erst einmal genau wissen, auf was er sich da einließ, und fertigte als gewissenhafter Kaufmann eine Liste der Liegenschaften, Einkünfte, Guthaben und Schulden der Abtei an. In dieser Bestandsaufnahme findet sich auch der Hinweis auf zwei Winzer, die für den im Kloster abgelieferten Wein 75 Gulden erhalten hatten; selbst wenn der Arbeitslohn in der Summe enthalten war, muß die Weinmenge beträchtlich gewesen sein. Überhaupt spielte der Wein in der Wirtschaftsbilanz des Klosters eine gewichtige Rolle; entsprechend häufig ist in den Annalen von Weinbau und Winzern die Rede.

Im selben Jahr 1606 richtete ein starkes Unwetter viel Schaden in und um Weißhaus an; Bäume wurden entwurzelt und Dächer abgedeckt. Glücklicherweise blieb die Behausung der Winzer im Hof vor Schaden bewahrt. Daß die Winzer in Weißhaus wohnten, mag mit der Nähe des Hofs zu den Weingärten von St. Pantaleon zusammenhängen, sie lagen innerhalb der Immunität des Klosters und am Martinsfeld. Außerdem war der an Weißhaus vorbeifließende Duffesbach an seinen Ufern mit Weiden bepflanzt, ihre Schößlinge wurden zum Binden der Reben benötigt. Im Jahr 1609, so berichten die Wirtschaftsannalen, pflanzte man entlang dem Duffesbach 150 Weiden neu.

Mit den Winzern hatte die Abtei manchen Ärger. 1613 berichten die Annalen, daß ein Winzer eingestellt, ein anderer dafür entlassen wurde; letzterer war, wie es unverblümt heißt, nachlässig und lieferte in den Weingärten keine ordentliche Arbeit. Zehn Jahre später bat ein anderer Winzer seinerseits um Entlassung; sie wurde ihm um so lieber gewährt, als er »einen schlechten Leumund« hatte. Den Grund für diesen mißlichen Umstand liefern die Annalen gleich nach: »Er hing dem Bacchus (dem römischen Weingott) an«, eine dezente Umschreibung für einen recht prosaischen Tatbestand: der gute Mann war dem Trunk verfallen. Doch mit seinem Nachfolger hatte das Kloster ebenfalls wenig Glück; er mußte, weil er nach Meinung seiner klösterlichen Vorgesetzten faul war, schon nach einem Jahr wieder gehen.

Leider wird nichts über die Qualität des Weins berichtet, der in den Kölner Weingärten der Abtei geerntet wurde. Öfter wohl blieb der Ertrag gering oder fiel wegen widriger Witterungsverhältnisse ganz aus, so in den Jahren 1615, 1616 und 1629. Da das Kloster aber auch Weinberge an Mosel und Mittelrhein besaß, brauchten die Mönche auf ihren Wein auch dann nicht zu verzichten, wenn in einem Jahr in den Kölner Weingärten der Abtei die Ernte ausblieb. Im äußersten Notfall hätte man auf Bier zurückgreifen können, denn die in allen Pachtverträgen vereinbarte Lieferung von Gerste deutet darauf hin, daß innerhalb des klösterlichen Wirtschaftsbetriebs Bier ge-

braut wurde. Das Bier von St. Pantaleon war außerdem nicht das einzige Klosterbräu in der Stadt Köln.

Der inzwischen zum Abt gewählte Heinrich Spickernagel ließ 1613 das »Weiße Haus von Grund auf« erneuern. Beinahe aber wäre der Bau nicht vollendet worden, denn am 17. August des Jahres, »als in Weißhaus noch nicht alles errichtet und abgenommen war, ging aus Unachtsamkeit, Sorglosigkeit oder durch Mißgunst anderer . . . die Backstube in Flammen auf, und beinahe, hätte der Wind nicht so günstig gestanden, wäre die ganze Ansiedlung abgebrannt«, berichten die Annalen des Klosters. So ging es noch einmal ohne größeren Schaden ab. Zwei Jahre später ließ dann Abt Spickernagel das Winzerhaus erneuern.

Im Jahr 1619 übernahm das Pächterehepaar Hermann und Margarete den Hof Weißhaus für 12 Jahre. Wie bereits in früheren Pachtverträgen hatte der Hof 70 Malter Roggen, 30 Malter Gerste, 40 Malter Hafer, 4 Schweine sowie eine größere Menge Stroh zu liefern. Außerdem wurden die Pächter auch wieder zu den üblichen Holzfahrten aus dem Königsforst, der zur Hälfte dem Kloster gehörte, eigens verpflichtet. Als der Pächter Hermann wenig später starb, folgte ihm als Vertragspartnerin des Klosters seine Witwe mit der Maßgabe, daß im Fall ihres Todes ihre Erben in den Vertrag eintreten sollten.

Nach den Wirren des Dreißigjährigen Krieges hielt der seit 1646 residierende Abt Ägidius Romanus eine Bestandsaufnahme seiner Grundherrschaft Sülz für notwendig. Diese erfolgte 1650 in der überkommenen Form eines Umgangs um die Grenzen der »Sülzer Herrlichkeit des Abts von St. Pantaleon«. Der Abt ließ sich von den beiden Mönchen Quirinus und Bruno sowie dem jeweiligen Pächter begleiten. Pater Bruno war bei dem Umgang als Sekretär tätig und hielt die Namen aller derzeitigen Besitzer schriftlich fest. Auf diese Weise war das herrschaftliche Inventarverzeichnis, soweit es Gehöfte, Scheunen, Äcker, Felder, Wiesen und Wald betraf, auf den neuesten Stand gebracht.

*Hofgut Weißhaus, Zeichnung des 20. Jh.*

Im selben Jahr 1650 legten hessische Soldaten Teile des Hofs Weißhaus, darunter die Scheune, in Schutt und Asche. Noch vor Jahresende ließ deshalb Abt Ägidius Romanus in Hermülheim Holz für den Bau einer neuen Scheune kaufen. Eichenbohlen und Tannenholz sowie der Arbeitslohn für den Zimmermann verursachten Kosten in Höhe von rund 200 Talern. Weitere Kosten entstanden, als zwischen dem 24. und 26. April des folgenden Jahres »die Scheur zum Weisses-Haus aufgerichtet« wurde. Die Bauleute hatten offensichtlich durstige Kehlen; sie tranken pro Tag 1 Ahm Bier – fast 140 Liter – und wurden »am tritten tag, als sie gegen mittag den bau geliffert, ... alle mit kost wein ad 70 (Goldgulden) und bier traktiert«. Angesichts derartiger Mengen muß die Frage erlaubt sein, ob nicht nur die Zimmerleute und ihre Helfer, sondern auch die klösterlichen Auftraggeber das Richtfest kräftig mitgefeiert haben.

Mit den Besitzern der Hofstellen hatte der Abt zuweilen Ärger. Lieferungen, auf die das Kloster gemäß dem Pachtvertrag Anspruch hatte, blieben zum Teil oder gar völlig aus. Neue Pächter aber waren nicht im-

mer zur Hand, und so verglich man sich mit dem alten, der mit seinen Lieferungen in Rückstand geraten war. Da mußten dann etwa Kosten, die durch den Bau von Stallungen oder den Transport von Baumaterial entstanden waren, gegen vergleichbare aufgerechnet werden, die durch die Aufzucht von Schafen und Lämmern angefallen waren: ein recht kompliziertes Verfahren, zu dessen Begutachtung sich der Abt höchstpersönlich zusammen mit dem Kellermeister zum Hof Weißhaus begab, um dort energisch seine Rechte zu vertreten. Manchmal aber ging es auch gnädiger ab: » ... hernacher aber 16. febr., weil (der Pächter) etliche sehr schlechte jahren gehabt, und die fruchten zwey mahl vom hagel zerschlagen, auch in dem bau des hauss den arbeiteren die kost mehrenteil geben, und nothige fahrten in beyfahren des sands und stein geleistet hat, haben ihr hochw(ürden) ihme alles also nachgelassen, das es neben der gelieberten vorssmelkender kohe (Kuh) noch sollte herausgeben auf unser gesinnen 6 gute Hammelschaaf.«

Da sich der bauliche Zustand von Weißhaus offensichtlich ständig verschlechterte, Abt Ägidius Romanus aber auf seinen Sommersitz nicht verzichten wollte, entschloß er sich 1669 zu einem weitgehenden Neubau. »Das Weiße-Hauss«, so die Wirtschaftsannalen des Klosters, »muss nothwendig gebaut sein, sonst wird es bald über und über niederfallen und die einwohner in grosser gefahr ihres lebens darinnen sein!« Der Abt ließ eine Baukommission den Zustand von Weißhaus untersuchen; Bruder Heinrich, Meister Christian, Zimmermann aus Badorf, ein Steinmetz aus Vernich sowie der Schieferdecker des Klosters kamen zu dem Ergebnis, »das das fundament vest genug were, auch die kellermauer bestandig seye, einen neuen bau darauf zu setzen«. Der achteckige Turm der Anlage stammt von diesem Neubau.

Aber auch sonst fanden die Handwerker reichlich Arbeit. Der zum Hof gehörende Fischteich mußte mit einer Mauer umgeben werden, und die über einen Teil des Weihers führende Brücke findet in den Wirtschafts-annalen gleich mehrmals Erwähnung: »1. Oct. (1655) ist am Weissen-Hauss die bruck uber den weyer neugemacht.« Bereits sieben Jahre später »hat meister Lambert angefangen die bruck am Weißen-Haus zu reparieren und ein neu gewolb zu schlagen«. Vielleicht hatte die Brücke unter dem starken Fuhrverkehr zu leiden, denn auf dem Weg vom südwestlichen Kölner Umland zur Stadt diente der Hof Weißhaus dazu, dort Handelswaren sowie landwirtschaftliche Produkte umzuladen. Von Weißhaus wurden die Güter »mit unserem geschier und pferden in die statt und zum kloster gefahren«, berichten die Annalen der Abtei. Übrigens beanspruchte der Kölner Erzbischof und Kurfürst für sich das Recht, derartige Gütertransporte, die sich durch kurkölnisches Gebiet bewegten, eigens zu genehmigen. Deshalb konnten Fahrten mit »pfacht, fruchten oder wein« nach Köln nur mit Erlaubnis der kurfürstlichen Kanzlei vonstatten gehen.

Auch mit den Besuchern seines neuen Hauses hatte der Abt nicht immer Glück. 1671 bewirtete er Mitglieder des Stadtrates von Straßburg samt der beiden Bürgermeister, wozu ihn der Rat der Stadt Köln mehr oder weniger gedrängt hatte. Völlig unerwünscht aber waren jene 250 Holländer, die im Dezember 1673 Weißhaus heimsuchten. Sie vereinnahmten zunächst, da sie nichts anderes Eßbares fanden, die gesamten Getreidevorräte, entwendeten dann von Dach und Türmchen das Blei und verfeuerten schließlich Zäune, Türschwellen, Fensterrahmen und was sich sonst noch an Brennbarem fand; die Ärmsten litten wohl sehr unter der Kälte.

# Beim Erben hört der Spaß auf, aber auch anderswo . . .

Wie der Hof Weißhaus unterstanden auch die Höfe Klettenberg und Komar ursprünglich dem Fronhofmeier in Sülz. Um 1238 bezeugt eine Urkunde einen gewissen Theodoricus Trost zusammen mit seinem Schwiegersohn als Besitzer des Hofs Klettenberg. Als der Abt von St. Pantaleon den Hof samt Zubehör an Magister Ulrich, Kanonikus von St. Aposteln, verpachtete, war im Pachtvertrag neben Wald auch ein Weiher erwähnt, aus dem die Abtei sechsmal im Jahr mit Fischen versorgt werden sollte. Johannes von Sülz verkaufte dann im Jahr 1318 den Hof, der inzwischen in den Besitz seiner Familie gelangt war. 1439 trat die Stadt Köln als Käufer von Liegenschaften in der Sülzer Gemarkung auf und erwarb von Tilman Burbach, der in der Nähe des Hofs in Klettenberg begütert war, ein etwa zwei Morgen großes Areal und legte dort einen Weiher an. In diesen konnte das Wasser des Duffesbachs abgeleitet werden, wenn der Bachlauf gereinigt wurde; außerdem diente der Weiher wohl als Überlaufbecken im Fall einer Überschwemmung. Neun Jahre später nahmen Bürgermeister und Rat der Stadt Köln von der Abtei St. Pantaleon zwei Morgen Ackerland für einen Jahreszins von sechs Mark zu Erbpacht, um dort einen weiteren Weiher anlegen zu lassen. Leider fehlen entsprechende mittelalterliche Flurkarten, doch zeigt eine sehr viel später entstandene Karte aus dem Jahr 1821 zwischen Gottesweg und dem Klettenberg in Höhe der heutigen Hardt- und Breibergstraße zwei Weiher ostwärts der Luxemburger Straße, die durch je einen Graben mit dem Duffesbach verbunden waren.

Im Jahr 1581 – inzwischen waren die Höfe Klettenberg und Komar in den Besitz des ehemaligen Kölner Bürgermeisters Arnold von Siegen gekommen – fand sich eine offizielle Ratskommission auf beiden Höfen ein. Sie sollte untersuchen, »wie weit sich

*Der Kölner Bürgermeister Arnold von Siegen († 1579)*

umb das man im die Bach nit wolt uff sinen hoff Koemar vergunnen«. Der Bürgermeister hatte offenbar Sonderrechte für sich in Anspruch genommen und den Duffesbach durch seinen Hof leiten lassen wollen, war aber mit seinem Antrag gescheitert und aus Verärgerung zurückgetreten. Die Reaktion Arnolds wird um so verständlicher, als er ein Jahr vor seinem spektakulären Rücktritt den Hof Komar testamentarisch dem Kölner Waisenhaus vermacht und vielleicht ein besonderes Entgegenkommen erwartet hatte. Was aber den Duffesbach betraf, so standen gewiß zu viele Einzelinteressen der Anlieger vor allem innerhalb der Stadt auf dem Spiel, als daß sich der Rat der Forderung nach Sonderrechten für einen einzelnen Bürger, selbst einen um die Stadt so verdienten wie den oftmaligen Bürgermeister, ohne Gefahr eines großen Skandals hätte beugen können.

Zwei Jahre nach seinem Vater starb im November 1581 Junker Arnold von Siegen, Erbe des verstorbenen Bürgermeisters. Bis zuletzt hatte er mit dem Kölner Rentmeister H. Sudermann in heftigem Streit um den Besitz der Höfe Komar und Klettenberg gelegen, die Sudermann für seine Frau, eine geborene Bolant und Nichte Arnolds, beanspruchte. Die Ratskommission, die sich nun auf den Höfen einfand, sollte Licht in die verwickelten Eigentumsverhältnisse bringen und kam, was die Grundstücksgrenzen betraf, auch zu einem Ergebnis: »... Und befant sich, da der halbe hoff (Komar) mit dem lusthaus under Effern uff dem gulschn boden (auf Jülicher Boden) lach, die ander halfscheit und halfenshauss uff dem statcolnischen boden der Wierstrassen (Bauerbank Weyerstraße). Und was dies in eim pergamenen brief alles mit farben angestrichen.« Die Grenze des von der Stadt beanspruchten Hoheitsgebiets zum Herzogtum Jülich verlief also mitten durch den Hof Komar. Noch schwieriger wurde die Rechtslage dadurch, daß das Kölner Erzstift – wie immer auf der Suche nach Gelegenheiten, stadtkölnische Gebietsansprüche zu bestreiten – seinerseits in die Erbauseinandersetzung ein-

die herligkeit, mark, gerichtzzwang, sweit (Schweid = Weidebezirk) uff der Wierstraßen« erstreckten, denn »ein rait (Rat) zu Coln, darunden das gericht uff der Wierstraßen lach, darzu interessiert was«. Unter den Mitgliedern der Ratskommission befand sich der Kölner Chronist Hermann von Weinsberg. Sein Bericht geht auch auf die Vorgeschichte ein, die zu dem ungewöhnlichen Vorgehen des Kölner Rats führte; den Anlaß bildete eine Erbschaftsangelegenheit innerhalb zweier vornehmer Kölner Familien.

Am 8. Januar 1579 war Ritter Arnold von Siegen gestorben, kaiserlicher Rat Karls V. und Ferdinands I., Kirchmeister von St. Johann und einer der reichsten Kölner Bürger. Zu seinem Besitz zählte auch der Hof Komar, den er um 1550 erworben und, wie Hermann von Weinsberg berichtet, zu einem »herrlichen Rittergut« gemacht hatte. 1529 war Arnold zum erstenmal Kölner Bürgermeister geworden und hatte das Amt bis 1564 insgesamt zwölfmal innegehabt. Doch dann trat er zurück »mit unwillen, griff. Als angemaßter Testamentsvollstrecker des ehemaligen Kölner Bürgermeisters ließ der Kurfürst die Eigentumsverhältnisse für die Höfe Komar, Klettenberg und »Zum Juden« durch Schultheiß und Schöffen des kurkölnischen Gerichts Brühl untersuchen. Selbstverständlich erregte das Vorgehen des Erzbischofs den heftigen Widerspruch des Kölner Rats, der sich dadurch in seinen Rechten beeinträchtigt sah.

Unabhängig von diesem Kompetenzgerangel ist Hillebrand Sudermann 1584 als Besitzer des Klettenberger Hofs bezeugt. Nach einem erneuten Rechtsstreit, der im Jahr 1610 mit einem Vergleich endete, wurde der Grenzverlauf zwischen den Höfen Klettenberg und Komar einvernehmlich festgestellt. Der Hofbezirk Komar war 22 Morgen groß, zu ihm gehörten außerdem 184 Morgen Ackerland.

1584 kam es zu einer schweren, blutigen Auseinandersetzung vor der Weyerpforte in der Sülzer Gemarkung, als Bauern aus Köln und Jülich, die vor bayrischen Soldaten in die Stadt geflüchtet waren, sich dann aber wieder hervorwagten und an »etliche streifend beiersche ruter und soldaten gefallen, dieselb widder beraubt und irer vier umbbracht«, wie Hermann von Weinsberg berichtet. Die bayrischen Soldaten steckten daraufhin den Vorhof von Weißhaus in Brand und äscherten den Hof Klettenberg ein. Der Kölner Rat ließ die vier Toten »zu handhabung irer iurisdiction des ortz in Coln durch scholtiss (Schultheiß) und scheffen (Schöffen) uff der Wierstraßen ... besichtigen ... und zu St. Mauritius begraben«. Der Chronist fügt hinzu: »Man sagt, die von Broil wolten das getan haben, wan in (ihnen) die von Coln nit vorkomen weren.« Hintergrund dieser letzten Bemerkung wie auch der vom Rat der Stadt Köln entfachten Emsigkeit waren hochpolitische Umstände: sowohl die Stadt als auch der Kurfürst, vertreten durch sein Amt Brühl, beanspruchten die Hoheitsrechte für das Gebiet, wo das Scharmützel stattgefunden hatte. Indem man dort hoheitliche Funktionen wie z. B. die offizielle Untersuchung des blutigen Vorfalls übernahm, bekräftigte man damit gleichzeitig seinen Rechtsanspruch.

Im 17. Jahrhundert wurde der Hof Klettenberg in »Klettenberg der obere« und »Klettenberg der untere« geteilt. Beide Höfe sind auf einer kolorierten Karte der Zülpicher Landstraße, der heutigen Luxemburger Straße, ostwärts des Duffesbachs zwischen den Höfen Weißhaus und Komar vermerkt. Die Karte entstand gegen Ende des 18. Jahrhunderts. Dagegen wird in einer Aufstellung der Liegenschaften des Klosters St. Pantaleon aus dem Jahr 1796 nur der Hof »Unterst Klettenberg« erwähnt und seine damalige Größe mit 110 Morgen angegeben. Der Hof »Oberst Klettenberg«, auch »Oberklettenberghof«, befand sich spätestens zu Beginn des 18. Jahrhunderts im Besitz der Johanniter-Kommende St. Johann und Kordula, deren Kölner Niederlassung Ecke Johannis- und Machabäerstraße zu finden war. In den Urkunden der Kommende weisen zwei Vermerke aus den Jahren 1708 und 1710 darauf hin, daß sich das weltliche Gericht auf der Weyerstraße, d. h. die für Klettenberg zuständige Bauerbank, mit den Eigentumsverhältnissen des oberen Hofs befaßt hat; einem gewissen Dr. Schram wurden $3/5$ des Hofs als Sicherheit für einen Vorschuß in Höhe von 2200 Talern überschrieben, derselbe Dr. Schram nahm seinerseits dann eine Hypothek in Höhe von 600 Talern auf den Hof auf.

# Wasserklau mit Folgen . . .

Der Duffesbach war die Lebensader der Sülzer Gemarkung. Bevor er diese erreichte, hatte er von seinem Quellgebiet im Vorgebirge bei Hürth nacheinander die Grundherrschaft der dort ansässigen Familie Harff, den Besitz der Deutschordensritter in Hermülheim sowie die Güter des Kölner Frauenklosters St. Klara und des Stifts St. Maria im Kapitol durchflossen. Entlang der ehemaligen »Zülpicher Landstraße« (heute Luxemburger Straße) führte sein Lauf auf der westlichen Straßenseite an den Klettenberger Höfen vorbei, wechselte dann auf die andere Straßenseite und erreichte Weißhaus. Auf halbem Weg zwischen Weißhaus und Weyerpforte bog er von der Straße nach Nordosten ab und trat am Bachtor in das Kölner Stadtgebiet ein. Über die Weidengasse und an der Südseite der Römermauer vorbei floß der Bach weiter bis zum Filzengraben und von dort in den Rhein.

Für alle Anrainer des Duffesbachs – in Köln »die Bach« genannt – war sein damals klares Wasser ebenso begehrt wie dessen Entnahme umstritten. Die Stadt Köln hatte sich schon sehr früh durch Kauf und Pacht in den Besitz des Quellgebiets des Bachs zu setzen versucht. Für die Versorgung der Kölner Bürger mit Trinkwasser war die ungehinderte Kontrolle des Bachverlaufs und des ununterbrochenen Zuflusses von ausreichenden Mengen klaren Wassers weniger bedeutsam, denn Trinkwasser lieferten im allgemeinen die Ziehbrunnen, die in Köln »Pütz« hießen und Brunnengemeinschaften benachbarter Familien zur Verfügung standen; nur wenige Häuser verfügten über einen eigenen Brunnen. Um so wichtiger aber war der Duffesbach für einen großen Teil der Kölner Gewerbetreibenden. Gerber, Weber, Färber und Filzschuhmacher waren als Handwerker auf das fließende Wasser unbedingt angewiesen und wußten ihre Interessen beim Rat der Stadt entsprechend nachdrücklich zu vertreten. Sie konnten darauf verweisen, daß die Steuern, die sie zahlten, zur Finanzkraft der Stadt erheblich beitrugen und daß ihre handwerklichen Erzeugnisse innerhalb und außerhalb der Stadt einen ausgezeichneten Ruf hatten. Folglich reagierte der Rat jedesmal prompt, wenn die Gerber und Färber – ob zurecht oder nicht – wieder einmal laut Klage darüber führten, ihnen werde durch gesetzwidrige Machenschaften der Bachanlieger vor den Mauern das so dringend benötigte Bachwasser entzogen. Der Grund für die Klagen war immer der gleiche: die ersten Anrainer des Duffesbachs zeigten im allgemeinen wenig Verständnis für die Nöte der Kölner Gewerbetreibenden und versuchten manchmal offen, meist aber heimlich das begehrte Wasser durch Gräben, Kallen oder Röhren in ihre eigenen Äcker, Wiesen und Weingärten abzuleiten, wozu sie nach dem Gewohnheitsrecht, auf das die Stadt pochte, nicht berechtigt waren.

Als alle Klagen und Proteste der städtischen Handwerker erfolglos blieben und die – meist geistlichen – Bachanrainer ohne Rücksicht auf die Kölner Sorgen weiter das begehrte Bachwasser für ihre eigenen Zwecke in Anspruch nahmen, sah sich der Rat der Stadt zu einem ungewöhnlichen Schritt gezwungen: er wandte sich an keinen geringeren als den Papst. Das kam gewiß nicht alle Tage vor, daß sich das Oberhaupt der Christenheit um einen Bach kümmern sollte. Papst Johannes XXII. ließ sich jedoch für seine Entscheidung Zeit und setzte im Jahr 1321 zunächst einmal eine Untersuchungskommission ein. Der Abt von Altenberg, der Propst von Rees und der Dechant von Xanten nahmen sich des schwierigen Falls an und bestätigten schließlich ganz im Sinne der Stadt die alte Regelung, daß die Anlieger des Duffesbachs außerhalb der Mauern das Bachwasser jeweils nur für 24 Stunden am Wochenende für ihre eigenen Zwecke in Anspruch nehmen dürften: »Wer den Bach anders ableitet als des Samstags zur Nonenzeit (drei Uhr nachmittags) bis sonntags zur Nonenzeit, soll 5 Mark Buße bezahlen.«

Doch der Papst war weit weg, der Duffesbach aber nah, und so mußte die Stadt erleben, daß mit der päpstlichen Entscheidung der Streit um das Bachwasser keineswegs zu Ende war. Selbst die frommen Schwestern des Klosters der heiligen Klara zeigten sich von der Entscheidung ihres obersten Vorgesetzten wenig beeindruckt und ließen durch ihre Dienstleute weiterhin den Bach anzapfen. Dabei befand sich das Kloster mit seiner widerrechtlichen Wasserversorgung in bester geistlicher Gesellschaft. 1533 versuchten die Deutschordensritter in Hermülheim ebenfalls, den Duffesbach für ihre eigene Zwecke außerhalb der vorgeschriebenen Zeit umzuleiten.

Ganz schlimm aber wurde es im Jahr 1560, als der Hürther Schultheiß Damian Bell von Efferen unter gröblicher Mißachtung aller Kölner Rechte und Bedürfnisse das Wasser des Duffesbachs auf die Äcker und Felder seiner Herrschaft, der Hürther Familie Harff, ableiten ließ. In Köln bemerkte man sehr schnell, wie aus dem kräftig dahinfließenden Bach unversehens ein schmales Rinnsal wurde, und schickte die Bachmeisterkommission los, die Ursachen für den betrüblichen Zustand des Duffesbachs zu ergründen. Als die Kölner endlich in Hürth angekommen und gerade im Begriff waren, sich ein genaues Bild zu machen, widerfuhr ihnen großes Ungemach: der Hürther Schultheiß ließ sie gefangennehmen und festsetzen. Das hätte er besser unterlassen, denn nun wurde es dem Kölner Rat zu bunt. Er ließ seine Rentmeister Johann Pfeil und Philipp Gail mit eintausend bewaffneten Bürgern ausrücken und die Mitglieder seiner Bachkommission befreien, obendrein aber den Hürther Burgherrn Wilhelm von Harff und seinen Schultheiß als Gefangene nach Köln führen.

Doch mit diesem spektakulären Ereignis war der Fall längst noch nicht ausgestanden. Als nämlich auf dem nachfolgenden Neußer Gerichtstag der Streit entschieden werden sollte, zweifelten Freunde und Verwandte

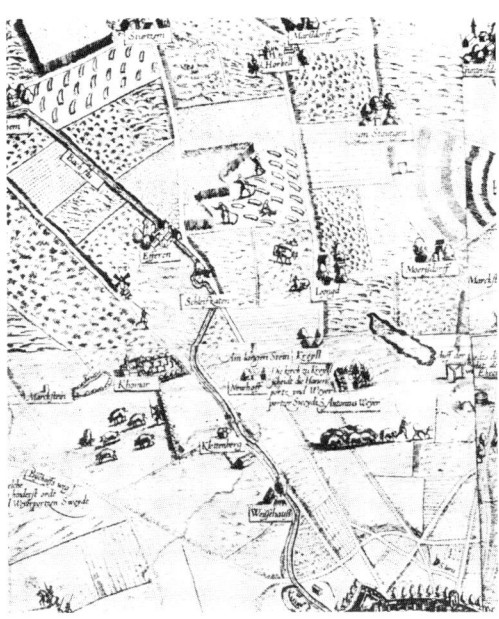

*Verlauf des Duffesbachs vor den Mauern Kölns, 18. Jh.*

des Herrn von Harff die Zuständigkeit des Gerichts an und verlangten, den Fall an das Gericht des Herzogs von Brabant zu verweisen. Damit wiederum war die Stadt Köln nicht einverstanden und wandte sich ihrerseits an das Reichskammergericht. Doch das blieb auch diesmal seinem Ruf treu, sich bei seinen Entscheidungen sehr viel Zeit zu lassen. Nach über fünfzigjährigem Rechtsstreit – die Hauptbeteiligten waren längst tot – erfolgte endlich im Jahr 1617 eine Einigung in Form eines Vertrags. Bachverlauf und Wasserentnahme wurden verbindlich geregelt und ein Schiedsgericht eingesetzt, das Strafen und Bußen bis zu 1000 Goldgulden verhängen konnte.

Trotzdem blieben weitere Streitigkeiten um »die Bach« nicht aus. Die Kölner Bachmeister – sie wurden jedes Jahr innerhalb der Ratswahlen bestellt – versuchten zwar weiterhin, jede Art von unberechtigter Wasserentnahme durch die Anlieger zu verhindern, doch hatten sie immer wieder aufs neue mit der Findigkeit der Anrainer zu rechnen, die trotz höchstrichterlicher Entscheidung im Sinn der Stadt das kostbare Naß für eigene Zwecke zu ergattern versuchten. So erwischten die Bachmeister im Jahr 1694 den hochwürdigsten Abt von St. Pantaleon, Konrad von Cochem, auf frischer Tat; im Vertrauen auf den Beistand des Kölner Erzbischofs und Kurfürsten Josef Clemens hatte sich der Abt über alle Verträge und Vorschriften hinweggesetzt und Abzugsgräben sowie Rinnen bauen lassen, durch die erheblich mehr Wasser in Weiher, Äcker und Weingärten von Weißhaus floß, als dem Grundherrn von Sülz zustand. Der Rat der Stadt Köln reagierte zunächst auf den offensichtlichen Rechtsbruch des geistlichen Herrn mit mündlichem und schriftlichem Protest. Davon jedoch zeigte sich Abt Konrad wenig beeindruckt. Er war aber machtlos und mußte sich fügen, als der Rat kurzerhand seine Bürger mobilisierte. Diese machten nicht viel Federlesens, zerstörten die widerrechtlich eingerichteten Abflüsse und stellten den früheren rechtmäßigen Zustand wieder her.

# Wenn zwei sich streiten . . .

Wenn auch die Schlacht bei Worringen 1288 den Kampf zwischen Köln und dem Erzbischof um die Herrschaft in der Stadt zugunsten der Bürger entschieden zu haben schien, ließen die Kölner Erzbischöfe, als Kurfürsten auch Landesherren, nicht davon ab, bei jeder sich bietenden Gelegenheit ihren Anspruch auf die Stadt geltend zu machen. Zu Hilfe kam ihnen dabei der Umstand, daß sie die hohe Gerichtsbarkeit in der Stadt nie verloren hatten. Alle schweren Straftaten wie Mord, Totschlag, blutige Verwundung, Raub und schwerer Diebstahl, ob sie nun innerhalb oder außerhalb der Mauern geschehen waren, wurden vom erzbischöflichen Hochgericht, das in der Stadt tagte, abgeurteilt.

Ebenso unbestritten war der Anspruch des Kurfürsten auf Heeresfolge, soweit diese die Grundherren vor den Mauern der Stadt betraf. Trotz aller Versuche war es der Stadt nie gelungen, ihren Hoheitsanspruch in Burgbann und Bannmeile durchzusetzen. Wie alle anderen Reichsstädte erkannte auch die Stadt Köln über sich nur den Kaiser allein als Herrn und Richter an. In Angelegenheiten, die Rat und Bürgermeister nicht entscheiden konnten, stand damit der unmittelbare Weg zum Kaiser offen, für die Landesherren ein mißlicher Zustand. Sie versuchten deshalb, in ihren Territorien die Reichsfreiheit von Städten und Gemeinden zu beseitigen.

So verfuhr auch der Kölner Erzbischof und Kurfürst mit der Stadt Köln. Wie schon im Fall des Streits um das Erbe Arnolds von Siegen, in den sich der Kölner Kurfürst einmischte, ließ er auch sonst keine Gelegenheit aus, seine Ansprüche geltend zu machen und die Stadt Köln zu bedrängen. Diese andauernden Rangeleien zwischen der Stadt und Kurköln beeinträchtigten natürlich auch die politischen und rechtlichen Zustände im Sülzer Feld. Die Erbgenossen, selbst als Genossenschaft viel zu schwach, um sich den Eingriffen des Kurfürsten widersetzen zu können, überließen es zunehmend dem Kölner Rat, ihre Interessen im Burgbann vor den Mauern der Stadt zu vertreten. Die Stadt ihrerseits beauftragte die Bauerbänke – im Fall Sülz die Bauerbank auf der Weyerstraße –, für Recht und Ordnung im Schweid zu sorgen. Kurfürstliche Anordnungen aber waren damit nicht aus der Welt geschafft.

So verlangte 1633 die kurfürstliche Behörde vom Neuenhof, zwei Pferde zum Transport von Kriegsgerät nach Westfalen bereitzustellen. Der Hofinhaber konnte sich dem Befehl nicht entziehen, mußte aber sehr schlechte Erfahrungen machen: als er nach drei Monaten die Pferde zurückhielt, war eines inzwischen vertauscht, das zweite völlig erschöpft und für die Arbeit auf dem Hof zunächst nicht zu gebrauchen. Ähnliches geschah, als der Abt von St. Pantaleon für den Heerwagen, den der Neuenhof in Kriegszeiten zu stellen hatte, im Amt Lechenich für teures Geld vier Pferde erstand, um sie zusammen mit dem Heerwagen dem erzbischöflichen Hof zur Verfügung stellen zu können. Eines der Pferde wurde gestohlen, ehe es den Bestimmungsort erreichte, und der Abt mußte dem Kurfürsten den Schaden ersetzen, was ein großes Loch in die Wirtschaftskasse des Klosters riß. Es kam aber noch schlimmer: nach sechs Monaten wollte der Abt seine Pferde zurückhaben und schickte einige Knechte los, die Pferde zu holen. Doch die Dienstleute des Abts gerieten an Soldaten, die sich inzwischen mit den Vierbeinern beritten gemacht hatten, bezogen Prügel, als sie ihr Ansinnen vorbrachten, und mußten sich ohne Pferde auf den Heimweg machen.

Die Versuche des Kurfürsten und Erzbischofs, die Stadt Köln mürbe zu machen, fanden schließlich auch ihren literarischen Niederschlag. In den Jahren 1657 und 1687 veröffentlichte die kurfürstliche Behörde zwei Streitschriften, mit denen die Rechtsansprüche des Landesherrn erhärtet werden sollten. Die erste mit dem Titel »Apologie« wie auch die ihr folgende »Securis« zählten – fast in der Form eines Katalogs – alle Rechte des Erzbischofs und Kurfürsten gegenüber der Stadt auf, und das waren nicht wenige. Die Entgegnung des Kölner Rats blieb jeweils ziemlich lahm, was nicht weiter verwundern kann, denn auf verbriefte Rechte zumal vor den Mauern der Stadt konnte sich Köln nicht berufen. Zwar schien im Jahr 1672 ein Interessenausgleich einmal nahe, als Stadt und Kurfürst den »Kendenicher Vertrag« schlossen. Einige Reichsfürsten, denen nicht daran gelegen sein konnte, daß der Kölner Kurfürst noch mächtiger wurde, hatten zwischen den Kontrahenten vermittelt. Doch blieb der Vergleich ohne praktische Folgen; der Artikel 5 des Vertrags sah eine Entscheidung des Reichskammergerichts binnen fünf Jahren vor; daran scheiterte schließlich das Ganze: so schnell arbeitete das Gericht nicht.

Schließlich erreichte in der ersten Hälfte des 18. Jahrhunderts der Kölner Kurfürst sein Ziel, zumindest innerhalb des Burgbanns die städtischen Hoheitsrechte nachhaltig zu beschneiden. Die Grenze zwischen städtischem und kurkölnischem Gebiet bildete von da an der Bischofsweg, der in einer durchschnittlichen Entfernung von etwa 500 m rings um die Stadt verlief. Wie der Weg zu seinem Namen gekommen ist, läßt sich heute nicht mehr eindeutig feststellen. Vielleicht kennzeichnete er die Wegstrecke, die in jedem Jahr die Sylvesterprozession des Domkapitels um die alte Römermauer zurücklegte. Die Bezeichnung »Sylvesterprozession« wies jedoch nicht etwa auf den Kalendertag, hin, an dem die Prozession auszog; sie erinnerte vielmehr an das Haupt des heiligen Sylvester, das als kostbarste Reliquie des Kölner Doms galt, ehe dann im Jahr 1164 der damalige Kölner Erzbischof Rainald von Dassel die Gebeine der Heiligen Drei Könige von Mailand nach Köln brachte. Die Sylvesterprozession zog jeweils im Frühling um die Stadt; wahrscheinlich ging der Brauch auf die germanische Sitte des Flurumgangs zurück, der den Zweck verfolgte, den Anspruch auf den eigenen Grund und Boden öffentlich zu bekräftigen. Dabei achtete man darauf, daß auch viele junge Leute der Prozession folgten; ihre Teilnahme sollte gewährleisten, daß selbst noch nach Jahrzehnten Zeugen lebten, die durch ihre Aussage den Verlauf von Flurgrenzen und die Rechtmäßigkeit von Besitzansprüchen bestätigen konnten.

Vielleicht verdankt der Bischofsweg auch einer anderen Prozession seinen Namen: jährlich am zweiten Freitag nach Ostern zogen die Vertreter der innerstädtischen Pfarreien und Stifte ebenfalls vor die Mauern der Stadt in ein Gebiet, wo sich Felder und Gärten in unmittelbarer Nähe der Stadt erstreckten. Allein in diesem ringförmigen, schmalen Gebietsstreifen konnte der Kölner Rat seine Anordnungen noch durchsetzen; über die Grenze des Bischofswegs hinaus aber regierte allein der Kurfürst.

Um die veränderte Rechtslage im Vorfeld von Köln allen Betroffenen in der gebotenen Klarheit vor Augen zu führen, ließ Kurfürst Clemens August aus dem bayrischen Haus Wittelsbach, der Erbauer von Schloß Brühl, im Jahr 1729 kurkölnisches Militär auf die Höfe Klettenberg, Komar und Weißhaus legen. Gleichzeitig wurden die Bewohner zu Spanndiensten verpflichtet; auf Anordnung der kurfürstlichen Behörde hatten sie Pferd und Wagen zur Verfügung zu stellen. Auch als 1757 während des Siebenjährigen Kriegs französische Einquartierung in der Stadt Köln lag, wurden die Streitigkeiten, die zwischen Rat und fremden Truppen fast zwangsläufig entstehen mußten, teilweise auf dem Rücken der Bewohner des ehemaligen Kölner Burgbanns ausgetragen. Wieder waren die Sülzer Höfe betroffen, wieder mußten ihre Bewohner Fuhrdienste für die kurkölnischen Behörden leisten, die sich vorsichtshalber bei ihren Anordnungen zuvor der Hilfe des französischen Kriegskommissars Raudin versichert hatten. Da halfen auch keine Proteste des Rats beim Erzbischof und beim Kommandanten der französischen Truppen, dem Marquis de Torcy. Sozusagen als Gegenleistung hatte die kurfürstliche Regierung auch nichts dagegen einzuwenden, daß die Bewohner des Kölner Burgbanns, darunter wiederum die der Sülzer Höfe, von den Franzosen zu Pionierarbeiten herangezogen wurden.

# Fast wie heute – und doch ziemlich anders . . .

Wenn die Vermutung zutrifft, daß viele mittelalterliche Prozessionen auf die germanische Sitte der Flurumgänge zurückgehen, dann mag das auch für die Prozession gelten, die alljährlich am Pfingstdienstag die Abtei St. Pantaleon verließ und nach Sülz zog. Der Umweg, den die Prozession dabei nahm, kam einem Umgang um die Gebietsgrenzen des Klosters zumindest innerhalb des Stadtgebiets recht nahe. Der Prozessionsweg führte von der Abtei über die Bäche zum Waidmarkt, wandte sich darauf zur Severinstraße und erreichte in einem weiten Bogen vorbei an den Kirchen St. Georg, St. Johann Baptist und St. Katharina schließlich das Weyertor. Hier verließ die Prozession das Weichbild der Stadt und strebte ohne weiteren Umweg ihrem Ziel zu, der Nikolauskapelle in Sülz. Nachdem das Gotteshaus im Burgundischen Krieg zerstört worden war, wurde der Gottesdienst in ein Zelt verlegt, das neben den Trümmern der Kapelle aufgeschlagen wurde.

Hermann von Weinsberg hat die Prozessionsteilnehmer recht anschaulich beschrieben: »Dinstach zu pingsten zugen die amter zur Wierporzen verscheiden aus nach Sulz, wol gebutzst in iren harnerschen, langen speissen, jeder amt vor sich mit sinen fanen und konink, der ein silbere papegeie vor der borst hangen hatt.« Wie sich die Bilder gleichen: man braucht nur an die heutigen St.-Sebastianus-Schützenbrüder zu denken, wie sie mit ihrem Schützenkönig im Schmuck der Königskette unsere Pfarrprozession begleiten. Zwar fehlen heute die langen Spieße und Harnische, von denen Hermann von Weinsberg berichtet, nicht aber die Fahnen. Auch an der Teilnahme von Vertretern des Rats und der Verwaltung an der Prozession hat sich bei der großen Fronleichnamsprozession der Dompfarre oder bei der Mülheimer Gottestracht bis in die Gegenwart wenig geändert. Damals bildeten Abt und Konvent von St. Pantaleon die Hauptgruppe der Sülzer Prozession. Knechte des Klosters trugen den Baldachin – den »Himmel«, wie er in Köln heißt –, Gerber vom Bach aus der Pfarre St. Mauritius die Statue ihres Pfarrpatrons,

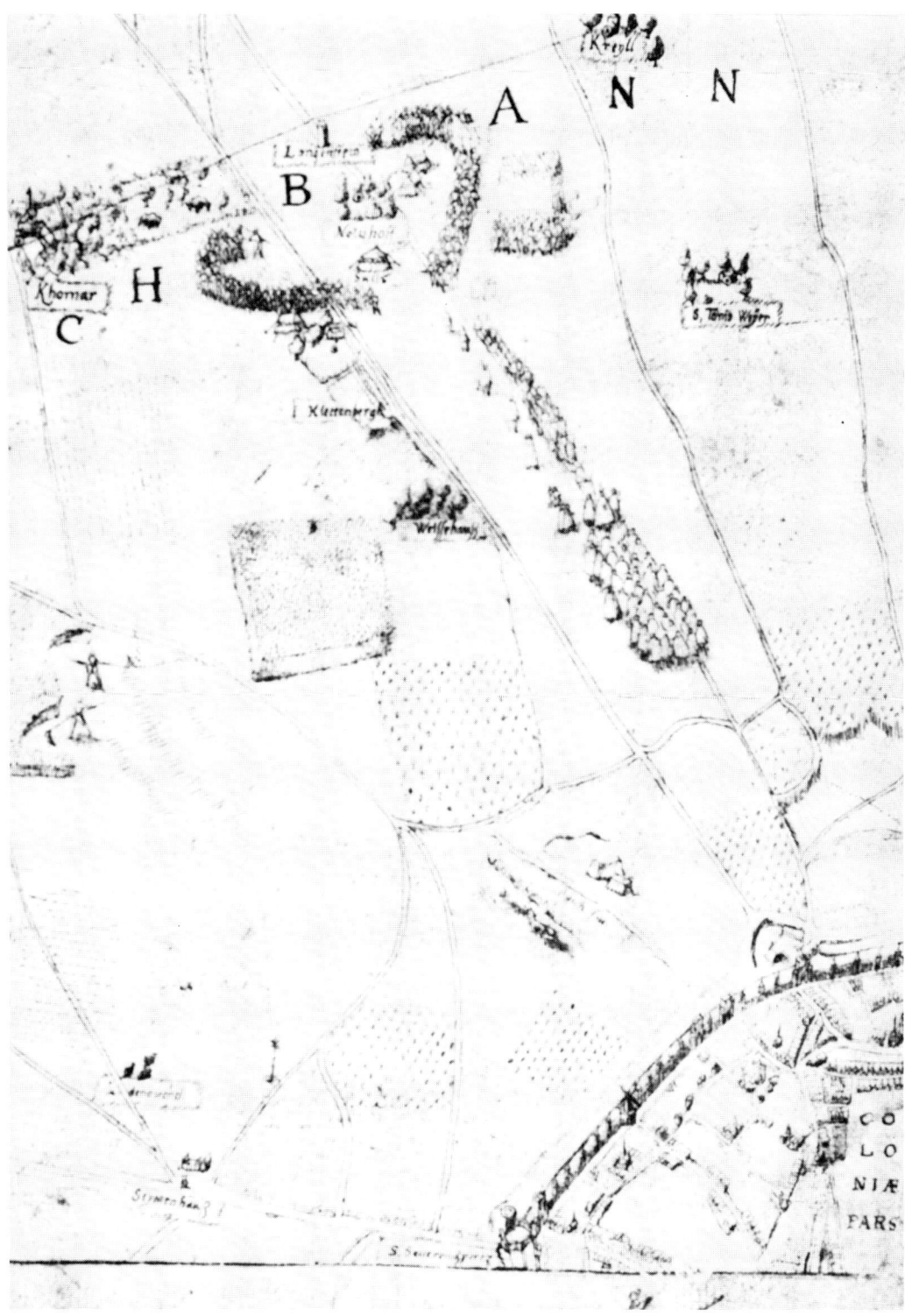

*Prozession nach Sülz, 1690*

vier Jungfrauen schließlich die Statue der Gottesmutter. Außerdem wurden die hölzernen Stadtbilder des heiligen Servatius, der heiligen Magdalena und des heiligen Jodokus mitgeführt. Vertreter der Geistlichkeit und der Bruderschaften begleiteten den Abt und die anderen Würdenträger.

Ob der lange Prozessionsweg die Teilnehmer über Gebühr angestrengt hat, bleibt offen. Jedenfalls erhielten die Klosterherren vom Weidenbach für ihre Teilnahme an der Prozession 26 Amphoren Rotwein – hoffentlich erst nach Ende der Veranstaltung –, und der Küster von St. Mauritius durfte am Prozessionstag sein Frühstück im Refektorium der Abtei einnehmen.

Bis ins 18. Jahrhundert hinein flossen Nachrichten, die sich auf den Alltag der Menschen bezogen, ziemlich spärlich. Chroniken und Annalen berichteten jeweils von den Taten, Wünschen und Sorgen der Mächtigen, die selbst auch bestimmten, was sie als bemerkenswert und überlieferungswürdig schriftlich festgehalten wissen wollten. Die Chronisten verfuhren meist nach dem Grundsatz »Wes Brot ich ess’, des Lied ich sing’« und richteten sich nach den Wünschen und Anordnungen ihrer Auftraggeber. Die kleinen Leute, von denen die wenigsten des Schreibens mächtig waren, wurden nur dann erwähnt, wenn ihre Lebensumstände – meist in Form von Pflichten, Lasten, Dienstleistungen und Schulden – die Interessen ihrer Herren berührten.

Allgemeine Nachrichten waren damals, nicht anders als heute, überwiegend schlechte Nachrichten. »Vor Pest, Hunger und Krieg bewahre uns, o Herr«: leider hatten die Menschen früher oftmals Veranlassung zu solchem Stoßgebet. So wurde Köln allein in den beiden ersten Jahrzehnten des 17. Jahrhunderts sechsmal von der Pest heimgesucht, und als die schreckliche Seuche 1666 nach Köln zurückkehrte, forderte sie in diesem und dem folgenden Jahr 9000 Opfer; von den Mönchen des Alexianerklosters, die sich der Kranken annahmen, blieb damals nur der Vorsteher von der Seuche verschont.

Der Alltag in der »Herrlichkeit des Abts von St. Pantaleon« unterschied sich wohl kaum von dem in anderen Herrschaftsgebieten der Umgebung. Wie nicht anders zu erwarten, hielten auch die Annalen der Abtei des heiligen Pantaleon nur solche Ereignisse für erwähnenswert, die für Rechtsansprüche des Abts und seines Konvents wichtig werden konnten. Daß z. B. in der Nähe des Neuenhofs im Jahr 1621 ein Mann namens Papenmutz von Soldaten erschlagen wurde, war nicht etwa deshalb erwähnenswert, weil ein vermutlich Unschuldiger einem Verbrechen zum Opfer gefallen war, wichtig vielmehr an diesem schlimmen Vorfall waren für den Verfasser der Annalen die rechtlichen Folgen und Ansprüche, die sich daraus ergaben. Noch Jahre später stritten sich Abt und kurfürstliches Amt Lechenich um die Frage, wer von beiden zuständig sei, den Totschlag zu untersuchen.

War in diesem Fall der Abt als Gerichtsherr betroffen, so bezog sich der folgende Bericht mehr auf den Umstand, daß der Abt auch Grundherr und Eigentümer war: »In diesem Monat (Januar 1658) und dem ihm folgenden Februar gab es eine außergewöhnlich große Kälte wie seit Menschengedenken nicht mehr. Alle Rebstöcke gingen zugrunde und mußten weggeschnitten werden, so daß keinerlei Hoffnung auf auch nur eine einzige Kanne Wein blieb . . . Am 19. Februar jedoch schmolz infolge eines Wärmeeinbruchs der Schnee, der an mehreren Tagen zuvor in großen Mengen gefallen war. Daraufhin entstand eine große Überschwemmung, obwohl ein neuerlicher Kälteeinbruch die Schneeschmelze aufhielt. Am 25. d. M. ließ andauernder Regen den Schnee von neuem schmelzen, und die Wassermassen überschwemmten und bedeckten die Felder, so daß die Frucht in einem Ausmaß überflutet wurde wie kaum jemals zuvor. Der Duffesbach floß mitten durch den Hof Weißhaus hindurch. Vorher hatte er die Felder von Hermülheim in Richtung Kendenich unter Wasser gesetzt, anschließend die in Kalscheuren und Umgebung. Dann drang er so plötzlich in das Gehöft Weißhaus ein, daß er die Arbeiter in der Scheune überraschte und sie zwang, sich auf die Balken zu retten und dort die Nacht über zu bleiben. Am anderen Tag wurden sowohl diejenigen, die in der Scheune die Nacht über hatten ausharren müssen, als auch jene, die im Haus geblieben waren, mit Booten in Sicherheit gebracht . . . Ungefähr dreißig Stück Vieh sind in den Fluten ertrunken. Der Hafer, soweit er nicht im Obergeschoß der Scheune untergebracht war, verdarb ebenso wie das Stroh.«

Offensichtlich hatte die schwere Überschwemmung von Weißhaus Dauerschäden zur Folge, die erst viel später behoben wurden. Abt Aemilian Elbertz (1776–1794) ließ das Herrenhaus auf den alten Grundmauern neu errichten.

Die Klosterannalen von St. Pantaleon beschäftigen sich überwiegend mit den Ergebnissen geistlicher Wirtschaftsführung; eine besondere Rolle spielen dabei die Nachrichten aus der klostereigenen Landwirtschaft. Liegenschaftsverhandlungen und Pachtverträge geben recht genau Auskunft darüber, was im Sülzer Feld angebaut wurde und welches Vieh auf den Höfen zu finden war.

Neben Roggen und Hafer, als den beiden am häufigsten vorkommenden Getreidearten, wurden Gerste und Weizen geerntet. Dagegen taucht die Hirse, sonst im Rheinland häufig vorkommend, in den Pachtverträgen der Sülzer Höfe nicht auf. Der Anbau von Erbsen – seit der Römerzeit sind auch Bohne und Linse bekannt – wurde gefördert; Erbsenstroh und Futterkräuter waren besonders begehrt, und in einigen Fällen blieben Äcker zehntfrei, auf denen sie geerntet wurden. Die Getreideernte wurde in Malter gemessen; in das Hohlmaß Malter ließen sich wegen des unterschiedlichen Körnergewichts 104 kg Weizen, 92 kg Roggen, aber nur 57 kg Hafer füllen.

Obst wurde vorwiegend im »Gartland« angebaut, im Gebiet unmittelbar vor den Mauern. Dort lagen auch die Gemüsefelder. Schon früh ist von »Kappesheuptern« die Rede; neben dem Kohlgemüse waren Möhren besonders beliebt. Im 18. Jahrhundert verstärkte sich der Gemüseanbau, wie die Rechnungen der Abtei St. Pantaleon belegen. 1744 werden sogar Kartoffeln erwähnt, doch waren sie damals noch nicht Grundnahrungsmittel, sondern galten vielmehr als Delikatesse.

Neben dem Ackerbau spielten in der Sülzer Gemarkung auch Viehhaltung und Viehzucht eine Rolle. Vieh und Milchprodukte waren feste Bestandteile der Lieferungen, zu denen sich die Pächter dem Kloster gegenüber verpflichten mußten. Butter wurde nach »Wogen« oder »Wecken« bemessen. Zu jedem Hof gehörte eine eigene Bienenzucht. Fast noch wichtiger als der zum Süßen verwendete Honig war das in der Imkerei anfallende Wachs; für Altardienst und Beleuchtung wurde es in großen Mengen benötigt.

Nicht selten schrieb die Abtei ihren Pächtern vor, welche Haustiere sie zu halten und wie sie mit ihnen zu verfahren hätten. So mußte der Neuenhof zeitweise einen Eber halten, und schon im 13. Jahrhundert wurden Pächter verpflichtet, ihren Hühnern, Enten und Gänsen freien Auslauf zu verschaffen. Von Legebatterien war damals verständlicherweise noch nicht die Rede.

Über den Pferdebestand der Sülzer Höfe gibt eine Statistik des Kölner Rats, die sich auf Angaben der Bauerbank Weyerstraße stützt, um 1750 folgende Zahlen an:

Neuenhof 8 Pferde
Klettenberg »der obere« 3 Pferde
Klettenberg »der untere« 3 Pferde
Komar 6 Pferde, davon »2 pferd nach Gulisch«, womit daran erinnert wurde, daß die Grenze zwischen der Grundherrschaft des Abts von St. Pantaleon und dem Herzogtum Jülich mitten durch den Hof Komar verlief.

Wie viele Bullen, Ochsen und Kühe auf den Sülzer Höfen standen, läßt sich nicht mehr feststellen. Öfter als vom Rindvieh wird in den Pachtverträgen von Schafen und Schweinen gesprochen. Den Schafen stand

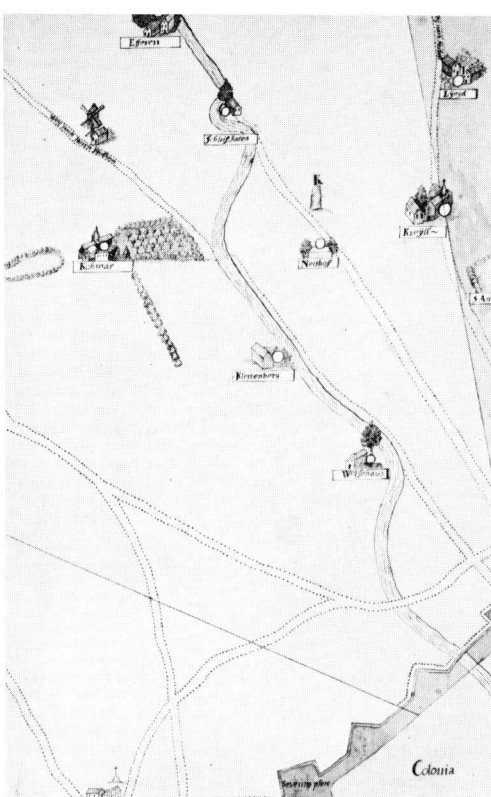

*Plan der Umgebung der Stadt Köln, Teilabschnitt, um 1650*

»Honingen am Krausenbaum, recht Kohmars halfens hof, vom Kreilenhof (Hof Kriel) directe auf S. Antoni Häusgen«. »St.-Tönis-Häuschen«, wie es auch genannt wurde, lag am 1581 erwähnten Antoniusweiher, in den sich der Gleueler Bach ergoß, innerhalb des heutigen Areals der Krankenanstalten der Lindenburg.

Außer zur Überwachung der Felder und Äcker waren die Bauerbänke dazu verpflichtet, Wege, Stege und Brücken ihres Schweidgebiets instandzuhalten. Offensichtlich aber kamen sie dieser Aufgabe nicht immer mit der nötigen Sorgfalt nach, wodurch sie sich dann kräftige Rügen des Kölner Rats einhandelten. In einer Ratsverlautbarung vom 29. November 1669 kann man lesen: »Demnach Einem Erb. Hochw. Rhatt dieser deß Heyl Reichs freyer Statt Kölle durch angebrachte Klagen ganz mißfällig vorkommen, was gestalt die gemeine Wege und Straßen vor und umb hiesige Statt durch Unachtsamb u. Fahrlosigkeit der bauermeister und anderer, denen die inspektion und anordnung dieß falls oblieget, zu der Durchreisenden nicht geringer Ungelegenheit und beschwer ausser gehöriger und verbesserung gelassen werden: Als wird gemelten Baurmeistern insgesamt vermittels dieses öffenlichen Anschlags obrigkeitlichen Amts halben ernstlich und bei Straf von 25 Goldgulden anbefohlen, die unverzügliche Verfügung gehörigen Ohrts zu tun, damit angeregte gemeine Wege u. Strassen dem Landtsbrauch und Ordnung nach in gehörigen guten und absolchen Stadt fürderlich bracht werden, daß man diesfalls ferneren Klagen entübrigt sein und bleiben, Magistratus auch zu schärferen einsehen und verfahren nicht veranlaßt werden möge, Ita Conclusum in Senatu (so beschlossen im Rat).«

Überhaupt scheinen die Erfahrungen, die der Rat mit einzelnen Mitgliedern der Bauerbänke machen mußte, nicht immer die besten gewesen zu sein: Bauerbankgenossen seien eine »Art Leute, welche leicht zu Ausschweifungen und Aufwiegelungen bewogen werden, ebenso geschwind aber nicht zu

neben den wenigen »Benden« (Dauergrasland) der Schweid als Weidegebiet zur Verfügung. Er umfaßte jeweils alle Felder, die im Zyklus der Dreifelderwirtschaft brachlagen und als Stoppelweide dienen konnten. Im Schweid führte die Bauerbank die Aufsicht und übte im Auftrag des Rats die niedere Gerichtsbarkeit aus, doch behielt sich der Rat die letzte Entscheidung vor, wenn es sich um schwerwiegende Rechtsverstöße oder um politisch brisante Fälle handelte. Die Gebiete des Kölner Schweid waren identisch mit dem Kölner Burgbann und überschritten damit den Bischofsweg als Grenze zwischen Kölner und Kurkölner Hoheitsgebiet.

Das Weidegebiet der für die »Herrlichkeit Sülz des Abts von St. Pantaleon« zuständigen Bauerbank erstreckte sich zwischen

50

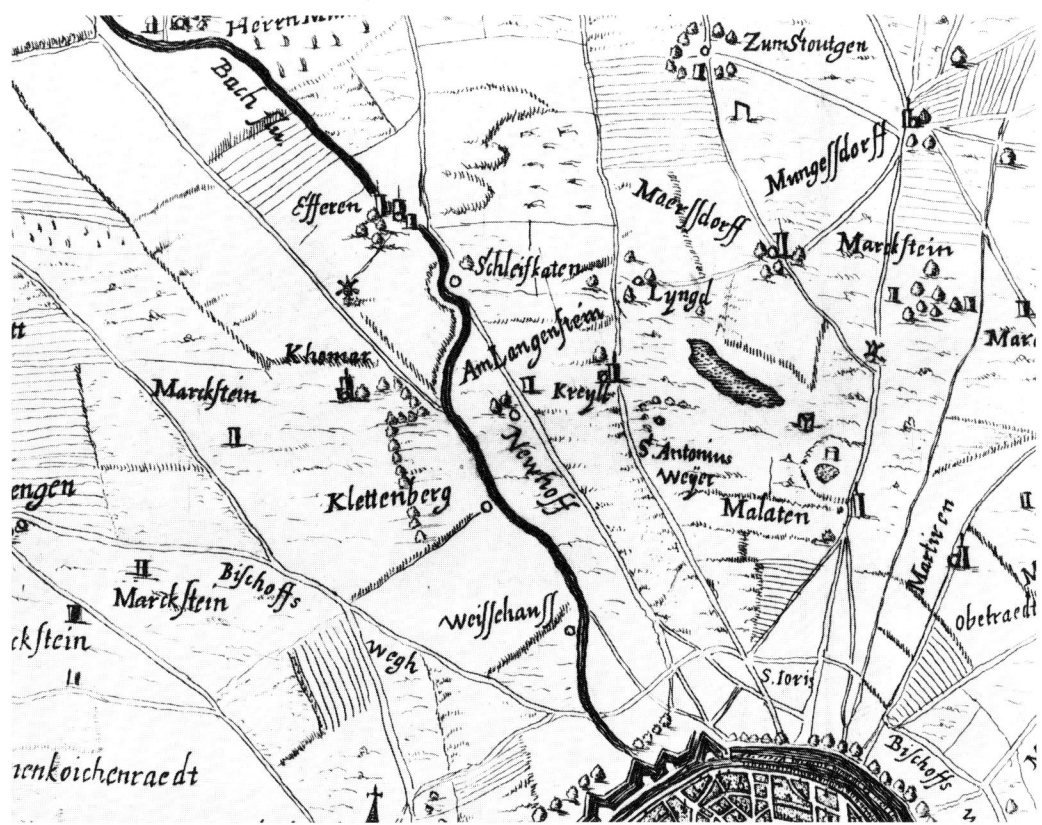

*Das südwestliche Vorgelände der Stadt Köln, 17. Jh.*

dem Gehorsam zurücktreten«, befanden 1780 in obrigkeitlicher Strenge die Mitglieder des »Syndikats«, des Dezernats für Bauerbankangelegenheiten beim Rat der Stadt Köln. Drei Jahre später mußte einem gewählten Amtmeister der Bauerbank Weyerstraße die Anerkennung durch den Rat versagt werden: der Gewählte habe »mangel an angesessenheit« und sei »alle tage besoffen«.

Die Bauerbänke hatten alle Hände voll zu tun, die Ordnung auf den Äckern und Feldern vor den Mauern der Stadt aufrechtzuerhalten. Im Auftrag der Bauerbank übte der »Schütze« die Feldaufsicht aus. Um seine Aufgabe war er nicht zu beneiden, denn er hatte sich mit der Sorge für »fur, Mahl und pfahl, auch weege, steege, weid, schweid« abzuplagen und Feldschaden, vor allem aber Verbrechen oder Vergehen nach

Möglichkeit zu verhindern. Im Schweid versuchte manch einer sich einen Vorteil zu verschaffen, ob er nun sein Vieh auf einer fremden Weide grasen ließ oder Saaten und Frucht in Mitleidenschaft zog, indem er sich mitten durch fremde Felder mit seinem eigenen Gefährt einen Weg bahnte oder gar ohne Erlaubnis Rasen stach oder Mergel abbaute.

Die von den Bauerbänken verhängten Strafen und Bußen waren entsprechend vielfältig. Sie reichten von Geldzahlungen über Wachs- und Kerzenabgaben bis hin zur Einschließung in Halseisen, einer Prozedur, der sich der Übeltäter in der Nähe der Feldtore zu unterziehen hatte. Der Ort des Strafvollzugs – diesen mußte der Rat zuvor billigen – war mit Bedacht gewählt: wer auf dem Weg zu seinen Feldern war, konnte sich durch einen Blick auf den armen Sünder davon

*Kölner Denar (Originalgröße etwa 20 mm), um 1000 n. Chr.*

löste Pfänder wurden verkauft, der Erlös nicht selten vertrunken.

Im Deutschen Reich der vergangenen Jahrhunderte waren zahlreiche Münzen unterschiedlicher Währung gleichzeitig im Umlauf. Das Recht, Münzen zu schlagen und in den Verkehr zu bringen, war ursprünglich ein Königsrecht, das der Herrscher aber an weltliche und geistliche Fürsten verleihen konnte. In einem solchen Fall ersetzten dann die neuen Münzherren Bild und Namen des Herrschers auf den Münzen durch ihre eigenen Embleme.

Köln war einer der Orte, an denen schon zu Zeiten der Römer Münzen geschlagen wurden. Vom römischen Kaiser Postumus im dritten nachchristlichen Jahrhundert reicht die Tradition der Stadt als Münzstätte über Karl den Großen (768–814) bis hin zu Kaiser Konrad II., der im Jahr 1039 starb. Von den Kölner Erzbischöfen begann Bruno, der Gründer von St. Pantaleon, um 960 mit dem Prägen eigener Münzen, nachdem ihm sein kaiserlicher Bruder Otto I. das Münzregal verliehen hatte. Bis zum Beginn des 14. Jahrhunderts ließen die Kölner Erzbischöfe eigene Münzen prägen. Die erzbischöfliche Münzstätte befand sich in Riehl außerhalb der Stadtmauern, sie war lange Zeit neben den beiden kaiserlichen in Aachen und Duisburg die einzige am Niederrhein.

Den Münzherren war daran gelegen, mit Hilfe von Münzprägungen ihre eigene wirtschaftliche Lage zu verbessern; sie verdienten am Münzregal nicht schlecht. Als z. B. Kaiser Rudolf von Habsburg (1273–1291) mit dem damaligen Kölner Erzbischof Siegfried von Westerburg wegen der Verleihung des Münzrechts verhandelte, legten sie als Leitwährung den »Kölner Pfennig« fest, veränderten jedoch gleichzeitig dessen Wechselkurse. Beide Verhandlungspartner einigten sich darauf, daß in Zukunft eine Mark nicht mehr – wie bis dahin in Köln üblich – dem Wert von 12 Schillingen (jeder Schilling zu 12 Pfennigen) entsprechen sollte; sie setzten vielmehr den Wert einer Mark mit 13 Schilling, 4 Pfennig fest. Den zusätz-

überzeugen, welche Folgen es haben könnte, die im Schweid gebotene Ordnung gröblich zu mißachten.

Recht beliebt waren Bußen in Form von Naturalien, vor allem aber von Wein und Bier; gerade an solchen Bußen hatten die Bauerbankgenossen ebensoviel Bedarf wie Freude. Die dann folgenden Zechgelage boten ihrerseits wieder Anlaß zu neuen Bußen: »Ferner sind wir übereingekommen, daß jemand bei der Versammlung der Erbgenossen, der einem anderen oder dem Schützen gegenüber ein unzüchtiges Wort oder Scheltworte gebraucht, vom Meister zum Schweigen aufgefordert werden soll. Schweigt er dann nicht, so zahlt er 4 Pfennige, bei der zweiten Ermahnung 6, bei der dritten 8, bei der vierten schließlich 12 Pfennige, und wer auch wieder unnutzig antwortet, bezahlt ebensoviel«, heißt es in der Satzung der Bauerbank Weyerstraße. Schließlich bot auch das Pfändungsrecht, das der Rat den Bauerbänken überlassen hatte, zusätzliche und stets willkommene Gelegenheiten zu neuen Feiern. Über Pferd und Wagen konnte Arrest verhängt werden, wobei man zwischen »essenden« und »liegenden« Pfändern unterschied. Nicht ausge-

lichen Schilling steckte der Münzherr als Gewinn ein, die zusätzlichen 4 Pfennige wurden für die Prägung veranschlagt. Der Rat der Stadt Köln strebte zunächst nicht danach, für sich selbst das Münzrecht zu erwerben; dieses erhielt Köln erst im Jahr 1474. Doch hatte der Rat ein verständliches Interesse daran, die Wirtschaftskraft der Stadt zu erhalten und zu fördern. Um sich vor den Folgen von Geldentwertung und Währungsmanipulationen zu schützen, führte man auch in Köln das »Pagament« als Bezeichung für das jeweils gängige Geld ein. »Kölner Pagament« bedeutete soviel wie das »zu Cöln« übliche Geld, womit nicht eine eigens geprägte Münze, sondern lediglich eine Rechenwährung gemeint war. In Zusammenhang mit den allgemeinverbindlichen Münzkursen der Städte stellte die Rechenwährung des Pagaments sicher, daß z. B. bei langfristig angelegten Geldern, etwa in Form von Renten, der jeweilige Geldwert berücksichtigt werden konnte.

In Köln war zunächst der Pfennig als kleinste Silbermünze Pagamentgrundwährung. Als sich aber die Zahl der Pfennigprägungen unterschiedlichen Silbergehalts im Deutschen Reich häufte, ging der Rat der Stadt Köln vom Bezugswert Pfennig ab und führte statt dessen ein gutes größeres Silberstück als Rechnungswert ein. 10 Kölner Pagamentsmark zählten nunmehr soviel wie 1 Mark Königssilber »im Schmelztiegel«, einem Silber der feinsten damals möglichen Konzentration. Später nahm der Rat eine Abwertung vor, danach entsprachen 11 Mark Kölner Pagament 1 Mark Königssilber.

Daß die Stadt Köln vom Pfennig zur Mark Königssilber als Pagamentwährung überging, war dem Erzbischof aus verständlichen Gründen nicht recht, denn die Entscheidung des Rats verminderte die Einkünfte des Münzherrn beträchtlich. Die verlorene Schlacht bei Worringen schwächte die Stellung der Kölner Erzbischöfe zusätzlich, und als zu Beginn des 14. Jahrhunderts zahlreiche weitere Münzstätten entstanden, war es mit der ehemals beherrschenden Stellung des Kölner Pfennigs als einer der Leitwäh-

rungen im deutschen Reich vorbei; seine Prägung wurde eingestellt.

Gegen Ende des 14. Jahrhunderts schufen dann die vier rheinischen Kurfürsten – die Erzbischöfe von Köln, Mainz und Trier sowie der Pfalzgraf bei Rhein – mit dem rheinischen Gulden eine Großmünze, die für die beiden folgenden Jahrhunderte überregional bedeutsam wurde. Am Ende des 15. Jahrhunderts waren nebeneinander fünf verschiedene rheinische Gulden im Umlauf, deren Wert zwischen 3 Mark 4 Schilling und 4 Mark 3 Schilling schwankte. Im Geldverkehr ersetzten Turnosgroschen und Heller als Münzen der untersten Stufe den Pfennig. Daneben war seit dem 14. Jahrhundert vor allem am Niederrhein der »Brabanter« im Umlauf, eine Münze des Herzogtums Brabant. Im 16. Jahrhundert schließlich traten neben die alte Mark als weitere Rechnungseinheiten Goldgulden und Silberguldiner. Der Gulden wurde auch als Großmünze geprägt, dagegen erschienen seine Teilwerte Albus und Heller in Silber. Am Ende rechnete man gar nach Reichstalern. Das Währungsdurcheinander hätte kaum größer sein können. Daß unter derartigen Verhältnissen das Wirtschaftsleben nicht zusammenbrach, erscheint heute fast wie ein Wunder.

Die Vielfalt der Währungen neben- und nacheinander macht es schwierig, wirtschaftliche und soziale Verhältnisse der damaligen Zeit zu beurteilen und angemessene Vergleiche zu heutigen Zuständen zu ziehen. Nicht nur wegen der Vielzahl der gültigen Zahlungsmittel lassen sich Preise und Löhne schlecht mit den heutigen vergleichen, kriegerische und witterungsbedingte Einflüsse ließen auch die Preise viel stärker schwanken. Es fehlte im Deutschen Reich eine allgemeine Vorratsbewirtschaftung. Lediglich in den großen Städten war die Lage manchmal etwas günstiger. Dort legten örtliche Handelsgesellschaften Vorräte an und konnten so vor allem bei witterungsbedingten Versorgungsengpässen allzu krasse Preissteigerungen verhindern. Plötzliche Teuerung etwa hatte zur Folge, daß sich der Preis eines Malters Roggen innerhalb weniger Tage verdoppelte. Davon war dann der Brotpreis in einer Weise betroffen, daß das Grundnahrungsmittel Brot für die Masse der Bevölkerung fast unerschwinglich wurde. Unter solchen Umständen aber waren soziale Unruhen nicht fern. Der Rat war deshalb sehr daran interessiert, Teuerung wenn schon nicht zu verhindern, so doch nach Möglichkeit zu begrenzen; hungrige Bürger waren zu allen Zeiten unbequem für die Obrigkeit.

Was jemand verdiente, ließ sich am besten ermessen, wenn der Arbeitslohn in Beziehung zur Kaufkraft der gerade üblichen Währung gesetzt wurde. Daß etwa ein Steinmetz gegen Ende des 14. Jahrhunderts 8 Schillinge pro Tag verdiente, bei Verköstigung am Arbeitsplatz dagegen die Hälfte, sagt über die sozialen Verhältnisse des Betroffenen nicht allzuviel. Eher hilft da schon der Hinweis, daß sein Tageslohn dazu ausreichte, 8 Pfund Rindfleisch oder eine Lammhälfte oder 3 Pfund Honig oder 4 Pfund Reis kaufen zu können. Für eine Hose mußte unser Steinmetz viereinhalb Tage, für einen Kittel einen Tag, für einen Hut Salz (etwa 300 Pfund) zehn Tage arbeiten. Zehn Jahre später konnte sich das Lohn-Preis-Gefüge völlig verschoben haben. Im Auf und Ab der Zeiten blieb der einzelne in einem weitaus größeren Maß als heute auf sich selbst, seine Familie und eventuell auf die Hilfe seiner Nachbarn angewiesen. Soziale Sicherheit im heutigen Sinn existierte in Deutschland für die übergroße Bevölkerungsmehrheit bis in die achtziger Jahre des 19. Jahrhunderts nicht.

# Trau – schau – wem . . .

Die Freie und Reichsstadt Köln, ehemals eine der mächtigsten und reichsten Städte nicht nur im deutschen Reich, sondern in ganz Europa, hatte seit 1500 viel von ihrer Macht und ihrem Glanz eingebüßt. Zwar zählte die Stadt um 1780 innerhalb ihrer Mauern noch mehr als 7000 Häuser, doch nicht wenige davon standen leer, andere waren verfallen oder abgebrannt, ohne daß sich Stadtrat oder Verwaltung darum gekümmert hätten. Mist und Unrat bedeckten Straßen und Wege, die sich bei anhaltendem Regen in knöcheltiefen Morast verwandelten, in dem sich die Schweine tummelten. So bot die Stadt in ihrem äußeren Zustand ein Bild fortschreitenden Verfalls. Dieser Eindruck wurde noch durch den Umstand verstärkt, daß zahlreiche Bettler die Plätze und Straßen bevölkerten. »Coellen eyn croyn, boven allen stedten schoyn«: dies bewundernde Urteil vergangener Zeiten konnte vor der traurigen Wirklichkeit des ausgehenden 18. Jahrhunderts nicht mehr bestehen. Dem miserablen äußeren Bild Kölns entsprachen seine inneren Verhältnisse. Klüngel und Mißwirtschaft der vornehmen Familien, Starrsinn und Beschränktheit der herrschenden Zünfte erregten in steigendem Maß die Bürger aus Mittel- und Unterschicht. Die aufgestaute Wut entlud sich Ende der siebziger Jahre in heftigen Demonstrationen und schweren Ausschreitungen. Darauf wandten sich sowohl der Rat als auch die Bürger an den Reichshofrat als oberstes kaiserliches Gericht, doch dieser – ähnlich wie bei früheren Streitigkeiten das Reichskammergericht – ließ mit seiner Entscheidung auf sich warten. So konnte sich 1789 in Köln die reaktionäre Zunftherrschaft wieder festigen, im selben Jahr, da in Paris mit dem Ausbruch der Revolution eine Entwicklung begann, die von Grund auf die Welt verändern sollte.
Außenpolitisch war die Stadt Köln ebenfalls auf verhängnisvollem Kurs. Der Friede zu Münster und Osnabrück, der im Jahr 1648

den Dreißigjährigen Krieg beendete, hatte im Deutschen Reich die Kleinstaaterei gefördert und die Macht des Kaisers dauerhaft geschwächt. Die reichstreue Politik Kölns war deshalb ohne Zukunft und mußte scheitern, wenn es nicht gelang, sie den veränderten politischen Verhältnissen im Reich und in Europa anzupassen. Dazu aber war der Rat mit der ihn tragenden Oberschicht nicht in der Lage. Seine Politik war vielmehr reaktionär und ängstlich zugleich; sie mußte spätestens dann in höchste Bedrängnis geraten, wenn sich die politische Großwetterlage in Europa änderte.

Das war 1792 der Fall, als sich Österreich und Preußen zu einer Koalition zusammenschlossen, um gegen das revolutionäre Frankreich militärisch vorzugehen. Doch nach anfänglichen Erfolgen erlahmte die Kraft der Angreifer, die sich ihrerseits bald in die Verteidigung gedrängt sahen und vor den mit großem Schwung angreifenden Revolutionstruppen zurückweichen mußten. Bald ließ sich absehen, welches politische Schicksal Köln erwartete, wenn der Vormarsch der französischen Truppen anhielt. Doch auch jetzt konnte sich der Rat der Stadt nicht zu entschlossenem Handeln aufraffen; er verzichtete sogar darauf, die Stadt in Verteidigungszustand zu versetzen.

So wurde Köln zur leichten Beute der anrückenden Franzosen. Als diese sich in den ersten Oktobertagen des Jahres 1794 der Stadt näherten, beeilte sich der Rat mit der kampflosen Übergabe der Stadt in einer Weise, die an devotem Eifer kaum zu überbieten war: Am 6. Oktober überreichte eine Abordnung des Kölner Rats, die den französischen Truppen bis nach Melaten entgegengeeilt war, deren Befehlshaber, General Championnet, die Schlüssel der Stadt. Köln kapitulierte; die ehemals freie Reichsstadt war am Ende.

Es mag Kölner Bürger gegeben haben, die im Vertrauen auf die revolutionären Parolen »Freiheit, Gleichheit, Brüderlichkeit« erwarteten, daß nun auch für ihre Stadt eine neue, bessere Zeit anbrechen werde. Doch binnen weniger Tage sahen sie sich in ihren Hoffnungen auf das schwerste enttäuscht. Von Anfang an ließen die neuen französischen Herren auch nicht den geringsten Zweifel daran aufkommen, daß sie sich in der Stadt auf Dauer einzurichten und die eroberten Gebiete auszuplündern gedachten. Die angekündigte Freiheit – symbolisiert durch den Freiheitsbaum, den der französische Kommandant auf dem Neumarkt hatte aufrichten lassen – bekamen die Kölner vorwiegend in der Form zu spüren, daß die Franzosen sie von vielem »befreiten«, was den Einwohnern lieb und teuer war. Ganze Bibliotheken, kostbare Bilder und wertvolle Gerätschaften traten den Weg nach Paris an; anderes, womit die Besatzer nichts anzufangen wußten, zerstörten sie, so den wertvollen Streitwagen, der zum Andenken an den Kampf der Stadt gegen ihren Erzbischof im Zeughaus aufbewahrt worden war. Auch mit der angekündigten Gleichheit war es nicht weit her: die neueingeführte Bezeichnung »Bürger« – als mündliche wie schriftliche Anredeform im Verkehr zwischen den Kölnern und den Angehörigen der Besatzungsmacht von den Franzosen propagiert – täuschte eine Rechtsgleichheit vor, die in Wirklichkeit nicht vorhanden war. Wenn auch 1797 alle Feudalrechte und die Zehnten entschädigungslos gestrichen wurden, merkten die Kölner von der angeblichen Gleichheit mit den Franzosen dennoch kaum etwas. Deren Behörden trieben die Kriegskontributionen mit großer Rücksichtslosigkeit ein und scherten sich recht wenig um die Sorge der Stadtverwaltung, wie diese die riesigen Mengen an Geld und Nahrungsmittel heranschaffen sollte. Von der Brüderlichkeit war unter diesen Umständen wenig zu spüren, sie schien eher ein hehres Ziel, als daß sie praktische Bedeutung erlangt hätte. Offensichtlich dachten die Franzosen ebenso: noch zehn Jahre nach Beginn der französischen Besetzung zierten zwar die Parolen »Freiheit« und »Gleichheit« den Kopf offizieller Formulare, »Brüderlichkeit« aber fehlte.

Auch sonst waren die Kölner mit den Neuerungen, die im öffentlichen Leben Platz zu greifen begannen, wenig einverstanden. Das betraf vor allem anderen das neue Papiergeld, die Assignaten, das die Franzosen bereits drei Tage nach ihrem Einmarsch einführten. Nach dem Willen der Besatzungsmacht sollte das gesamte Metallgeld der öffentlichen Kassen durch die gleiche Summe an Assignaten ersetzt, das Metallgeld aber an die neuen Herren ausgeliefert werden. Alle öffentlichen und privaten Geldgeschäfte durften nur noch in Assignaten abgewickelt werden, und schwerste Strafen bis hin zum Tod drohten dem, der sich weigerte, die völlig wertlosen Assignaten anzunehmen.

Recht wenig auch hielt man im katholischen Köln von den eher krampfhaften Versuchen der Franzosen, an die Stelle der christlichen Religion den neuen »Kult der Vernunft« zu setzen. Ebensowenig Glück und Dauer war dem neueingeführten Revolutionskalender beschieden, der den althergebrachten Gregorianischen Kalender ersetzen sollte. Als Napoleon, der sich inzwischen im Jahr 1804 selbst zum Kaiser der Franzosen gekrönt hatte, die Revolution für beendet erklärte, verschwand wie manches andere auch der neue Kalender von der Bildfläche.

Mehr Erfolg hatten die Franzosen mit der Neuordnung der Verwaltung. Bereits ein Jahr nach ihrem Einmarsch ersetzten sie die seit Jahrhunderten üblichen Namen an den Häusern durch eine fortlaufende Numerierung, nachdem sie vorher das Stadtgebiet in vier Quartiere eingeteilt hatten. Auf diese Weise ist z. B. die inzwischen weltbekannte Zahl 4711 zustande gekommen. Ab 1811 führte man die Numerierung der Häuser in der noch heute gültigen Weise ein: jede einzelne Straße erhielt ihre gesonderten Hausnummern, auf der einen Seite die geraden, auf der anderen die ungeraden Zahlen.

Im Jahr 1796 trat an die Stelle der alten Kölnischen Verfassung, die sich auf den »Verbundbrief« von 1396 und den »Transfixbrief« von 1513 gründete, nach genau vierhundert Jahren die Munizipalverfassung nach französischem Muster. Nach einigen

Änderungen fand sie 1810 ihre endgültige Form, die sie auch über das Ende der französischen Besatzungszeit hinaus behielt. An der Spitze der Verwaltung, die sich zum erstenmal in der Geschichte der Stadt Köln in Fachgebiete gliederte, stand der Bürgermeister, ihm zur Seite zwei Adjunkten. Dreißig Bürger bildeten den Gemeinderat. Zur allgemeinen Straffung der Verwaltungsaufgaben und zu größerer Rechtssicherheit trug auch der Umstand bei, daß mit dem »Code Civil«, der nach seinem Initiator Napoleon auch »Code Napoléon« genannt wird, ein Gesetzeswerk eingeführt wurde, dessen Leitgedanken – Gleichheit aller vor dem Gesetz, Freiheit des Individuums und Unantastbarkeit des Eigentums – bis heute in Gesetzgebung und Rechtsprechung wirksam sind.

Bevor die französische Republik sich alle Gebiete auf dem linken Rheinufer einverleibte, hatte der Rat der Stadt Köln versucht, das früher von Köln als Burgbann beanspruchte Gebiet wieder unter die Hoheit der Stadt zu bringen. Doch halfen alle unterwürfigen Appelle an die »Gerechtigkeitsliebe«, womit die edle Frankennation die Gedrückten begünstiget«, ebensowenig wie der Hinweis auf die »derbsten Verfolgungen« durch den »Despotismus« des Erzbischofs, den die »gute Stadt« in der Vergangenheit angeblich hatte erleiden müssen. Der Kölner Rat fand mit seinem Anliegen weder bei der französischen Verwaltung noch bei den Nachbargemeinden Gehör. Ein Rechtsgutachten, an dem auch die Bürgermeistereien Efferen und Lind beteiligt waren, kam zu dem Schluß, daß die Höfe Komar, Klettenberg, Weißhaus und Neuenhof stets der Gerichtsbarkeit und Landeshoheit des Kölner Erzbischofs und Kurfürsten unterstanden hätten, und das genügte, die Pläne der Stadt gegenstandslos zu machen. Die französische Verwaltung bestätigte vielmehr den Bischofsweg als Grenze des stadtkölnischen Gebiets, und der Rat der Stadt mußte sich gegenüber den Gemeinden Brühl und Weiden verpflichten, den Bi-

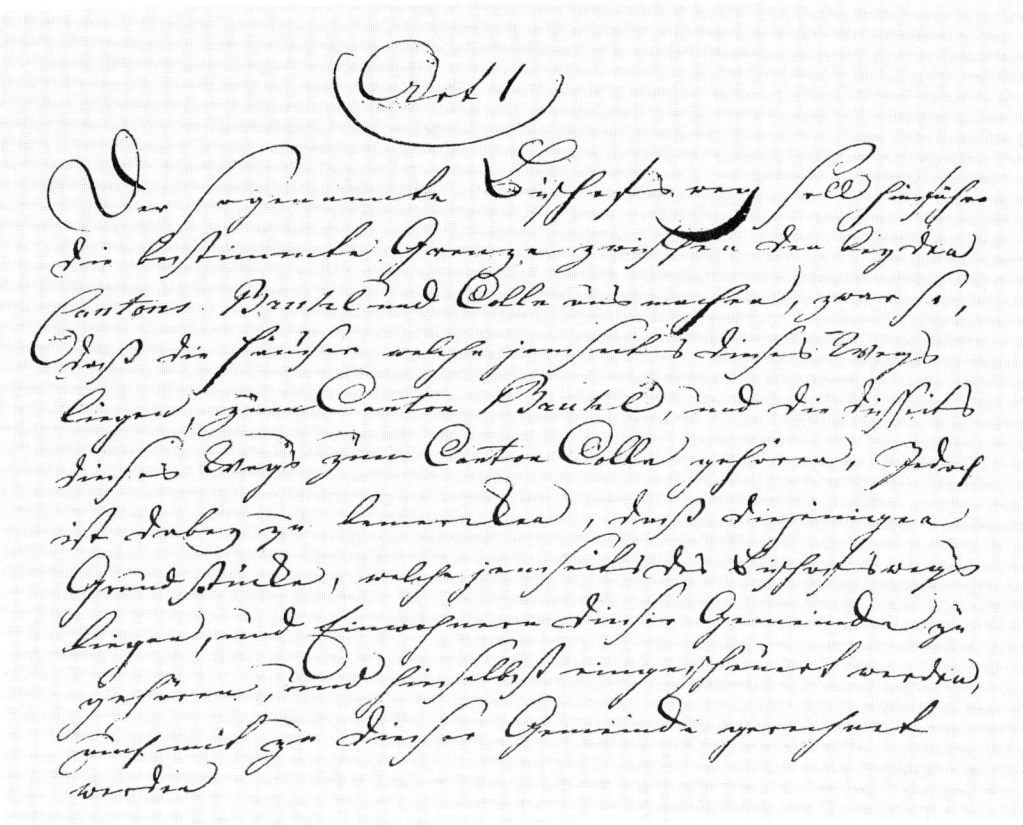

*Vertrag zwischen der Stadt Köln und Brühl über den gegenseitigen Grenzverlauf, 1798*

schofsweg als Verwaltungsgrenze anzuerkennen.

Für die außerhalb der Mauern liegenden Höfe änderte sich in den ersten Jahren der französischen Besetzung wenig. Vorübergehend duldeten die Franzosen sogar, daß die Bauerbänke ihre Aufgaben weiterhin wahrnahmen; doch schienen die Vertreter der bäuerlichen Selbstverwaltung mehr und mehr mit den neuen, unruhigen Verhältnissen überfordert. Die Besatzungsmacht fragte nicht nach Besitztiteln oder Gewohnheitsrecht, sondern nahm, was für sie erreichbar war. Im sehr kalten Januar 1795 – »Der Rhein stand«, wie ein Chronist, der Augustinermönch Schnorrenberg, berichtet – trieben die Franzosen Vieh, darunter ganze Schafherden, die sie in der Umgebung geraubt hatten, in die Stadt. Im selben Jahr klagten die Besitzer der Felder vor dem Mauerring, wie Schnorrenberg hinzufügt, sehr aufgebracht darüber, daß französische Soldaten Felder und Obstgärten plünderten und selbst das Gemüse nicht ausließen, das sie in ihrem Hunger roh verzehrten. Die Bauern wehrten sich heftig gegen die Plünderer und gingen, wenn es gar zu schlimm wurde, mit Ackergeräten auf sie los. Als aber 1796 die Franzosen anstelle der bisherigen mittelalterlichen Rechtszustände eine neue, einheitliche Gerichtsverfassung einführten, war es mit den Bauerbänken zu Ende. Das frühere Bauerbankgebiet hieß nun »Felddistrikt«, an die Stelle des Bauermeisters trat der »Districts-Polizei-Adjoint«, und mit diesem etwas komplizierten Titel durfte sich für das Gebiet der ehemaligen

Bauerbank Weyerstraße nunmehr der »Bürger« Johann Stupp schmücken, wohnhaft Köln, Hausnummer 4309.

In den ersten Jahren der französischen Besetzung war es offenbar um Ordnung und Sicherheit vor allem in den ländlichen Gebieten nicht gut bestellt. »Das Kölner und Jülicher Land wimmelt von Taugenichtsen verschiedener Nationen, die sich zusammengetan und in verschiedene Gruppen geteilt haben. In der Stille der Nacht dringen sie in die Häuser reicher Landleute ein, fesseln die im Schlaf überraschten Einwohner und rauben, was sie Wertvolles finden«, wie Schnorrenbergs Tagebuch für den Monat Oktober 1796 festhielt.

Inwieweit die Besitzer der Sülzer und Klettenberger Höfe von derartigen Überfällen verschont blieben, darüber gibt es keine Nachrichten. Die Höfe, unmittelbar vor der Stadt an einer der großen Ausfallstraßen gelegen, waren dem Zugriff der Besatzungsmacht unmittelbar ausgesetzt, genossen aber andererseits eine gewisse Sicherheit vor räuberischen Überfällen, soweit diese nicht von der Besatzungsmacht selbst verübt wurden. Räuber, Diebe und Wegelagerer trieben ihr Unwesen wohl eher auf dem flachen Land, als daß sie sich ohne Grund in die Nähe der großen Städte gewagt hätten. Dagegen weiß unser Chronist Schnorrenberg von einem anderen Übel zu erzählen, nämlich von einer »Seuche unter dem Hornvieh, in unserer wie in weit entfernten Gegenden; so werden Butter und Milch selten und teuer«, dies eine Tagebucheintragung von Dezember 1796.

# O, du lieber Augustin . . .

Inzwischen hatte sich die politische Gesamtlage in Europa verändert. Bereits 1795 war Preußen aus dem Krieg gegen Frankreich ausgeschieden; 1801 folgte ihm Österreich. Beide Mächte erhielten die französische Zusicherung, für den Verlust ihrer linksrheinischen Gebiete entschädigt zu werden. Als unmittelbare Folge des Friedensschlusses erklärte Frankreich das eroberte Gebiet links des Rheins zum Bestandteil der »einen und unteilbaren französischen Republik«. Köln wurde zu einer französischen Stadt. Das über Jahrhunderte verfolgte politische Ziel, den Rhein als natürliche Grenze zu gewinnen, schien für die Franzosen erreicht.

In den hinzugewonnenen Landesteilen begann nun eine völlige Umgestaltung des Verhältnisses von Staat und Kirche. Alle rheinischen Stifte und Klöster wurden im Jahr 1802 säkularisiert, d. h. aus bis dahin geistlichem Besitz in weltlichen übergeführt. Bis auf geringe Ausnahmen fielen alle geistlichen Besitzungen dem französischen Staat anheim. Ausgenommen von dieser Enteignung blieben nur einige wenige Einrichtungen, die sich der Krankenpflege und Armenfürsorge widmeten. Das Kloster St. Pantaleon zählte nicht dazu; wie für die übrigen geistlichen Grundherrschaften links des Rheins bedeutete die Säkularisation auch für die »Herrlichkeit Sülz des Abts von St. Pantaleon« das Ende.

Zwar verpflichtete sich der französische Staat, den Geistlichen, die sich ihrer Einnahmen und ihres Vermögens beraubt sahen, Pensionen zu zahlen; zunächst aber bescherte die Enteignung des Kirchenguts den Franzosen einen gewaltigen Zuwachs an Gütern, Grundbesitz und Renten. Die übernommenen Zahlungsverpflichtungen jedoch zwangen die neuen Eigentümer, einen großen Teil der ehemals kirchlichen Gebäude, Gehöfte und Grundstücke zu verkaufen oder zu verpfänden. Aus dem Erlös wurden die Mitglieder des 1802 gestifteten französischen Ordens der Ehrenlegion dotiert; riesige Summen verschlang auch die Unterhaltung der Armee.

# AVIS

## AUX

# PROPRIÉTAIRES.

Messieurs les propriétaires, leurs fermiers, régisseurs ou représentans qui ont des biens dans le ressort de la mairie de *Rondorff* sont avertis qu'il va être procédé à la confection de la matrice de rôle et des états de sections ou parcellaires et qu'ils doivent ensuite de l'instruction de son Excellence le Ministre des finances, sous la date du 29 octobre 1805, dont les dispositions sont rappelées au recueil des actes de la préfecture de l'an 1806, page 395, faire la déclaration de leurs propriétés par situation et contenance. A cet effet ils trouveront au secrétariat de la mairie les imprimés nécessaires qui leur seront délivrés *gratis*.

Faute par eux de faire ces déclarations dans un mois à dater de ce jour, le maire, le contrôleur et les indicateurs suppléeront à leur silence, et ils ne pourront s'en prendre qu'à eux des erreurs qui seraient commises à leur préjudice. En outre ils s'exposeraient à l'application des mesures de rigueur qu'il est de leur intérêt d'éviter. Il serait inutile de déguiser la vérité sur la contenance des propriétés, puisque celle du territoire est connue par l'arpentement qui en a été fait et qui s'élève à *1697 m* 68. *perches* mesure du pays, qui font *5392 hectares 24 centiares 42 centiares* en mesure métrique, et que ce nombre doit être trouvé dans les déclarations.

A *Sueret* le *19 avril* 1806.

Par ordre de Monsieur le Conseiller d'Etat, Préfet du Département.

*Le Maire,*

# Nachricht

## an die

# Eigenthümer.

Die Herren Eigenthümer, ihre Pächter, Verwalter oder Repräsentanten, welche inner dem Bezirke der Meyerey *Rondorf* Güter haben, werden benachrichtigt, daß die Verfertigung der Mutterrolle und der Sektions = oder Parzellen-Listen vorgenommen wird, und sie, gemäß dem Unterrichte S.r Exzellenz des Finanz-Ministers vom 29ten Oktober 1805, welcher in der Sammlung der Präfektur-Akten des Jahrs 1806 Seite 395 enthalten ist, die Angabe ihrer Güter nach Lage und Maaß machen müssen. Des Endes finden sie auf dem Sekretariat der Meyerey die nöthigen Druckblätter, die ihnen unentgeltlich verabreicht werden.

Bey Ermanglung ihrerseits, diese Angaben, inner Monatsfrist von heute an zu rechnen, zu machen, wird der Meyer, der Kontroleur und die Anzeiger dasjenige, was durch ihr Stillschweigen mangelt, ersetzen, und sie mögen alsdann nur sich selbst die zu ihrem Nachtheile einschleichenden Fehler zuschreiben; Ferner würden sie sich den Maaßregeln der Strenge, denen vorzukommen sie Interesse haben, aussetzen. Es würde vergeblich seyn, die Wahrheit über die Größe der Gründe zu verheimlichen, indem die des Bodens der Gemeinde durch die geschehene Ausmessung, welche *1697 m* 68 *ruthen* Morgen nach den Land-Maaßen, und *5392 hect. 24 ar. 42 Cent.* in neuen Maaßen beträgt, bekannt ist, und diese nämliche Zahl sich in den Angaben finden muß.

Zu *Sueret* den *19. Le Geill* 1806.

Aus Auftrag des Herrn Staatsraths, Präfekten des Departements.

Der Meyer *Naho*

---

A AIX-LA-CHAPELLE, de l'Imprimerie de J.-G. Beaufort, Imprimeur de la Préfecture, Grand' Place, N.° 775.

*Verlautbarung der französischen Besatzungsbehörde an die Eigentümer und Pächter der Gemeinde Rondorf, 1806*

In Köln wie auch anderswo gab es durchaus Zeitgenossen, die es nicht ungern sahen, daß die katholische Kirche durch die Säkularisation ihre äußere Macht verlor. Das bedeutete jedoch nicht, daß die französische Maßnahme, den Bischofssitz von Köln nach Aachen zu verlegen, bei den Kölnern auf begeisterte Zustimmung gestoßen wäre. Man empfand diesen Umstand vielmehr als weitere Herabsetzung gegenüber der Nachbarstadt, die bereits entgegen den Kölner Wünschen und Erwartungen Hauptstadt des neugeschaffenen Roerdepartements geworden war. Die Enttäuschung der Kölner über diese Benachteiligung sowie die sich ständig verschlechternden Lebensverhältnisse führten 1799 zu offenen Unruhen in der Stadt. Die französischen Quellen berichten in diesem Zusammenhang von mehreren Bränden, die großen Schaden verursachten, darunter in Weißhaus.

Bevor die französischen Behörden darangingen, den ihnen durch den Konsularbeschluß vom 8. Juni 1802 übereigneten geistlichen Besitz zu verkaufen oder zu verpachten, hatten sie den jeweiligen Wert der Gebäude, Liegenschaften und Renten schätzen lassen. An Käufern und Pächtern mangelte es nicht. Eine Reihe vermögender Bürger in der Stadt nutzte die Gelegenheit, an preisgünstigen Grund und Boden zu kommen oder gar ein Hofgut vor der Stadt zu erwerben. Im allgemeinen blieben die Güter beim Verkauf in der ursprünglichen Größe erhalten. Der Verkaufspreis richtete sich nach den Einnahmen, die aus Gütern und Liegenschaften im Jahr 1780 erzielt worden waren. Jedoch sahen die Verkaufsbedingungen einen Mindestpreis vor, der bei Hofgütern das Zwanzigfache, bei Häusern das Zehnfache der Einnahmen des Bezugsjahrs betragen sollte.

Zu den kapitalkräftigsten Käufern ehemals geistlichen Besitzes, der nun wieder der Allgemeinheit zugänglich gemacht wurde, gehörten in Köln neben anderen der Manufakturwarenhändler Hermann Joseph Engels sowie der Händler und Rentner Heinrich Joseph Weyer, der sich auch als Makler betätigte und dabei offensichtlich recht erfolgreich war. Bauern und Handwerker aber, die ebenfalls daran interessiert waren, Land in unmittelbarer Nähe der Stadt zu erwerben, verfügten in den wenigsten Fällen über größere Geldmittel; sie mußten sich meistens damit begnügen, Parzellen vor der Stadt von den Aufkäufern in Pacht zu nehmen.

Auch die ehemaligen Pächter der Höfe und Felder von St. Pantaleon versuchten als Käufer oder Pächter aufzutreten. Doch sah sich mancher von ihnen gezwungen, bei den Kauf- oder Pachtverhandlungen einen Bürgen zu benennen, da es an ausreichenden eigenen Mitteln fehlte.

Gegen eine jährliche Pacht in Höhe von 1500 FF übernahm Paul Merkenich aus Klettenberg die Bewirtschaftung des Neuenhofs, der um 1800 etwa 270 Morgen groß war. Die Bürgschaft für den neuen Pächter leistete Jean W. Flimm aus Köln.

Seit 1788 war G. Gumpertz Pächter von Weißhaus; der Hof hatte um diese Zeit eine Größe von etwa 275 Morgen. Zum Zeitpunkt der Säkularisation 1802 bestand das Pachtverhältnis unverändert fort; immer noch bewirtschaftete G. Gumpertz den Hof. Dessen Einwohnerzahl war von 29 vor dem Einmarsch der Franzosen auf 22 zurückgegangen, vielleicht eine Folge davon, daß die jungen Männer seit der Einverleibung des linksrheinischen Gebiets in die französische Republik verstärkt zum Kriegsdienst herangezogen wurden. 1802 war der Wert des Hofs Weißhaus auf 26 000 FF festgesetzt worden; als der Kölner Bürger Christian Neumann das Hofgut am 25. Mai 1807 erwarb, mußte er 37 000 FF dafür aufwenden.

Der Oberklettenberghof, mit 31,8 Hektar knapp halb so groß wie Weißhaus und 1802 in Pacht von Friedrich Linden, wurde zu diesem Zeitpunkt auf 9 000 FF geschätzt. Auch hier stieg der Kaufpreis bis zum Jahr 1807 auf 16 300 FF, die der schon erwähnte H. J. Weyer für den Hof zahlte. Derselbe Makler kaufte einige Monate später auch den Hof »Unterst Klettenberg«, der mit 30,4 Hektar nur wenig kleiner als der Nachbarhof und seit 1793 von P. Bernicker gepachtet war.

Es spricht nichts dafür, daß die französische Verwaltung, als sie den geistlichen Besitz übernahm, den Wert der Gebäude und Liegenschaften sehr niedrig angesetzt hätte. In den wenigen Jahren zwischen Schätzung und Verkauf stiegen die Preise stark an, wohl auch ein Anzeichen dafür, daß die kapitalkräftigen Kölner Kaufleute und Händler darauf spekulierten, mit dem Erwerb von Grund und Boden vor der Stadt früher oder später ein gutes Geschäft zu machen. Dafür nahmen sie höhere Preise in Kauf. Hermann Joseph Engels etwa erstand damals in der Gemarkung Sülz 47,7 Hektar Land, das früher Eigentum der Abtei St. Pantaleon gewesen war; auch bei diesem Immobiliengeschäft überstieg der Kaufpreis den Schätzwert beträchtlich. Die Felder an der »Weishausenstraße«, die ebenfalls zu St. Pantaleon gehört hatten, waren bis 1802 in Flurgrößen zwischen 1½ und drei Morgen an mehrere Pächter vergeben, so an Johann Roddar, Peter Weber und Johann Brecht. Die Erträge eines weiteren Grundstücks an derselben Straße flossen bis dahin der Armenfürsorge des Klosters zu. Nun aber wurden alle diese Grundstücke der Pfarre St. Mauritius übertragen, die auch nach der Neuordnung der Pfarren durch die Franzosen weiterhin Pfarrkirche für die Sülzer Höfe blieb.

Allmählich jedoch neigte sich die Leidenszeit der Kölner unter der französischen Fremdherrschaft ihrem Ende zu. Napoleon, der in den Jahren 1804 und 1811 Köln besucht hatte und bei seinem ersten Eintreffen in der Stadt von der Bevölkerung begeistert begrüßt worden war, hatte mit dem Fehlschlag des Rußlandfeldzugs 1812 den Höhepunkt seiner Macht überschritten.

Nach seiner Niederlage im Oktober 1813 in der »Völkerschlacht« bei Leipzig gegen die vereinigten Armeen Österreichs, Rußlands und Preußens mußte er, verfolgt von den Siegern, mit seinen Truppen den Rückzug antreten. In der Neujahrsnacht 1814 überschritt der preußische General Blücher mit einem preußisch-russischen Heer bei Kaub den Rhein und setzte sogleich seinen Vormarsch nach Frankreich hinein fort.

Damit wurde auch die Lage der französischen Truppen in Köln unhaltbar. Um nicht von seinen Versorgungsbasen im französischen Hinterland abgeschnitten zu werden, mußte General Sebastiani mit seinen Soldaten abrücken. Zwar versprach er den Kölnern ein Wiedersehen im Frühjahr, doch dazu kam es zum Glück für die rheinische Bevölkerung nicht mehr. Für die Kölner war mit dem Abzug der Franzosen die zwanzigjährige Fremdherrschaft endgültig vorbei.

Ein Jahr später, am 8. Februar 1815, fielen die Rheinlande und damit auch Köln durch den Beschluß des Wiener Kongresses an das Königreich Preußen, eine Entscheidung, die in der Stadt keineswegs ungeteilten Beifall fand, mit der die Kölner aber, wie sich zeigen sollte, durchaus leben konnten.

# Was du ererbt von deinen Vätern . . .

Die preußische Herrschaft in Köln begann mit einer großen Enttäuschung für alle, die gehofft hatten, die Stadt werde nach dem Ende der französischen Herrschaft ihre Stellung als freie Reichsstadt wiedererlangen. Den Kölner Stadtverordneten, die sich mit einer entsprechenden Bitte an ihren neuen Landesherrn Friedrich Wilhelm III. wandten, erging es nicht anders als ihren Ratsvorgängern zu Beginn der französischen Besetzung: sie stießen auf taube Ohren. Die preußische Regierung zeigte nicht das mindeste Interesse, der Stadt besondere Hoheitsrechte einzuräumen und das Stadtgebiet »von allen Seiten, auf eine Stunde Wegs, von ihren Toren aus gerechnet« zu erweitern. Für die Sülzer Gemarkung hätte die Erfüllung der Bitte bedeutet, daß die Höfe dort mit ihren Ländereien nach Köln eingemeindet worden wären; dafür aber war die Zeit noch nicht gekommen.

Preußen hatte mit Köln andere Pläne. Offensichtlich beeindruckte der mächtige mittelalterliche Mauerring um die Stadt, der noch weitgehend intakt war, das preußische Kriegsministerium so stark, daß es ihn in

*Hofgut Komar, Zeichnung des 20. Jh.*

seine Planungen einbezog: Köln wurde preußische Festung. Diese Entscheidung sollte nicht nur schwerwiegende Folgen für die Stadt selbst haben, sie beeinflußte auch für mehrere Jahrzehnte die Siedlungs- und Bautätigkeit in dem unmittelbar an die Stadt angrenzenden Gebiet. Auch die Ländereien in Sülz und auf dem Klettenberg waren davon betroffen.

Die preußische Militärverwaltung ließ zunächst die mittelalterliche Stadtmauer völlig instand setzen und in unmittelbarer Nähe der Torburgen Kasematten errichten. Doch damit nicht genug: in Anlehnung an den noch immer vorhandenen Bischofsweg, also in einem schmalen Geländestreifen etwa 400 bis 600 m vor der Stadtmauer, wurden bis zum Jahr 1825 rund um die Stadt 6 Forts angelegt. Ihnen folgten bis zum Beginn der vierziger Jahre 5 weitere Forts; sie bildeten zusammen mit 6 zusätzlichen Zwischenwerken, davon 2 in der Feldmark, den Festungsgürtel von Köln; seine Außenforts waren bis in die Höhe der Militärringstraße vorgezogen.

Für die weitere Entwicklung im unmittelbaren Umfeld der Stadt und damit auch von Sülz und Klettenberg wurden die Bestimmungen des preußischen Regulativs vom 10. September 1828 entscheidend; sie verboten, im Vorfeld der Festung Köln, im sogenannten »Rayon«, Wohnhäuser und andere Gebäude neu zu errichten. Das Verbot galt für einen Geländestreifen von 1 km Breite jenseits der inneren Umwallung im Gebiet zwischen Stadtmauer und äußerem Festungsgürtel und diente dazu, das Schußfeld für schwere und leichte Waffen freizuhalten.

Die Luxemburger Straße – damals immer noch »Zülpicher Landstraße« genannt – verließ den inneren Festungsgürtel zwischen den Forts IV und V und führte in gerader Richtung an Weißhaus und den Klettenberger Höfen vorbei. Zusammen mit dem Hof Komar und dem Neuenhof waren diese Anwesen bis in die vierziger Jahre hinein die einzigen Wohnstätten im weiten Gebiet zwischen dem Weg nach Efferen, der heutigen Berrenrather Straße, und den Zollstocker Feldern. Wohl aber waren auf privat genutzten Grundstücken in der Sülzer Gemarkung Lehm- und Sandgruben sowie Ziegeleien zu finden; solche sind dort schon im Jahr 1491 bezeugt. Die preußische Militärverwaltung gestattete den Besitzern, Gruben und Ziegeleien weiter zu betreiben, verpflichtete sie aber, »nicht von neuem deckende Erdränder gegen die Festung« entstehen zu lassen.

Angesichts der militärischen Maßnahmen im Vorfeld von Köln nimmt es nicht wunder, daß die ersten Angaben der preußischen Verwaltung über Sülz und den Klettenberg nur von einer sehr geringen Bevölkerungszahl sprechen. Der zur Bürgermeisterei Efferen gehörende Neuenhof hatte im Jahr 1816 nur 14 Bewohner; für Komar wurden 15, ebensoviele für Klettenberg gezählt. In Weißhaus waren es 8 Bewohner. Die Höfe Komar, Klettenberg und Weißhaus unterstanden der Bürgermeisterei Rondorf, die wie die Bürgermeistereien Efferen und Müngersdorf zum Landkreis Köln zählte.

In der Landwirtschaft änderte sich während der ersten Jahrzehnte unter preußischer Herrschaft in den stadtnahen Gebieten

Kölns wenig. Man betrieb mehr Viehzucht als Getreideanbau; anders sind die Klagen landwirtschaftlicher Experten der Zeit nicht zu deuten, die das Mißverhältnis zwischen Viehhaltung und Getreidewirtschaft bemängelten; sie hielten den fruchtbaren Boden der Kölner Bucht für weitaus geeigneter, darauf Korn und Zuckerrüben anzubauen. Ganz falsch lagen die Experten mit ihrer Meinung wohl nicht, denn die außergewöhnlich große Mißernte des Jahres 1816 hatte auch im Rheinland Hungersnot und anschließende Teuerung zur Folge.

Die ersten Katasterangaben für Sülz und Klettenberg stammen aus den ersten Jahren unter preußischer Verwaltung unmittelbar nach 1820. Sie lassen den Umfang von Äckern und Feldern erkennen, bestätigen aber auch, daß Wald in der Gemarkung nicht vorhanden war. Landwirtschaft wurde immer noch in der althergebrachten Form der Dreifelderwirtschaft betrieben. Das änderte sich erst um 1840, als Justus Liebigs Erfindung chemischer Düngemittel die Brache völlig verschwinden ließ und die Landwirtschaft revolutionierte. Zwanzig Jahre später hatte sich die Fruchtwechselwirtschaft mit Klee- und Hackfruchtanbau bei überwiegender Getreideerzeugung durchgesetzt.

Bis in die zweite Jahrhunderthälfte hinein war bäuerliche Arbeit vorwiegend Handarbeit. Außer dem Hundspflug gab es keine landwirtschaftlichen Maschinen. Hölzerne Eggen und Walzen waren neben Spaten und Dreizink die bei der Feldarbeit üblichen Geräte. Bei der Getreideernte benutzte man Sense und Sichel; in der Tenne wurde der Dreschflegel geschwungen.

Im Jahr 1815 erstanden die Bauerbänke wieder, doch vermochten sie ihre frühere Bedeutung nicht mehr zu erlangen. Vielmehr stellten sie sich nun als private Vereine religiös-gesellig Charakters dar, wenn auch der Vereinsvorsitzende sich »Bauermeister« nannte. Bei den Kölnern hießen die Mitglieder der Bauerbänke »Kappesboore«; sie waren bis in die Mitte des 19. Jahrhunderts die Hauptlieferanten der Kölner Märkte.

Die damaligen Häuser und Gehöfte waren in der Regel Fachwerkbauten. Wie seit Jahrhunderten üblich, füllte man beim Hausbau den Raum zwischen den Gefachen mit Flechtwerk aus Ästen und Zweigen und verband alles mit Lehm. Später aber ging man dazu über, das Flechtwerk zwischen der Balkenkonstruktion durch Ziegelsteine zu ersetzen, eine verbesserte Bauweise, die zunächst nur für die Vorderfront des Hauses angewandt wurde; erst ab 1860 setzte sich der Ziegelsteinbau endgültig durch. In ländlichen Ansiedlungen war besonders häufig der Typ des kleinen, einstöckigen Hauses anzutreffen, das seine Giebelseite meist der Straße zuwandte. Die Gehöfte dagegen behielten ihre fränkische Form: Wohn- und Wirtschaftsgebäude umschlossen den Hofplatz, zu dem eine Wagendurchfahrt in der Vorderseite der Hofanlage führte.

Welches Aussehen die Höfe in Sülz und Klettenberg in den ersten Jahrzehnten des vorigen Jahrhunderts hatten, läßt sich, da genaue Abbildungen aus dieser Zeit fehlen, nur vermuten. Die einzige Ausnahme bildete hier Weißhaus, dessen Hauptgebäude, der ehemalige Sommersitz der Äbte von St. Pantaleon, die wechselvollen Zeiten ohne größeren Schaden überstanden hatten; das Fehlen von Fachwerkelementen beim Bau des Herrenhauses erwies sich dabei als vorteilhaft.

Die allgemeinen Verkehrsverhältnisse der ersten Jahrzehnte des 19. Jahrhunderts waren mehr als bescheiden. Wer reisen mußte, empfand das meist als Mühsal, kaum als Vergnügen, kein Wunder angesichts der damaligen Transportmittel und des allgemeinen Zustands von Straßen und Wegen. Am bequemsten war noch die Reise hoch zu Roß oder in der privaten Kutsche, doch diese Art des Reisens konnte sich nur ein kleiner Kreis vermögender Bürger und Adliger leisten. Im Jahr 1816 übernahm im Rheinland die preußische Staatspost die Personenbeförderung mit »Schnell- und

Fahrposten«, frühen und unbequemen Vorläufern der späteren Eil- und Personenzüge der Eisenbahn. Diese eröffnete fast dreißig Jahre später am 15. Februar 1844 die Strecke von Köln über Kalscheuren und Brühl nach Bonn.

Zuvor hatte die – damals private – Eisenbahngesellschaft ein ausgedehntes Gelände an St. Pantaleon zum Preis von 40 000 Talern erworben und dort ein Bahnhofsgebäude errichten lassen. Die Eisenbahnschienen führten durch das Pantaleonstor; nachdem die Torburg jahrhundertelang als Pulverturm gedient und deshalb geschlossen gewesen war, wurde sie nun für die Eisenbahn

wieder geöffnet. Eine Brücke über den Wallgraben gab den weiteren Weg durch das Glacisgelände frei bis hin zu der Trasse, die zwischen Weißhaus und Zollstock parallel zur Luxemburger Straße aus der näheren Umgebung Kölns herausführte und mit der heutigen Gleisführung weitgehend identisch ist. Der Bahndamm schuf, was in vergangenen Zeiten zu bestimmen kaum möglich war, nämlich eine eindeutige Grenze zwischen den Feldern von Zollstock und Sülz-Klettenberg, und beeinflußte durch seine Linienführung die spätere Entwicklung dieser heutigen Kölner Vororte entscheidend.

# Viel Kies in der Gegend, aber wenig in den Taschen . . .

Solange die Grundherrschaft des Abts von St. Pantaleon bestand, zählten die Bewohner der Sülzer und Klettenberger Höfe zur Pfarre St. Mauritius, ein Zustand, an dem sich, wie bereits berichtet, auch während der Zeit der französischen Herrschaft nichts änderte. 1821 war das Erzbistum Köln durch die päpstliche Bulle »De salute animarum« wiederhergestellt worden. Der neuernannte Erzbischof Ferdinand August Graf vom Spiegel betrachtete es als eine seiner vordringlichsten Aufgaben, die Seelsorge in seinem Bistum entscheidend zu verbessern. Um dieses Ziel erreichen zu können, schien ihm eine Neuordnung der Dekanate im Bistum dringend erforderlich. Im Gefolge dieser kirchlichen Verwaltungsmaßnahmen erließ im Jahr 1838 der damalige Kölner Generalvikar Hüsgen eine Verfügung, die für das Gebiet von Lindenthal, Sülz und Klettenberg neue Pfarrgrenzen festlegte.

Diese Verlautbarung liefert eine der ersten genauen Beschreibungen der beginnenden Bautätigkeit in Sülz: »Wir beauftragen den Pfarrer zu Kriel, im Landkreis Köln, mit der pfarramtlichen Verwaltung des Neuenhofes, der Ober- und Unterklettenburg, des weißen

Hauses, der drei neuen auf der Sülz gebauten Häuser, der Ziegelei des Herrn Felten nebst den dazugehörigen Ansiedlungen südöstlich von der Lindenburg, des nordöstlich von derselben im Bau begriffenen neuen Hauses des Herrn Felten . . . und überhaupt aller etwa künftig zwischen dem Weg nach Efferen bis zum Neuenhof, der Lindenburg, der Chaussée nach Düren bis an die Kitschburg und dem das städtische Gebiet begrenzenden Bischofswege entstehenden neuen Häuser und Etablissements . . .« Daß der Komarhof in der Aufzählung der Höfe fehlte, findet seine Begründung darin, daß er ebenso wie Mühle und Hof Schleifkotten zur Pfarre Efferen zählte; von Komar aus war die Pfarrkirche in Efferen in zwanzig Minuten zu Fuß zu erreichen.

Als der Kölner Generalvikar Hüsgen im Jahr 1838 den Pfarrer von Kriel beauftragte, die Seelsorge für die Bewohner der Sülzer und Klettenberger Höfe mit Ausnahme derjenigen des Komarhofes zu übernehmen, konnte er seinem geistlichen Mitbruder zu dessen Orientierung außer den Straßen, die in Zukunft das Pfarrgebiet begrenzen soll-

64

ten, nur wenig anbieten. Abgesehen von den »drei neuen auf der Sülz gebauten Häusern« gab es offensichtlich kaum etwas, das die Übersicht über das zu Kriel hinzugeschlagene Pfarrgebiet erleichtert hätte. Die Kargheit der topographischen Angaben entsprach den tatsächlichen Verhältnissen. In Sülz – Hüsgen hatte sich noch des Flurnamens »Auf der Sülz« bedient – war um diese Zeit weder eine geschlossene Ansiedlung noch sonst etwas Bemerkenswertes zu entdecken, wenn man die »drei neuen Häuser« außer acht ließ, von denen heute niemand mehr weiß, wo sie standen und wie sie aussahen. Wenn aber Hüsgen in seiner Verfügung von allen etwa »künftig zwischen dem Weg nach Efferen bis zum Neuenhof, der Lindenburg, der Chaussée nach Düren bis an die Kitschburg und dem das städtische Gebiet begrenzenden Bischofswege entstehenden neuen Häusern und Etablissements« sprach, nahm er, ohne es ahnen zu können, die Entwicklung der Besiedlung dieses weiten Gebiets während der nächsten Jahrzehnte vorweg.

Die Ortsgeschichte von Sülz begann im Jahr 1845 mit einem Immobiliengeschäft. Der in Köln ansässige Bauunternehmer Heinrich Wagner kaufte von jenem Herrn Felten, den der Kölner Generalvikar in seiner Verfügung namentlich erwähnt hatte und der zwischen der Lindenburg und dem Weg nach Efferen viel Grund und Boden besaß, einige wenige Morgen Land. Wagner gedachte seinen neuerworbenen Besitz in der gleichen Weise zu nutzen, wie es auch sonst im Umfeld der Stadt üblich war, wenn die Eigentümer oder Pächter keine Landwirtschaft betrieben: er eröffnete eine Sand- und Kiesgrube und begann mit dem Bau einer Ziegelei. Das Gelände eignete sich dazu durchaus, denn es bot wie auch anderswo im Kölner Umland reiche Lager an Baustoffen: Sand, Kies und Lehm sind in großen Mengen vorhanden. Ihr Abbau erfolgte seit Jahrhunderten, gewann aber jetzt wegen des wachsenden Bedarfs zunehmend an Bedeutung.

Heinrich Wagner wurde zum eigentlichen Gründer von Sülz. Mit dem Beginn der Bau-

tätigkeit wurde aus dem ehemaligen Flurnamen »Auf der Sülz« der Name für die Ortschaft, die nun allmählich entstand. Wagner ließ zunächst seine Kiesgrube durch einen befestigten Weg, der als erster im Ort den Namen »Straße« wirklich verdiente, mit dem querab verlaufenden Efferner Weg verbinden. Eine derartige feste Bauweise war notwendig angesichts des Umstands, daß die neue Straße einer starken Belastung durch die Pferdekarren ausgesetzt war, die Sand, Kies und Ziegel zu den Bauplätzen in der näheren und weiteren Umgebung transportierten. An ein solches für den Fuhrbetrieb typisches Bild werden sich auch noch viele ältere Bürger erinnern: ein schweres, gutmütiges Pferd zog den hochrädrigen, einachsigen Karren, dem der Fuhrmann, die »Schmeck« (Peitsche) in der Hand, meist voranschritt, und das alles in einem Tempo, das der Schwere der Zuglast angemessen und deshalb recht gemächlich war.

An dieser »Wagnerstraße«, die später nach dem bedeutenden Abt von St. Pantaleon in Ägidiusstraße umbenannt wurde, ließ der Unternehmer etwa fünfzehn Häuser errichten. Es waren kleine Ziegelsteinbauten mit höchstens zwei Geschossen, die den Arbeitern in Kiesgrube und Ziegelei samt deren Familien als Unterkunft dienten und sich in ihrem Äußeren wie Inneren höchst bescheiden ausnahmen. Entsprechend den damaligen Bauvorschriften und -gewohnheiten waren sie nebeneinander aufgereiht, meist ohne eine unmittelbare Verbindung durch eine gemeinsame Brandmauer, und zeigten mit ihrer Giebelseite zur Straße, während sich der Eingang an einer der Seitenwände des Gebäudes befand.

Das Gelände, in das hinein die erste Sülzer Häuserzeile gebaut wurde, war mit Ausnahme der Gruben ziemlich eben. Vom Efferner Weg, der heutigen Berrenrather Straße, senkte es sich ganz leicht nach Nordwesten bis hin zu einem flachen Graben entlang der heutigen Palanterstraße und verlief von dort in einer kürzeren Steigung zur Höhe des Krieler Weges, der heutigen Zülpicher Straße. Zwischen Marsilius- und Gustavstraße lag – fast im Mittelpunkt des alten Sülzer Ortskerns – in einer Mulde ein Weiher. Von den im Gelände zwischen Ägidius-, Berrenrather-, Sülzburg- und Zülpicher Straße entstehenden Häusern und Fabrikationsstätten flossen sämtliche Abwässer hier zusammen. Der Weiher belästigte die Bevölkerung durch seinen Gestank erheblich und stellte obendrein eine gesundheitliche Gefährdung für die Bewohner des Orts dar, ein Übel, das erst um die Jahrhundertwende ausgeräumt werden konnte.

Von einem Straßennetz in Sülz konnte zunächst ebensowenig die Rede sein wie von einem geschlossenen Ortsteil. Die wenigen »Straßen« orientierten sich am Verlauf des Efferner Wegs, von dem sie sich in fast rechtem Winkel und zueinander parallel in nordwestlicher Richtung nach Lindenthal hin entwickelten. Sie folgten damit dem Verlauf des stadtnächsten und wohl ältesten Wegs, der ebenfalls in nordwestlicher Richtung vom Efferner Weg abbog und auf alten Karten als »Weg zur Poudrette-Fabrik von Carnap« bezeichnet war. Diese Poudrettefabrik – es gab im Kölner Umland mehrere – lag zwischen der Stadt und deren späteren Vororten Lindenthal und Sülz in angemessener Entfernung vor dem Mauerring – und das aus gutem Grund.

Poudrettefabriken stellten vorwiegend aus menschlichen Fäkalien unter Beimengung von Asche, Sand und weiteren Zusätzen Trockendünger her, ein Verfahren, das im wahrsten Sinn des Worts zum Himmel stank. Die Poudrettefabriken verdankten dabei ihr Dasein dem Umstand, daß in der Stadt Köln damals eine Kanalisation nicht vorhanden war. Deswegen – und aus schlampiger Gewohnheit – warfen die Bürger den anfallenden Unrat einfach auf die Straße. Alle auch noch so strengen Vorschriften des Rats hatten es in Jahrhunderten nicht geschafft, die Kölner Bürger zu besserer Einsicht und damit zu einem anderen hygienischen Verhalten zu bewegen; der Schlendrian war einfach nicht auszurotten. Während der französischen Einquartierung im Siebenjährigen Krieg (1756–63) versuchten die militärischen Befehlshaber ihrerseits, ein wenig Ordnung in das unappetitliche Durcheinander zu bringen. Jeden Mittwoch und Samstag hatten nun die Kölner vor ihrer Haustür zu kehren und den Abfall an einer dazu bestimmten Stelle zu deponieren. Ein von der jeweiligen Nachbarschaft zu diesem Dienst abgeordneter Mann transportierte dann den Unrat mit Hilfe einer »Bottkarrig« zu einem Sammelplatz, von wo aus die Mitglieder der Bauerbänke jeden Montag den weiteren Transport auf die Felder zu übernehmen hatten. Während der zwanzigjährigen französischen Herrschaft in Köln erschien dann am 19. Dezember 1801 eine zweisprachige Verordnung der Besatzungsmacht zur Straßenreinigung; sie wurde zur Grundlage aller späteren einschlägigen Polizeiverordnungen. Artikel 1 der Verordnung verpflichtete alle Einwohner, die Straßen vor ihren Häusern oder Besitzungen bis zur Straßenmitte zu reinigen und den Kot an den Häusern aufzuhäufen, um den Abtransport zu erleichtern. Die »Unreinigkeiten« aus dem Hausinnern mußten in Kübel und Körbe geworfen und zu Karren getragen werden, »die zum Wegholen derselben bestimmt« waren. Schließlich hatte ein mit der Straßenreinigung beauftragter Unternehmer täglich den aufgehäuften Straßenunrat wie auch Abfall und Kot aus den Häusern wegzuschaffen. Ziel dieser Transporte waren auch die Poudrettefabriken. Sie verschwanden, als nach der Jahrhundertmitte in Köln der Bau der Kanalisation begann und darüber hinaus die chemische Industrie anfing, Kunstdünger zu fabrizieren.

Neben den Bewohnern der Höfe, die in der Landwirtschaft ein zumeist nur bescheidenes Auskommen fanden, zählten die Arbeiter in den Kiesgruben und Ziegeleien zu den ersten Bewohnern von Sülz. Der Gegensatz zum benachbarten Lindenthal, wo zur selben Zeit, als in Sülz Heinrich Wagner die ersten bescheidenen Unterkünfte für seine Arbeiter baute, die »wohlhabenden Stände« die ersten Einfamilienhäuser und Villen errichten ließen, hätte kaum größer sein können. Noch im Jahr 1915 sprechen die Verlautbarungen der Stadt Köln zur Bevölkerungssituation in Sülz sehr zu Recht von der »meist gewerbstätigen, wenig bemittelten Bevölkerung« und beschreiben mit ihrer Qualifizierung einen Zustand, der bis weit in das zwanzigste Jahrhundert hinein erhalten geblieben ist.

Die Ortschaft Sülz litt zumal in den ersten Jahrzehnten nach ihrer Gründung unter einer Reihe ungünstiger äußerer Umstände. Die Bevölkerungszahl wuchs, wie die Statistik zeigt, zunächst nur sehr langsam:

1846    68 Einwohner
1855    122 Einwohner
1861    265 Einwohner
1871    470 Einwohner.

Der Wanderungsgewinn überwog jahrzehntelang den Geburtenüberschuß, die Einwohnerzahl stieg also vorwiegend durch Zuzug von außerhalb, vor allem aus der Stadt, wo die Mieten in Höhen zu klettern begannen, die für Arbeiter und Tagelöhner nicht mehr erschwinglich waren.

Nach 1860 siedelten sich im Ortskern von Sülz, der sich ganz allmählich bis zur Höhe des Weyertals auszuweiten begann, kleine Gewerbebetriebe und Fabrikationsstätten an. Die damalige Straßenführung prägt auch heute noch das Bild von Sülz in seinem Kernbereich; auch die Verwüstungen und Zerstörungen des Zweiten Weltkriegs haben daran nichts zu ändern vermocht. Nur die Straßen erhielten andere Namen. So wurde noch vor 1892

aus der ehemaligen Kaiserstraße die Sülzburgstraße,

aus dem ehemaligen Krieler Weg die Zülpicher Straße,

aus der ehemaligen Cäcilienstraße die Palanterstraße,

aus der ehemaligen Mittelstraße die Nikolausstraße,

aus der ehemaligen Peterstraße die Redwitzstraße und

aus der Wagnerstraße, wie schon berichtet, die Ägidiusstraße.

Die Umbenennung wurde notwendig, als Sülz zusammen mit den meisten anderen linksrheinischen Vororten im Jahr 1888 nach Köln eingemeindet wurde; vorher war z. B. neben der Peterstraße in Sülz jeweils eine weitere in der Stadt, in Melaten und in Nippes vorhanden.

Trotz der Ansiedlung von kleinen Fabrikationsbetrieben bot das alte Sülz keineswegs den Anblick eines Industrieorts. Zwischen der Sülzburg- und der Redwitzstraße erstreckten sich Gärten und Felder; die dort stehenden Obstbäume waren wohl die einzigen Bäume im Ort. Offensichtlich hatten die Bewohner andere Sorgen, als sich um die Verschönerung ihres Wohnorts zu kümmern; die Zeit der Bürgerinitiativen lag noch in weiter Ferne. Selbst der einzige Platz im alten Sülz, der de-Noël-Platz, gehört nicht in die erste Siedlungsphase, er wurde vielmehr kurz vor der Jahrhundertwende angelegt. Um diese Zeit überwogen im Weyertal Gärten und Felder, zwischen denen eine einzelne Ziegelei ihren Betrieb aufgenommen hatte.

Eine verkehrsmäßige Anbindung des Sülzer Gebiets an die Stadt Köln war kaum vorhanden. Luxemburger wie Dürener und Aachener Straße führten in erheblicher Entfernung am Ort vorbei. Die einzige direkte Verbindung zur Stadt war der Efferner Weg, der am Glacis begann und zum Neuenhof und weiter nach Efferen führte. Der Weg war unbefestigt und eng, nach Regenfällen mit Pfützen übersät und voller Schlaglöcher. Er wurde vorwiegend von den Bewohnern des Neuenhofs sowie Bauern und Pächtern der nahegelegenen Dörfer benutzt, wenn in Köln Markttag war und in der Stadt die landwirtschaftlichen Erzeugnisse des Umlands feilgeboten wurden.

Wer sich in Sülz nach 1850 ansiedelte, tat es vorwiegend aus dem Grund, weil er dort Arbeit gefunden hatte. Er entsprach damit einem für die damalige Arbeitswelt typischen Verhalten: man zog zur Arbeit hin und ließ sich möglichst nahe bei der Arbeitsstätte nieder, allein schon deshalb, weil ausreichende Transport- und Verkehrsmittel fehlten. Die tägliche Arbeitszeit betrug für die meisten Handwerker und Lohnarbeiter elf bis zwölf Stunden und erlaubte kaum einen zusätzlichen Zeitaufwand für längere Wegstrecken zum Arbeitsplatz. Außer der Möglichkeit, Arbeit zu finden, gab es in den Anfangsjahren der Ortschaft Sülz kaum einen Anreiz, der die Menschen dazu hätte verleiten können, sich gerade hier niederzulassen. Es fehlte an fast allem, was das Leben ein wenig angenehmer machen konnte: es gab weder Kanalisation noch elektrischen Strom, weder Wasserleitung noch Straßenbeleuchtung, und ein Krankenhaus war ebensowenig vorhanden wie eine Dienststelle der Gemeindeverwaltung. Auch die sanitären Verhältnisse waren mehr als katastrophal; mit Hilfe von Sickergruben und Rieselfeldern suchte man ihrer notdürftig Herr zu werden, eine Aufgabe, die bei steigender Bevölkerungszahl immer schwieriger wurde und zu schlimmen hygienischen Zuständen führte. Wasser holte man im alten Sülz aus Pumpen. Eine davon stand in der Nähe des Bierkellers vom Laacher Hof in der Sülzburgstraße und damit in recht geringer Entfernung von der zentralen Abwassersammelstelle der nahen Marsiliusstraße. Eine weitere Pumpe an der Ecke Berrenrather Straße und Sülzburgstraße diente in späteren Jahren auch als Pferdetränke. Die einzige Attraktion im alten Sülz waren zwei Bierkeller, einer davon, wie bereits erwähnt, in der Sülzburgstraße, ein weiterer zwischen Sülzburg- und Redwitzstraße; er gehörte dem Gastwirt Göbbels aus der Thieboldsgasse in Köln. In der Folgezeit wurden zahlreiche Wirtschaften für Sülz ebenso charakteristisch wie die vielen vorwiegend kleinen Produktionsstätten, die innerhalb des Ortskerns entstanden. Zugleich stieg die Einwohnerzahl weiter an. Sie vervierfachte sich zwischen 1855 und 1871 und wuchs in den folgenden Jahren so rasch, daß 1885 bereits etwa 3200 Menschen in Sülz wohnten. Obwohl vor allem der Sülzer Raum nach der Jahrhundertmitte allmählich an Bedeutung gewann, dauerte es noch geraume Zeit, bis die Ortschaft in Köln »amtlich« wahrgenommen wurde und im Adreßbuch erschien. Weißhaus hatte offensichtlich einen höheren Bekanntheitsgrad, denn bereits 1860 vermerkte »Kluge's Adreßbuch für Köln, Deutz und Mülheim sowie für die Umgebung Kölns«, das von Wilh. Greven herausgegeben wurde, als ersten Firmennamen im Sülz-Klettenberger Raum überhaupt die Firma »Gammersbach & Wagner, Lederlackirfabrik am weißen Haus«, und auch die erste private Adressenangabe bezog sich zwei Jahre später auf Weißhaus: »Jansen, Wwe, Rentnerin am weißen Hause vor dem Weyerthor«.

Der Name »Sülz« erschien zum erstenmal 1869 im Kölner Adreßbuch von Wilhelm Greven, zwar nicht als selbständiger Ortsteil, sondern unter der Rubrik »Umgebung« gleich mit zwei Firmennamen:

»Boisserée – DuMont, Lack- und Firnißfabrik in Sülz« und
»Renard & Comp., Chem. Düngerfabrik in Sülz«.

Beide Hinweise erfolgten ohne Straßenangabe; vielleicht war der Ort auch für Fremde zu dieser Zeit noch so leicht zu überschauen, daß der Herausgeber des Adreßbuchs Straßenangaben für überflüssig hielt. Im folgenden Jahr 1870 kamen weitere Adreßbuchangaben zu Sülzer Betrieben hinzu:

»Joseph Fritz, Maschinenfabrik in Sülz«,
»A. Koschin & Wunderwald, Bürsten- und Pinselfabrik zu Sülz«, ab 1873 unter der geänderten Firma »Creifelds & Koschin, Pinsel- und Bürstenfabrik, Sülz, Gustavstraße«, ferner
»B. Abels, Firnißfabrik in Sülz« sowie
»Jos. Koch & Karl Dillmann, Goldleistenfabrik zu Weissehaus vor dem Weyerthor Nr. 6«.

Die Angaben wurden 1871 ergänzt:

»Wilhelm Riffart, Lakrizfabrik, Sülz« und
»Rob. Schleicher, Düngerfabrik, Sülz«.

Es mag verwundern, daß in Sülz in engster Nachbarschaft so unterschiedliche Erzeugnisse wie Maschinen und Düngemittel oder Lakritz hergestellt wurden. Einer der Gründe für diese Gemengelage war wohl in den niedrigen Bodenpreisen zu suchen, die gerade auch kleine Firmen dazu brachten, sich in Sülz niederzulassen. Selbst die Nachbarschaft eines Schafstalls schien dabei nicht zu stören; er lag an der Ägidiusstraße gegenüber einer »Feueranzünderfabrik«. Hinter diesem gewichtig klingenden Namen verbarg sich die vorwiegend in Handarbeit betriebene Herstellung von »Schänzchen«, jenen auf ein kurzes Maß geschnittenen und mit Draht umwickelten Bündeln aus trockenem Abfallholz, die zum Anzünden des Feuers in den Öfen dienten. Die Schafe waren in der Nähe der Fabrik nicht ganz ungefährdet, denn diese brannte mehrmals ab wie die ebenfalls benachbarte Rußfabrik; letztere wurde schließlich nach Kalscheuren verlegt.

Ab dem Jahrgang 1870 erschienen in Grevens Adreßbuch auch die ersten Sülzer Privatadressen; bezeichnenderweise waren es vorwiegend solche von Wirten:

»Pohl, Anton, Wirth in Sülz«,
»Runkel, Wilhelm, Gastwirt, Sülz, Berrenrather Straße 38«,
»Wirtz, Caspar, Gastwirt, Sülz (Sülzerhof)«,
»Bechem, Reiner, Restaurateur in Sülz«.

1871 fand sich zum erstenmal auch der Name eines Einzelhandelsgeschäfts im Adreßbuch:

»Wolff, Wilhelm, Woll- und Kurzwarenhandlung in Sülz«.

In den folgenden Jahren häuften sich die Adreßbuchangaben über Sülzer Firmen und Privatleute. 1875 erhielt der Ort in Grevens Adreßbuch zum ersten Mal eine eigene Kolumne; ein Jahr darauf fanden sich die Angaben über Sülz im neu eingerichteten Abschnitt »Verzeichnis der Behörden und Einwohner ... der Bürgermeisterei Effe-

*Wirtschaft »Goldene Ecke«, Sülzburg-/Palanterstraße, vor 1914*

ren ...«. Neben den Namen der Hausbewohner waren nun auch Hausnummer und Straßenbezeichnung vermerkt. Grevens Adreßbuch für das Jahr 1878 führte für Sülz die Namen von insgesamt 37 Privatpersonen und Firmen auf. Einige Betriebe hatten seit ihrem ersten Auftauchen im Adreßbuch in der Zwischenzeit die Firma geändert oder waren nunmehr mit ihrem genauen Standort verzeichnet:

»Creifelds & Koschin, Pinsel- und Bürstenfabrik, Gustavstraße 16«,
»C. B. Lippmann, Gold- und Politurleistenfabrik, Mittelstraße 68«,
»Jos. Fritz, Maschinenfabrik, Berrenrather Straße 81«,
»Ludwig Riffart, Lakritzfabrik, Wagnerstraße 56«,
»August Wegelin, Rußfabrik, Mittelstraße«.

Zusammen mit den in älteren Adreßbüchern bereits aufgeführten Firmen

»Weide & Claus, Schwärzfabrik, Wagnerstraße 6«,

»Heinrich Pliester, Goldleistenfabrik, Kaiserstraße 104–106«, und
»Renard & Co., Kaiserstraße 54«
vermitteln die Adreßbuchangaben eine erste genauere Übersicht über die Sülzer Gewerbebetriebe und deren Standorte.
Auch Heinrich Wagner hatte es nach Sülz gezogen. Der »Gründer« des Orts wohnte im Haus Nr. 48 der nach ihm selbst benannten Straße ganz in der Nähe von drei namentlich aufgeführten Ziegeleibesitzern und -fabrikanten:
»Friedr. Wilh. Löckenhoff, Ziegeleifabrikant, Marsiliusstraße 24«,
»Christian Schwarz, Ziegelfabrikant, Berrenrather Straße 119«,
»Johann Wilden, Ziegelfabrikant, Peterstraße«.
Die enge Nachbarschaft war den Geschäften wohl kaum abträglich. Da die Bautätigkeit sowohl in Köln selbst als auch vor seinen Mauern in den späteren Vororten ständig zunahm, stieg in entsprechendem Maß auch der Bedarf an Baumaterial. Wer Sand oder Kies förderte oder Ziegel fabrizierte, machte gute Geschäfte und konnte der Zukunft beruhigt entgegensehen.
Für die Arbeiter und ihre Familien aber blieben die wirtschaftlichen Aussichten unverändert trübe. Sülz war ein proletarisch geprägter Ort und blieb es für lange Zeit. Hier wohnten vorwiegend die kleinen Leute, die lange und hart arbeiten mußten, um ihr Leben fristen zu können. In ihrer überwiegenden Mehrzahl besaßen sie weder ausreichende Geldmittel noch Grundbesitz. Ihre wirtschaftliche Lage war oft trostlos, denn als Lohnarbeiter bekamen sie jeweils als erste zu spüren, wenn die Wirtschaft stagnierte oder gar Rückschläge hinnehmen mußte. Kündigungsschutz war ebenso unbekannt wie eine Versorgung bei Krankheit oder im Alter. Besonderen Belastungen waren die Frauen ausgesetzt. Sie hatten nicht nur die Hausarbeit zu erledigen und die Kinder zu erziehen; meist waren sie auch gezwungen, selbst gewerbstätig zu werden, um auf diese Weise den trotz langer Arbeitszeit geringen Lohn der Männer ein wenig aufzubessern.
Bei einer täglichen Arbeitszeit von zehn bis elf Stunden verdiente etwa ein Maurer in den Jahren 1876 bis 1878 zwischen 3 Mark und 3,50 Mark pro Tag; ein Kutscher brachte als Wochenlohn zwischen 15 und 17 Mark nach Hause. Zur gleichen Zeit kostete in Köln jeweils im Monat Juni der Jahre 1876 bis 1878:

|  | Juni 1876 | Juni 1877 | Juni 1878 |
|---|---|---|---|
| pro 50 kg |  |  |  |
| Weizen | 14,58 M. | 12,72 M. | 11,28 M. |
| Kartoffeln | 4,60 M. | 6,90 M. | 3,35 M. |
| Gerste | 21,00 M. | 21,00 M. | 8,71 M. |
| Weiße Bohnen | 14,00 M. | 15,00 M. | 16,00 M. |
| pro 1 kg |  |  |  |
| Rindfleisch | 1,20 M. | 1,30 M. | 1,30 M. |
| Kalbfleisch | 1,20 M. | 1,20 M. | 1,20 M. |
| Hammelfleisch | 1,40 M. | 1,30 M. | 1,40 M. |
| Schweinefleisch | 1,60 M. | 1,60 M. | 1,60 M. |
| Butter | 2,28 M. | 2,25 M. | 2,00 M. |
| Kaffeebohnen | 3,40 M. | 3,20 M. | 2,90 M. |
| pro Liter |  |  |  |
| Bayrisches Bier | 0,30 M. | 0,30 M. | 0,30 M. |
| Weißbier | 0,20 M. | 0,20 M. | 0,20 M. |

# Polizei-Verordnung

über

## Arbeiterwohnungen auf Ziegeleien.

§ 1. Die Bestimmungen dieser Polizeiverordnung beziehen sich auf die Wohnungen, in welche dauernd oder vorübergehend auf Ziegeleien beschäftigte Arbeiter Seitens der Ziegeleibesitzer oder der Ziegeleibetriebsleiter untergebracht werden.

§ 2. Die Wohnungen müssen mindestens enthalten einen Raum, bestimmt zur Zubereitung und Einnahme der Mahlzeiten und zum Aufenthalte in den Freistunden, besondere Schlafräume und eine Bedürfnißanstalt.

§ 3. Für die Anlage der Eß-und Wohnräume, der Schlafräume und der Bedürfnißanstalten sind außer den folgenden Bestimmungen insbesondere die Vorschriften des § 28 Nr. 2, Nr. 7, Nr. 8, Nr. 9, Nr. 10, Nr. 12, Nr. 13 und des § 30 der Baupolizeiverordnung für die Stadtgemeinden vom 20. März 1894 (A.-Bl. Stück 12 und §§ 12 und 14 der Baupolizeiverordnung für das platte Land vom 6. Juni 1888 (A.-Bl. Stück 24) maßgebend.

Die Wasserversorgung der Wohnungen ist nach § 29 der ersteren und § 13 der letzteren Polizeiverordnung einzurichten.

§ 4. Die Fußböden sämmtlicher Wohnräume sind gut und dauerhaft zu dielen; die Wände sind zu verputzen; die Decken und inneren Dachflächen zu pliestern.

§ 5. In jedem Schlafraume dürfen nur so viele Personen untergebracht werden, daß auf jede derselben mindestens 3 Quadratmeter Fußboden und 10 Kubikmeter Luftraum kommen.

Die hiernach zulässige Belegschaft ist auf der Außenseite der Thür deutlich zu vermerken.

§ 6. Bei der Verwendung weiblicher Arbeiter sind die Schlafräume nach Geschlechtern zu trennen und verschließbar einzurichten. Eheleute können mit ihren noch nicht erwachsenen d. h. weniger als 16 Jahre alten Kindern in einem Raume untergebracht werden.

§ 7. Für jede Person ist eine Bettstelle zu beschaffen. Die Bettstellen sind aus Eisen oder gehobeltem Holze herzustellen und so einzurichten, daß der Fußboden zum Reinigen zugänglich ist.

Das Bettzeug muß mindestens aus einem Strohsacke, einem Strohkopfkissen und einer wollenen Decke bestehen. Das Bettstroh ist wenigstens alle 6 Wochen zu erneuern. Geeignete Wascheinrichtungen sind zu beschaffen und zu unterhalten.

§ 8. Leitern zur Herstellung der Verbindung zwischen den Wohn- und Schlafräumen sind unzulässig; Treppen sind mit sicheren Handleisten zu versehen.

§ 9. Arbeiter, welche an ansteckenden Krankheiten leiden, dürfen nicht in denselben Räumen mit anderen Arbeitern untergebracht werden.

§ 10. Ein Abdruck dieser Polizeiverordnung ist in dem Eß- und Aufenthaltsraume an einer in die Augen fallenden Stelle anzuschlagen.

§ 11. Ziegeleibesitzer und die mit der Unterbringung der Arbeiter vertragsmäßig betrauten Ziegeleibetriebsleiter, welche die vorstehenden Bestimmungen verletzen, werden mit Geldstrafen von 10—60 Mark, im Unvermögensfalle mit entsprechender Haft bestraft.

§ 12. Diese Polizei-Verordnung tritt mit dem Tage ihrer Verkündigung in Kraft; jedoch sind die Ortspolizeibehörden befugt, unter Zustimmung des Gewerbeaufsichtsbeamten für einzelne Anlagen zur Ausführung der durch diese Polizeiverordnung erforderlich gewordenen Neueinrichtungen auf Antrag eine Frist zu gewähren.

Die Polizeiverordnung vom 25. September 1846 (A.-Bl. S. 47), sowie alle der gegenwärtigen Polizeiverordnung entgegenstehenden ortspolizeilichen Vorschriften treten außer Kraft.

Cöln, den 14. März 1896.

Der Regierungs-Präsident
J. B.: Fink.

*Polizeiverordnung über Arbeiterwohnungen auf Ziegeleien, 1896*

*Verlautbarung der Kölner Straßenbahn-Gesellschaft, 1895*

Haupteinkaufsstraße war schon in den siebziger Jahren die Berrenrather Straße. Hier hatten Bäcker und Metzger ihre Läden, hier ließen sich auch eine Reihe von Einzelhandelsgeschäften nieder; Wirtschaften fehlten ebenfalls nicht.

Obwohl sich nun immer mehr Menschen in Sülz ansiedelten, blieb der Zustand der Straßen sowohl innerhalb des Orts wie auch zur Stadt hin in einer beklagenswerten Verfassung. Gepflasterte Straßen waren die große Ausnahme, wobei das kölnische Pflaster den zweifelhaften Ruf genoß, das schlechteste im gesamten Rheinland zu sein. Wer in einem Vorort wohnte, konnte die Kölner Innenstadt nur zu Fuß erreichen, und zwar »über Land«, wie man damals sagte, weil man den etwa 1 km breiten Geländestreifen zwischen den Häusern des Vororts und den Wällen von Köln durchqueren mußte. Das Gelände dazwischen war nicht bebaut; es galt in der Dämmerung und besonders des Nachts als recht unsicher.

Regelmäßige Verkehrsverbindungen zwischen der Stadt Köln und den Ortschaften in der näheren Umgebung wurden zuerst in den sechziger Jahren des vorigen Jahrhunderts eingerichtet: »Omnibusse« fuhren nach Ehrenfeld, Nippes und Lindenthal. Es waren Pferdewagen, die eine größere Anzahl von Personen transportieren konnten. Seit 1873 bemühten sich die vor der Stadt liegenden Ortschaften um den Bau von Pferdebahnen, wie sie in Köln bereits bestanden. Diese hatten sich offenbar auch außerhalb der Stadt einen solch guten Ruf erworben, daß die Vororte einen Pferdebahnanschluß an das Kölner Ortsnetz beantragten. Als sich der Kölner Rat gegenüber den Vorstellungen und Bitten der Gemeinden im Umland zunächst taub stellte, drohten deren Bürgermeister, darunter die von Müngersdorf, Efferen und Bayenthal, mit dem unverzüglichen Beginn eigener Pferdebahnen bis in unmittelbare Nähe der Stadt. Diese Ankündigung machte in Köln Eindruck, zumal der Rat sich ausrechnen konnte, welche Einnahmen ihm angesichts des wachsenden Verkehrs in Zukunft entgehen würden, sollten die Gemeinden vor der Stadt ihre Drohung wahr machen. So entstanden 1878 die ersten Pferdebahnverbindungen zu einigen linksrheinischen Ortschaften, darunter auch Lindenthal. Sülz blieb zunächst unberücksichtigt. Die Fahrpreise waren anfangs recht hoch; eine Fahrt von der Innenstadt nach Lindenthal kostete 20 Pf., »Schüler die Hälfte«. Zwischen zehn und elf Uhr abends nahm der »Lumpensammler« die letzten späten Fahrgäste auf und transportierte sie recht gemächlich nach Hause. Die Pferdebahn hatte auf allen Straßen grundsätzlich Vorfahrt, sehr zum Ärger und unter heftigen Protesten der Fuhrunternehmer, die durch das neue Verkehrsmittel ihre Einnahmen erheblich geschmälert sahen. 1882 schließlich schlossen sich die beiden privaten Pferdebahnlinien der Innenstadt und der Vorortlinien zur »Societé anonyme de Tramways de Cologne«, der Kölnischen Straßenbahn-Gesellschaft, zusammen.

# Immer langsam voran . . .

Während Sülz nach 1850 allmählich als Ortschaft zusammenwuchs und Gestalt annahm, bestimmten im Gebiet von Klettenberg wie eh und je nur die Höfe das Bild. Die Ausnahme davon bildete Weißhaus mit seiner näheren Umgebung.

Im Jahr 1843 war das Herrenhaus, dessen Fundamente die Äbte Spickernagel und Ägidius Romanus im 17. Jahrhundert gelegt hatten, zum wiederholten Male in seiner Geschichte renoviert worden. 1849 erwarb der Kölner Kaufmann Joh. Adam Jansen das Gut Weißhaus und begann bald darauf, wie einige seiner Vorgänger, das Anwesen zu erweitern und zu verschönern. Kein Geringerer als Vincenz Statz, der spätere Dombaumeister, wurde damit beauftragt, für Weißhaus eine Kapelle zu entwerfen. Es entstand nun an der Rückseite des Gebäudes in unmittelbarer Nähe zu dem für Weißhaus charakteristischen achteckigen Turm des Abts Ägidius Romanus ein Kapellenanbau in neugotischem Stil. Der einschiffige Innenraum erhielt seinen besonderen Schmuck durch einen Bilderzyklus des Kölner Malers Johann Anton Ramboux, der auch die Glasfenster entwarf. Leider sind diese Fenster im Zweiten Weltkrieg zerstört worden, dagegen blieben die Rambouxschen Gemälde glücklicherweise erhalten. Am 10. November 1857 weihte der damalige Kölner Erzbischof Kardinal Geissel die neue Kapelle, und wieder einmal wurde für Sülz-Klettenberg der Papst bemüht; ein päpstliches Breve erteilte dem Bauherrn die Erlaubnis, täglich in der Kapelle seines Anwesens eine Messe feiern zu lassen – mit Ausnahme von Weihnachten, Ostern und Mariä Himmelfahrt. Als Jansen starb, wurde dieses Vorrecht auf seine Witwe übertragen. Auch heute noch liest der Pfarrer von St. Nikolaus, zu dessen Pfarrbezirk Weißhaus gehört, einmal im Jahr eine Messe in der Kapelle des Guts.

Bis in die achtziger Jahre des vorigen Jahrhunderts wurde der Name »Weißhaus« sowohl für das Gut wie auch für die Ansiedlung in seiner unmittelbaren Umgebung verwendet. Grevens Adreßbuch von 1887 führte Weißhaus gleich zweimal an, zum ersten als Teil der Bürgermeisterei Rondorf, zum zweiten als Einzelangabe: »Weißhaus (bei Köln)«. In unmittelbarer Nachbarschaft arbeitete seit 1859 die »Textilfabrik S. M. Holländer & Co., Streichgarnspinnerei, Trikotweberei und mechanische Stickerei«; als mittelständisches Unternehmen beschäftigte sie um 1888 etwa 150 Arbeiter.

Über die anderen Höfe in Sülz und Klettenberg erschienen in unregelmäßigen Abständen in den Kölner Adreßbüchern die Namen der Eigentümer oder der Ökonomen, so

1873   für den Komarhof »Buchsiep, Friedr., Gutsverwalter, Komarhof 1«,
1873   für den Hof Klettenberg »Fleischhauer, Engelbert, Gutspächter, Klettenberg 3« oder
1876   für den Neuenhof »Witwe Gustav Simon, Gutsbesitzerin«.

Auch der Name »Klettenberg« bezeichnete bei seinem ersten Auftauchen in einem Adreßbuch nicht das Gesamtgebiet des heutigen Vororts. Wenn Kölner im vorigen Jahrhundert Klettenberg aufsuchen wollten, dann führte sie ihr Weg »zum« Klettenberg, nicht »nach« Klettenberg. Das halbkreisförmige, zur Luxemburger Straße hin geöffnete Gelände zwischen der heutigen Breiberg- und Ölbergstraße, das bis etwa zur Höhe der heutigen Siebengebirgsallee reichte, trug den Flurnamen »Am Klettenberg«, der später für den gesamten Vorort übernommen wurde. »Grevens Adreßbuch 1876 für Köln, Deutz und Mülheim am Rhein sowie die Umgebung Kölns« verzeichnete für »Klettenberg« lediglich zwei Adressen:

»Henneböhle, Johann, Bauunternehmer, Nr. 4« und
»Köllen, Paul, Gastwirt, Nr. 1«.

Von den ersten Häusern auf dem Klettenberg gibt es leider keine Abbildungen, doch vermittelt das Ortsstatut für die Gemeinde Rondorf aus dem Jahr 1878 einen allgemeinen Eindruck: »Innerhalb der vorgenannten Ortschaften« – darunter Klettenberg, Kohmar und Weißhaus – »dürfen an Straßen und Straßentheilen, welche noch nicht für den öffentlichen Verkehr und den Anbau fertig hergestellt sind, Wohngebäude, die nach dieser Straße einen Ausgang haben, nicht errichtet werden ...« Im übrigen begann die Bautätigkeit in den achtziger Jahren in Klettenberg nur zögernd. Sie litt unter den wirtschaftlichen Turbulenzen der Gründerzeit. Dem Milliardensegen der Kriegsentschädigung, die Frankreich nach dem verlorenen Krieg von 1870/71 an das Deutsche Reich hatte zahlen müssen, folgten ab 1873 schwere wirtschaftliche Rückschläge, die eine Vielzahl von Firmen zusammenbrechen ließen. In der hochgesteigerten Erwartung auf zukünftige Riesengewinne verlor mancher Spekulant den Boden unter den Füßen. Diesen Vorgängen verdankte Klettenberg seinen bisher einzigen Spitznamen »Hypothekenkirchhof«.

In Klettenberg, vor allem aber in Sülz herrschten um diese Zeit – wie schon berichtet – äußerst bescheidene Lebensverhältnisse. Von sozialer Sicherheit und selbst bescheidenem Wohlstand konnte noch lange nicht die Rede sein. Wer krank oder arbeitsunfähig wurde, sah sich auf die Hilfe seiner Familie oder auch der Nachbarn verwiesen. Armut galt vielfach als gottgegeben, oft selbst bei denen, die darunter zu leiden hatten. Der schlimmsten Fälle von Armut und Not nahmen sich zwar die Wohltätigkeitsverbände an, doch blieb ihre Hilfe weitgehend Stückwerk und abhängig vom guten Willen der freiwilligen Helfer. Auch die kirchliche Seelsorge war unzureichend und wurde um so schwieriger, je mehr Menschen sich in den beiden Ortschaften ansiedelten. Die Gemeinde des Pfarrers von Kriel war über ein weites Gebiet verstreut, in das sich heute sechs Pfarren teilen. Wenn auch mancher Sülzer Arbeiter angesichts der menschenunwürdigen Verhältnisse, unter denen er mit seiner Familie leben mußte,

weder von Gott noch vom Pfarrer etwas wissen wollte und sich statt dessen der weltlichen Heilslehre des Karl Marx zuwandte und deshalb für die Kirche verloren war, ließ sich dennoch nicht übersehen, daß die Arbeit der Kirche in den beiden Ortschaften verstärkt werden mußte. Auf Dauer konnte das »Krieler Dömchen« seiner Aufgabe als Pfarrkirche einer wachsenden Gemeinde, die zudem über drei Orte verstreut lebte, nicht genügen. Die Mehrzahl der Katholiken der Krieler Pfarre wohnte in Sülz, deshalb lag gerade hier der Gedanke an einen weiteren Kirchbau nahe.

Sechs Sülzer Bürger – vier Arbeiter, ein Wirt und ein Ackerer – gaben 1869 den Anstoß zum Bau eines Gotteshauses in Sülz. Ein Jahr später gründeten die beiden Handwerksmeister H. Neuß und St. Schmitz einen Kirchbauverein; Beitragszahlungen sowie Gelder aus Spenden, Kollekten und öffentlichen Veranstaltungen sollten zumindest einen Teil des benötigten Kapitals bereitstellen. Doch dem Vorhaben war anfangs wenig Erfolg beschieden, denn inzwischen war der sogenannte Kulturkampf ausgebrochen, eine politische Auseinandersetzung zwischen Staat und katholischer Kirche, die Reichskanzler Bismarck dazu benutzte, die Stellung der Kirche in der Öffentlichkeit entscheidend zu schwächen. Unter den vielen Verboten, die das kirchliche Wirken in Staat und Gesellschaft erheblich einschränkten, litten auch die katholischen Verbände und Vereine, so auch der neugegründete Kirchbauverein in Sülz. Trotzdem gelang es noch, am 14. Februar 1874 für die im Ort geplante Kirche einen Bauplatz zu erwerben, und zwar an der Ecke Marsilius- und Münstereifeler Straße. Doch dann mußten wegen der gespannten Lage zwischen katholischer Kirche und Staat alle weiteren Vorbereitungen erst einmal ruhen. Endlich konnte nach drei Jahren, am 14. April 1877, der Grundstein gelegt werden, nicht zuletzt dank der Bemühungen des Rentners P. Heuser und des Gastwirts W. Fabricius, die sich um die »Notkirche« in Sülz große Verdienste erwarben. Der einfache Bau nach den Plänen des Deutzer Architekten Müller kostete 15 000 Mark; er übertraf mit 28 m Länge und mehr als 9 m Breite die Ausmaße der uralten Krieler Pfarrkirche beträchtlich. Noch im selben Jahr 1877 wurde der Kirchbau vollendet und anschließend durch den Krieler Pfarrer Hansen seiner Bestimmung übergeben. Der Pastor von Kriel feierte von nun an fast ein Jahrzehnt lang jeden Sonn- und Feiertag eine Messe in der Sülzer Kirche. Diese sollte ursprünglich den Heiligen Petrus, Josef und Maria geweiht werden, doch entschied man sich noch während der Bauzeit endgültig für den heiligen Nikolaus als Kirchenpatron und nahm damit eine im Sülzer Feld uralte Tradition wieder auf.

Auf die Dauer aber verlangte die größer werdende Gemeinde nach einem eigenen Geistlichen. Man fand ihn schließlich in der Person des in Aachen geborenen Franz Joseph Hubert Becker, der in der Diözese Regensburg tätig war. Im Juli 1886 ernannte ihn der Kölner Generalvikar zum »Hilfsgeistlichen bei der Nebenkirche zu Sülz«. Die Anstellung des neuen Seelsorgers wurde möglich, weil sich die Sülzer Pfarrangehörigen dazu verpflichteten, dem Geistlichen eine mietfreie Wohnung zur Verfügung zu stellen und ein bescheidenes Gehalt zu zahlen.

Ähnlich schlecht wie um die kirchlichen Verhältnisse war es in Sülz und Klettenberg um die ersten Schulen bestellt. Einer der Gründe dafür war der Umstand, daß die beiden Ortschaften zusammen mit Weißhaus drei verschiedenen Bürgermeistereien des Landkreises Köln unterstanden. Der nordwestliche Teil von Sülz zählte zur Bürgermeisterei Müngersdorf, der südwestliche einschließlich des Neuenhofs und der Mühle Schleifkotten zur Bürgermeisterei Efferen, während das gesamte Gebiet ostwärts der Luxemburger Straße zur Bürgermeisterei Rondorf gehörte. Diese Aufteilung blieb nicht ohne Folgen für den Standort der Schulen. Im zur Gemeinde Müngersdorf zählenden Teil von Sülz wurde eine einklas-

*Die erste Nikolauskirche des Ortes Sülz, Münstereifeler Straße, um 1900*

sige Schule in der Redwitzstraße eingerichtet. Die Kinder von Weißhaus und Umgebung links der Luxemburger Straße besuchten eine ebenfalls einklassige Schule »auf dem Klettenberg«, sie kann als Vorläuferin der Schule in der Lohrbergstraße gelten. Alle übrigen Sülzer Kinder wurden in der mehrklassigen Schule in der Münstereifeler Straße unterrichtet; das Schulgebäude lag unmittelbar neben der Nikolaus-Notkirche. Als Sülz und Klettenberg 1888 nach Köln eingemeindet wurden, löste die Schulbehörde die beiden einklassigen Schulen auf und erweiterte die Schule in der Münstereifeler Straße auf insgesamt 12 Klassen. Erster Schulleiter wurde Rektor Friedrich Keil, dessen Andenken trotz des strengen Regiments, das er führte, von vielen Sülzer Bürgern in hohen Ehren gehalten wurde.

Die Aufteilung auf drei verschiedene Gemeindeverwaltungen war für die Sülzer und Klettenberger Bewohner recht ärgerlich; sie fühlten sich vernachlässigt. Wer etwa persönliche Angelegenheiten auf dem Rathaus zu erledigen hatte, mußte sich auf einen längeren Fußmarsch nach Müngersdorf, Efferen oder Rondorf einrichten; Verkehrsverbindungen dorthin bestanden nicht. Angesichts dieser mißlichen Umstände war es verständlich, daß in Sülz und Klettenberg die Unzufriedenheit mit den kommunalen Verhältnissen wuchs.

# Wer kann da widerstehen . . .

In Köln selbst verschlechterten sich die Wohnverhältnisse zusehends. Der Raum in der Stadt wurde von Tag zu Tag knapper, denn die Einwohnerzahl wuchs seit der Jahrhundertmitte ständig, ohne daß auch entsprechend mehr Platz für Wohnbauten hätte bereitgestellt werden können. Nach einer Kölner Statistik des Jahres 1861 waren in der Stadt für Bauplätze nur noch 190 Morgen Land vorhanden. Es ließ sich absehen, daß bei unveränderter Wohndichte und gleichbleibendem Bevölkerungszuwachs in fünfzehn Jahren der noch vorhandene Raum völlig bebaut sein mußte, wobei unberücksichtigt blieb, daß Straßenverbreiterung, Eisenbahnanlagen wie auch Geschäftshäuser und Fabrikationsstätten zusätzlichen Platz beanspruchten.

Als preußische Festung hatte die Stadt bereits um 1850 jeden strategischen Wert verloren. Die Erfindung weitreichender Geschütze mit großer Zerstörungskraft verurteilte die Befestigungswerke alter Art – so die mittelalterliche Kölner Stadtmauer samt den angelehnten Forts – zu weitgehender militärischer Wirkungslosigkeit.

Es blieb deshalb nicht aus, daß man sich auch in der Kölner Stadtverordnetenversammlung darüber Gedanken zu machen begann, wie die in wenigen Jahren zu erwartende Überfüllung der Stadt zu verhindern sei. Am 10. Mai 1861 stellte der Stadtverordnete Hospelt – unterstützt von seinen Kollegen Baudri, Böcker, Elven, Fuchs, Kamp und Mülhens – im Rat den Antrag, eine Kommission untersuchen zu lassen,

»ob und inwiefern die jetzt bestehende Ausdehnung des Weichbildes der Stadt in den enggezogenen Grenzen des Bischofsweges und des Rheinufers als eine Benachteiligung der Stadt Köln zu betrachten und in diesem Falle eine Erweiterung der Gemeindegrenzen und in welcher Ausdehnung zu erstreben sei; welche Wirkung resp. Vorteile diese Erweiterung sowohl für die Stadtgemeinde als für die alsdann derselben zufallenden Einwohner und Eigentümer haben werde, und endlich welche gesetzlichen Mittel und Wege anzuwenden seien, um eine derartige Ausdehnung zu erwirken«.

Damit war das Thema einer zukünftigen Eingemeindung der vor der Stadt Köln liegenden Ortschaften angesprochen.

Am 22. November 1864 unterbreitete der Stadtverordnete Biercher dem Kölner Oberbürgermeister eine »Denkschrift betr. die Erweiterung der Stadt Köln und den teilweisen Umbau bzw. die Ausdehnung ihrer Festungswerke«. Biercher schlug vor, die gesamte mittelalterliche Stadtmauer niederzulegen und davon nur die Torburgen wegen ihres »antiquarischen Werts« auszunehmen. Der Stadtverordnete versuchte in seiner Eingabe nachzuweisen, daß durch die von ihm vorgeschlagene Entfestigung mehr als 56 500 qm Bauland im Wert von ungefähr 4 Millionen Talern gewonnen werden könnte. Doch die Kölner Stadtverordnetenversammlung lehnte es am 9. März 1865 in geheimer Abstimmung mit knapper Mehrheit ab, den Biercher-Plan weiter zu beraten, offensichtlich aus Furcht vor den finanziellen Belastungen, die man auf Köln im Fall einer Erweiterung des Stadtgebiets zukommen sah.

Doch die Zeit drängte, die Raumnot in Köln wurde immer größer, und so sah sich die Stadt schließlich zu Verhandlungen mit der preußischen Festungsbehörde gezwungen. Köln verfolgte dabei das Ziel, das bestehende Festungsgelände anzukaufen und zugleich die militärische Behörde zu bewegen, den Festungsgürtel um die Stadt weit in das Kölner Umland hinauszuschieben. Zu diesen Überlegungen paßte ein Erlaß des Reichskanzlers vom 1. Februar 1873; er sah vor, die Festungsanlagen einer Reihe von deutschen Städten, darunter auch Köln, zu erweitern und zugleich die bestehenden Rayonbestimmungen zu ändern.

Handlungsbedarf war damit gegeben, doch zunächst scheiterten 1877 die Verhandlungen zwischen der Stadt und Preußen an den unterschiedlichen Preisvorstellungen beider Parteien. Köln bot 9 Millionen Taler, der preußische Fiskus aber verlangte 17 Millionen; er brachte dabei immer wieder die Berechnungen vor, die der Stadtverordnete Biercher vor Jahren in seiner Denkschrift angestellt hatte. In den Verhandlungen stand keineswegs die Eingemeindung selbständiger Vororte zur Debatte, es ging vielmehr zunächst nur um das Gebiet zwischen Stadtmauer und Bischofsweg, auf dem später die sogenannte Neustadt entstand; noch im Jahr 1874 hatte die Kölner Stadtverordnetenversammlung mit ausreichender Mehrheit den Plan abgelehnt, Ehrenfeld und Nippes nach Köln einzugemeinden.

In seiner bedrängten Lage entschloß sich der Kölner Rat schließlich, eine Denkschrift zum Plan der Stadterweiterung zu verfassen und sie durch eine Abordnung dem Reichskanzler überreichen zu lassen. Der Ton der Denkschrift war dem Ernst der Lage angemessen und ließ die Verbitterung deutlich werden, die sich in Köln wegen des ungünstigen Verlaufs der Verhandlungen breitzumachen begann: »Die Stadt Köln ist durch ihre gegenwärtige Stadtmauer seit länger als sechs Jahrhunderten eingeschlossen. In allmählicher Entwicklung über diese Grenze hinaus zu wachsen, hinderte sie in alter Zeit der Erzbischof als eigensüchtiger Nachbar, dann während der zwanzigjährigen Fremdherrschaft der innere Verfall und seit dem Jahre 1815 die Festungseigenschaft . . .«

Man war sich in Köln wohl klar darüber, daß man gegenüber der Berliner Zentrale am kürzeren Hebel saß, und hatte offensichtlich die Hoffnung aufgegeben, einen Kaufpreis herauszuschlagen, der den eigenen Vorstellungen entsprach: »So bleibt der Stadt nach siebenjährigen fruchtlosen Verhandlungen keine andere Wahl, als in ihrer gegenwärtigen Einengung zu verkümmern oder ein über den Kaufwert des Terrains weit hinausgehendes Opfer zu bringen, nur um eine Erweiterung ihres Festungsgürtels zu erreichen . . .«

Folglich blieb den Kölner Unterhändlern nur übrig, möglichst günstige Zahlungsbedingungen zu erreichen: »Um über die letztere Alternative zu verhandeln, hat die Stadtverordneten-Versammlung die Unterzeichneten als Deputation an den Herrn Kriegsminister entsendet, insbesondere um, falls sie die Summe von 11 794 000 M. aufbringen muß, solche Zahlungsbedingungen zu erlangen, welche sie, wenn auch nur mit der alleräußersten Anstrengung, erfüllen zu können hoffen darf . . .«

Die Stadt Köln kam nicht daran vorbei, die nach ihrer Auffassung horrende Summe von fast 12 Millionen Goldmark zu zahlen; am 5. Mai 1881 wurde der Vertrag über den Kauf des Festungsterrains unterzeichnet. Doch dann hatte man es auf einmal sehr eilig. Bereits einen Monat später fand die erste Sprengung eines Teils der Stadtmauer in der Nähe des Gereonstors statt. Das Ereignis wurde entsprechend gefeiert: »Die von dem Pionierbataillon vorbereitete und ausgeführte Sprengung erfolgte in wenigen Sekunden, und lauthin schallte der Jubel der zahllosen Menge, als die starke Mauer in sich zusammensank und eine große Öffnung den Blick ins Freie gestattete. Die Trümmer besteigend, hob der Oberbürgermeister Dr. Becker in einer kurzen Rede die Wichtigkeit des Ereignisses für die Entwicklung Kölns hervor und schloß mit einem Hoch auf den Kaiser, dem ein Hoch auf den Reichskanzler Bismarck, auf den Kriegsminister Kamecke und auf alle, die zur Förderung der Sache mitgeholfen, folgte. Nach Besichtigung der Bresche begab sich der Zug nach dem Hirschenkümpchen, wo die Festgenossen bei Reden und Musik das Fest zum Abschluß brachten.« Im übrigen hätte der Rat die gesamte Mauer niederlegen lassen, wäre er nicht durch eine Anordnung der preußischen Regierung an seiner Absicht gehindert worden. Fortschrittsgläubigkeit treibt manchmal seltsame Blüten, und so mußte ausgerechnet die preußische Obrigkeit dafür sorgen, daß den Kölnern einige wenige Reste ihrer mächtigen mittelalterlichen Stadtmauer erhalten blieben.

Nachdem die Stadt das ihr vorgelagerte Festungsgelände erworben hatte, wurde eine Verlegung der bisherigen Stadtgrenze notwendig. Diese verlief nun außerhalb der neuen Umwallung in einer Entfernung von etwa 600 bis 700 m vor dem niedergelegten alten Mauerring und machte die Eingemeindung der Neustadt im Jahre 1883 möglich. Doch auch die neue Umwallung blieb nicht lange bestehen; nach 1888 geschleift, war sie bis 1908 wieder vollständig beseitigt.

Die Eingemeindung der bisher selbständigen Vororte Kölns ließ sich nun nicht mehr aufhalten. Zwar sträubten sich einige wenige Stadtverordnete immer noch, dem Gedanken an eine derartig umfangreiche Vergrößerung des Kölner Stadtgebiets näherzutreten, doch inzwischen hatten sich die übergeordneten Verwaltungsstellen der Sache angenommen. Im August 1886 schlug der Kölner Regierungspräsident dem preußischen Innenminister vor, »die die Stadt Köln umgebenden Vororte, insbesondere die Gemeinden Nippes, Ehrenfeld, Bickendorf, Melaten, Lindenthal, Sülz und Bayenthal, eventuell auch die Städte Deutz und Kalk, der Stadt Köln zu incommunalisiren«. So begannen 1887 Verhandlungen der Stadt Köln mit den »Vertretern der Vororte«.

Nach dreitägiger heftiger Debatte erklärte sich die Kölner Stadtverordnetenversammlung schließlich mit der Eingemeindung der von der Kölner Bezirksregierung vorgeschlagenen Vororte einverstanden; nur Kalk blieb davon ausgenommen. Am 28. Oktober 1887 erreichten die Befürworter der Eingemeindung in der Abstimmung eine »ansehnliche Mehrheit«. Das Sitzungsprotokoll vermerkte: »Die Stadtverordneten-Versammlung erklärt sich mit der Eingemeindung der Gemeinden Poll und Deutz, der Bürgermeistereien Longerich und Nippes, der Gemeinde Ehrenfeld, der Bürgermeisterei Müngersdorf, der Gemeinde Kriel und der näher bezeichneten Teile der Gemeinden Efferen und Rondorf auf Grund der vorgelegten Verträge einverstanden . . .« Der entsprechende Passus im Vertrag zwischen der Stadt Köln und der Gemeinde Rondorf lautete: »Die Gemeinde und Bürgermeisterei Rondorf tritt an die Stadt Köln das innerhalb der äußeren Kante der militairischen Ringstraße mit den an derselben gelegenen Außenwerken liegende Gebiet ab.« Mit den Gemeinden Efferen und Müngersdorf schloß die Stadt ähnliche Verträge ab. Im Februar 1888 erhielt das gesamte Vertragswerk zwischen Köln und seinen Vorortgemeinden Gesetzeskraft.

Mit Wirkung vom 1. April 1888 wurde Sülz mit Klettenberg zur Vorortgemeinde der Stadt Köln, deren Stadtgebiet sich durch die umfangreiche Eingemeindung auf das Zehnfache vergrößerte. Gleichzeitig stieg die Einwohnerzahl auf 260 000.

Mit der Eingemeindung nach Köln brach für die Bewohner von Sülz und Klettenberg zwar nicht das goldene Zeitalter an, doch begannen sich die äußeren Lebensbedingungen nun sichtbar zu verbessern. Wie es die Eingemeindungsverträge vorsahen, wurden die Vororte in den Jahren nach 1888 an das städtische Versorgungsnetz angeschlossen. Gas, Elektrizität und Kanalisation hielten ihren Einzug. Die Zeit, da jeder Eimer Wasser von der öffentlichen Pumpe geholt oder die Wohnung mit Kienspan und Ölfun-

zel beleuchtet werden mußte, gehörte endgültig der Vergangenheit an.

Bereits 1889 fand Sülz Anschluß an die
stadtkölnische Gasleitung und erhielt mit
Gaslaternen seine erste Straßenbeleuchtung
überhaupt. Die Stadt Köln hatte in Ehrenfeld noch vor der Eingemeindung ein zen-
trales Gaswerk errichtet; seine Kapazität
reichte aus, neben der Alt- und Neustadt
auch die eingemeindeten Ortschaften zu
versorgen. Ein Kubikmeter Leuchtgas kostete anfangs 16 Pf; damit lag der Preis um
6 Pf über dem für Koch- und Heizgas. Erst
1912 wurde der Gaspreis einheitlich auf
13 Pf pro Kubikmeter festgesetzt.

Schwieriger gestaltete sich der Anschluß an
die städtische Kanalisation. Die Arbeiten
dazu waren in der Stadt selbst erst in den
Jahren nach 1830 begonnen worden, als die
Schlinggruben in der Zeughausstraße das
Wasser nicht mehr aufnehmen konnten und
überliefen. 1854 ließ die Stadt den großen
Bachkanal bauen und den Duffesbach am
Westende des Blaubachs in den neuen Kanal umleiten. Allmählich verschwanden nun
die Pfuhle in der Stadt, trotzdem ließ die
Kanalisation insgesamt noch manches zu
wünschen übrig. Darauf wies auch ein entsprechender preußischer Ministerialerlaß
hin, der von der Stadt zusätzliche Anstren-
gungen im Kanalbau verlangte. 1886 stieg
die Gesamtlänge der stadtkölnischen Kanäle auf 16 km. Aus demselben Jahr stammte
ein Erweiterungsplan, der aber wegen der
Eingemeindung zunächst nicht verwirklicht
werden konnte. Nachdem er aber den neuen
Verhältnissen angepaßt worden war, konnte
die Kanalisation in den folgenden Jahren
zügig vorangetrieben werden. In den Vororten gab es Einwohner, die wegen der Kosten
gern auf den Anschluß an das Kanalnetz
verzichtet hätten; doch derartige Wünsche
fanden bei der Obrigkeit kein Gehör, vielmehr schrieb das Ortsstatut vom 13. Mai
1896 den Anschluß an das städtische Kanalnetz für alle Anlieger verbindlich fest.

Für die Bewohner von Alt-Sülz brachte die
Kanalisation den zusätzlichen Vorteil, daß
nun endlich zwischen Marsilius- und Gu-

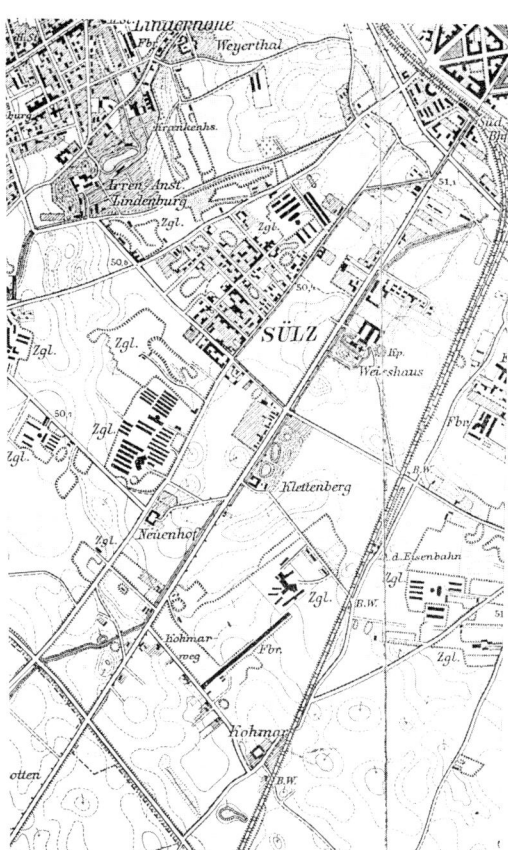

*Meßtischblatt für Köln und Umgebung, 1893–95*

stavstraße die Abwassersammelstelle verschwand, die so viele Jahre mit ihrem Gestank die Luft verpestet hatte.

Mit dem Bau des Abwasserkanals wurde
Sülz zugleich an die zentrale Wasserversorgung angeschlossen. Zunächst lieferte das
Pumpwerk Alteburg das Wasser für die südlichen und südwestlichen Vororte sowie für
die südliche Innenstadt. Seit 1905 hat das
städtische Wasserwerk Hochkirchen diese
Aufgabe übernommen.

Die Erzeugung von elektrischem Strom
oblag in Köln am Anfang nur kleinen, privat
betriebenen Anlagen. So wurde etwa das
Stadttheater mittels einer Dynamomaschi-
ne, die von einem Gasmotor angetrieben
wurde, mit Elektrizität versorgt. Nachdem
sich die Stadt aber dafür entschieden hatte,

das Wechselstrom-Transformatoren-System einzuführen, konnte am 12. September 1891 das städtische Elektrizitätswerk am Zugweg ans Netz gehen; noch vor 1919 waren alle Vororte mit Strom versorgt.

Kölner Adreßbücher der damaligen Zeit pflegten, wenn sie Straßen aufführten, deren Verlauf in der Weise zu beschreiben, daß sie jeweils Anfangs- und Endpunkte kennzeichneten. Für den Ort Sülz blieb es bis in die ersten Jahrzehnte des 20. Jahrhunderts typisch, daß eine Reihe von Straßen »Im Felde« begannen oder endeten. Derartige Angaben trugen dem Umstand Rechnung, daß Sülz auch nach der Eingemeindung 1888 als Ort isoliert weiterwuchs und zunächst keinen räumlichen Anschluß an die heute eng benachbarten Vororte fand. Sülz lag inmitten von Äckern und Feldern, in die Kiesgruben und Ziegeleien eingebettet waren. 1895 etwa stand in den heutigen Wohngebieten zwischen Weyertal, Berrenrather und Luxemburger Straße bis zur Höhe der Sülzburgstraße kaum ein Haus. Ebenso verhielt es sich mit dem Gelände südwestlich der Sülzburgstraße stadtauswärts, wo ebenfalls Felder, Kiesgruben und Ziegeleien das Bild bestimmten.

Obwohl nach der Eingemeindung die Bevölkerungszahl von Sülz und Klettenberg ständig stieg, weil sich immer mehr Menschen aus der Stadt und deren weiterem Umland in den Kölner Vororten niederließen, zeigte die Bevölkerungszusammensetzung in Sülz gegenüber den ersten Jahren nach der Entstehung des Orts wenig Veränderungen. Hier lebten und arbeiteten in der Mehrzahl Menschen, die den unteren Schichten der Gesellschaft angehörten und in den ortsansässigen zahlreichen kleinen Gewerbebetrieben und Fabrikationsstätten beschäftigt waren. Grevens Adreßbuch führte 1901 für den alten Sülzer Ortskern die Namen von 932 Eigentümern und Mietern an, darunter 294 Tagelöhner sowie 243 Arbeiter und unselbständige Handwerker. Sehr stark war mit 48 Nennungen auch das Fuhrgewerbe vertreten, was jedoch angesichts der Kies- und Sandgruben in unmittelbarer Nähe des Orts nicht verwundern kann.

Ein männlicher Tagelöhner verdiente zwischen 1884 und 1902 im Durchschnitt täglich 2,50 Mark bei einer Arbeitszeit von 11 bis 12 Stunden; Frauen erhielten bei gleicher Tätigkeit und Arbeitsdauer nur 1,50 Mark pro Tag. Die Durchschnittsjahresmiete für kleinere Mietwohnungen betrug 1897 in den Vororten bei zwei Wohnräumen zwischen 49 und 80 Mark, je nach Lage der Wohnung innerhalb des Hauses. In den Vororten waren Wohnungen gleicher Größe und Ausstattung rund ein Viertel billiger als in der Stadt, ein Grund mehr für die Arbeiterbevölkerung, sich in einem der Industrievororte niederzulassen. Als zwischen 1906 und 1909 die Lebensmittel erheblich teurer wurden, folgten die Löhne nur zögernd. Als einziges Grundnahrungsmittel blieben die Kartoffeln von der Teuerung verschont.

Im Jahresdurchschnitt kosteten

|  | 1905 | 1909 |
| --- | --- | --- |
| 1 kg Weizenmehl | 31 Pf | 40 Pf |
| 1 kg Schwarzbrot | 26 Pf | 36 Pf |
| 1 kg Butter | 2,47 M. | 2,70 M. |
| 1 kg Schweinefleisch (Bauch) | 1,83 M. | 2,06 M. |
| 1 Schock Eier (60 Stück) | 5,89 M. | 6,46 M. |

Im Jahre 1912 stieg der Tagesverdienst eines Hilfsarbeiters auf etwa 3,25 Mark, der einer Arbeiterin mit entsprechender Tätigkeit auf durchschnittlich 2,00 Mark. Trotzdem bedarf es beim Vergleich von Löhnen, Mieten und Lebensmittelpreisen keiner großen Phantasie, sich vor allem die Sorgen der Mütter vorzustellen, ihre Familien satt zu bekommen. Schmalhans war unter diesen Umständen oft Küchenmeister, selbst dann, wenn es gelang, den täglichen Speiseplan dadurch ein wenig aufzubessern, daß man auf einem kleinen Stück Pachtland Gemüse anbaute oder gar im schmalen Hinterhof des Hauses eine Ziege hielt. Die Einkommen aus Lohnarbeit waren allgemein sehr niedrig; 1910 blieb immer noch knapp die Hälfte der gesamten Kölner Bevölkerung unter der zu versteuernden Einkommensgrenze von jährlich 900 Mark.

# Eine Straße geht krumme Wege...

Während der Vorort Sülz eher zufällig entstand und sich aus einer ersten Häuserzeile in der Ägidiusstraße zu seiner heutigen Ausdehnung entwickelte, ist Klettenberg als Vorort ein Ergebnis der Stadtplanung. Davon ausgenommen sind die Höfe Weißhaus, Klettenberg und Komar, ein Mörtelwerk an der Luxemburger Straße sowie eine Reihe von Arbeiterwohnungen in der Guilleaume-straße, die heute Geisbergstraße heißt. Dort hatte die Werksleitung von Felten & Guilleaume für einen Teil der Belegschaft einige einfache Häuser bauen lassen. Sonst jedoch war das gesamte Gelände unbebaut.

Im Jahr 1901 fertigte der Kölner Stadtbaurat Steuernagel einen ersten Entwurf des neuen Vororts Klettenberg an. Der Plan fand seinen offiziellen Niederschlag im »Flucht-linienplan der Vororte Bezirk Lindenthal Nr. 81 a betreffend das Gelände zwischen

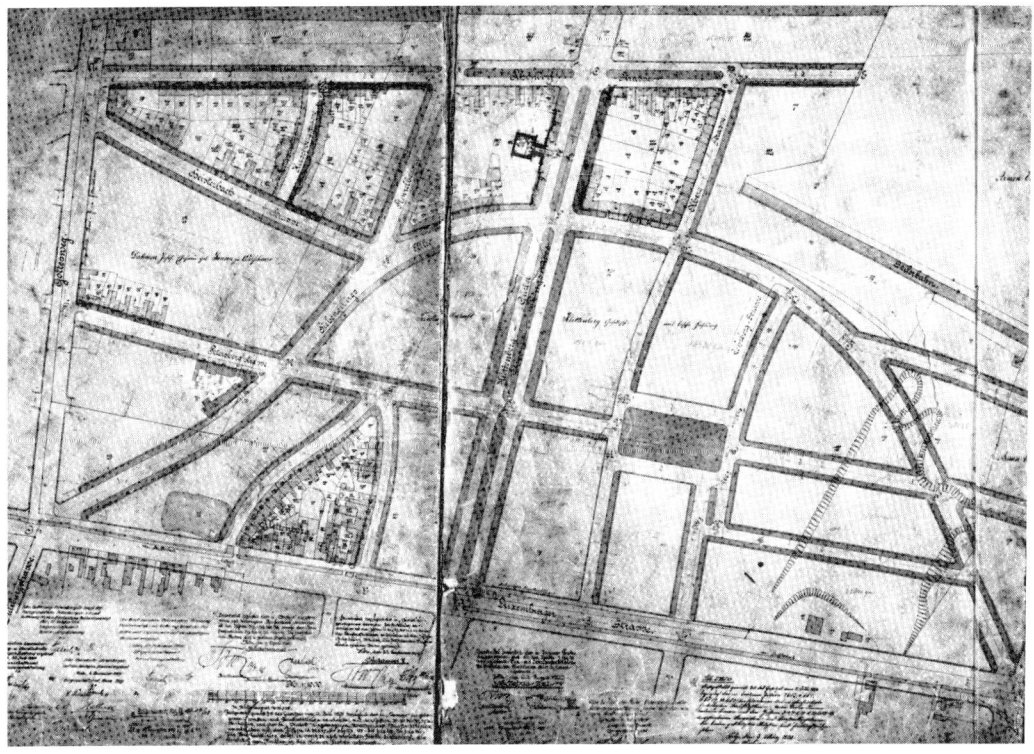

*Steuernagel-Plan für Klettenberg, 1902*

*Klettenbergpark, 1911*

Gottesweg, der Luxemburger Straße, der Guilleaumestraße und der Eisenbahn«. In Steuernagels Plan wies Klettenberg ähnlich dem Sülzer Ortsbild eine Anzahl parallel zueinander verlaufender Straßenzüge auf. Seinen städtebaulichen Akzent jedoch erhielt der neue Vorort durch die Siebengebirgsallee. Beginnend an der Luxemburger Straße in Höhe des Gotteswegs, schwang sie sich in einem weiten Bogen durch Klettenberg zur Luxemburger Straße zurück, die sie in Höhe der zum Hofgut Komar führenden Guilleaume-/Geisbergstraße wieder erreichte.

Von Anfang an war Klettenberg nur als Wohnvorort geplant. Vorgärten und Alleen, die im alten Sülzer Ortskern fast völlig fehlten, zählten zu den charakteristischen Merkmalen der neu entstehenden Wohnviertel zwischen Bahndamm und Luxemburger Straße; sie prägen auch heute noch das äußere Bild des Orts.

Bevor Stadtbaurat Steuernagel seinen Plan für Klettenberg entwarf, war die Gegend dort den Kölnern eigentlich nur wegen des gleichnamigen Gartenguts bekannt. Über dieses beliebte Ausflugsziel berichtet eine alte Klettenberger Bürgerin aus eigener

Erinnerung: »...Das Anwesen zum Gut Klettenberg begann mit einem Eingang Ecke Gottesweg und Siebengebirgsallee. Hier war erst der große Obst- und Gemüsegarten, zum Gut gehörend. Alsdann ging man an dem eigentlichen Klettenberg vorbei, dieser war umgeben von einem herrlichen alten Baumbestand, ja auch auf dem kleinen Berg waren noch Bäume. Zur linken Hand ging man weiter durch den Park und fand dort nach englischem Muster angelegte neun Tennisplätze. Rechter Hand, unterhalb des kleinen Berges, machte sich ein Teich breit, der jedoch nur zur Zierde war und worin sich Fische tummelten. Als seltenes Stück stand an diesem Teich ein großer Maulbeerbaum... Nun ging man eine kleine Anhöhe hinauf und kam auf eine herrliche Baumallee. Diese führte zur Luxemburger Straße und war von einem großen, schmiedeeisernen Tor abgegrenzt, und zu beiden Seiten des Eingangs standen zwei einstöckige Pavillons. Ging man nun von der Allee weiter, so traf man erneut auf einen Teich. Auf diesem Teich waren immerhin sieben bis acht Kähne, die im Sommer zur Kahnfahrt von alt und jung rege benutzt wurden.

Auch hier, an den Ufern, standen hohe, echte Kastanienbäume, Mispelbäume und Baumnußbäume. Nun endlich kam man zum eigentlichen Gutshof. Dieser hatte außer Landwirtschaft auch ein Gartenrestaurant, welches von der Kölner Bevölkerung sehr gern besucht wurde...«
Das Hofgut wie die beiden Weiher fielen der Planung Steuernagels zum Opfer. Als Ausgleich dafür schuf Gartendirektor Fritz Encke, der seit 1903 in Köln für die Planung von Grünanlagen verantwortlich war, den Klettenbergpark. Encke gelang es, eine ehe-malige Kiesgrube in eine Gartenanlage zu verwandeln, die sich harmonisch in die Gesamtplanung des Vororts einordnete. Von Anfang an erfreute sich der Klettenbergpark großer Beliebtheit bei der Bevölkerung. Es dürfte nur wenige Klettenberger geben, die nicht als Mädchen oder Junge die Enten und Schwäne des Parkweihers gefüttert oder nicht bei Schnee die zum Parkinneren abfallenden Wege als Rodelbahnen benutzt hätten.

Anstelle der beiden ursprünglich vorgesehenen kleineren Grünflächen im Ort entstand

| Straße | 1905 | 1909 |
|---|---|---|
| Breibergstraße | »Im Bau begriffen« | links 2 Häuser, 1 Neubau, rechts 1 Haus |
| Gottesweg | links o. Nr. »Regina-Bogenlampen-Fabrik« | links 10 Häuser, darunter Nr. 179, XXVIII. Polizeirevier rechts unbebaut |
| Guilleaumestraße (Geisbergstraße) | links 3 Häuser einschließlich Hofgut Komar | unverändert |
| Hardtstraße | »Im Bau begriffen« | links 4 Häuser, rechts 16 Häuser |
| Heisterbacher Straße | »Im Bau begriffen« | »unbewohnt« |
| Hirschbergstraße | »Im Bau begriffen« | »unbewohnt« |
| Honnefer Platz | nicht im Adreßbuch erwähnt | »unbewohnt« |
| Klettenberggürtel | »Im Bau begriffen« | links 1 Haus, rechts 1 Haus; Neubau |
| Königswinterstraße | nicht im Adreßbuch erwähnt | »unbewohnt« |
| Lohrbergstraße | »Im Bau begriffen« | »unbewohnt« |
| Löwenburgstraße | »Im Bau begriffen« | »unbewohnt« |
| Luxemburger Straße | links 7 Häuser; Neubauten | links 27 Häuser; Neubauten |
| Nassestraße | nicht im Adreßbuch erwähnt | »unbewohnt« |
| Nonnenstrombergstraße | »Im Bau begriffen« | »unbewohnt« |
| Ölbergstraße | »Im Bau begriffen« | rechts 3 Häuser; Neubauten |
| Petersbergstraße | »Im Bau begriffen« | links 3 Häuser; rechts 6 Häuser; Neubauten |
| Rhöndorfer Straße | »Im Bau begriffen« | rechts 6 Häuser |
| Siebengebirgsallee | Haus Nr. 2 | links 8 Häuser, rechts 20 Häuser |
| Stenzelbergstraße | »Im Bau begriffen« | »unbewohnt« |
| Wolkenburgstraße | »Im Bau begriffen« | Sommerwohnung Victor Bredt-Schmalbein, Landsbergstraße 19 |

nun die Planung für den Honnefer Platz. Encke wollte ihn als »Spiel- und Tummelplatz« eingerichtet wissen: »Die Bäume sind in Doppelreihen an die Platzseiten gerückt, sie dienen als Wandelgänge und lassen eine besonnte Kiesfläche frei.« Für den Innenraum des Platzes sah die Planung neben mehreren Bänken einen Trinkbrunnen sowie einen kleinen Sandspielplatz vor.

Es blieb nicht aus, daß sich für die Grundstücke in Klettenberg vorwiegend eine Käuferschicht interessierte, die in höheren Grundstückspreisen und aufwendigen Gartenplanungen kein unüberwindliches Hindernis sah, sich in Klettenberg anzusiedeln. Es waren – im Gegensatz zu den ersten Bewohnern von Alt-Sülz – offensichtlich meist wohlhabende Bürger, die kurz nach der Jahrhundertwende an der Petersberg-, Hardt- und Breibergstraße sowie an der Siebengebirgsallee stattliche Häuser bauten. Hier wohnten viele selbständige Kaufleute, Architekten, höhere Beamte und Angestellte sowie manch ein Rentier, der es sich erlauben konnte, nur seinen Neigungen zu leben. Anders verhielt es sich in den Wohnvierteln Klettenbergs, die in unmittelbarer Nähe der Bahnanlagen entstanden. Hierhin zogen viele Bahnbedienstete, als der Verschiebebahnhof Köln-Eifeltor nach 1905 seinen Betrieb aufnahm.

Ein Vergleich der Bautätigkeit der Jahre 1905 und 1909 verdeutlicht, wie sich Klettenberg im ersten Jahrzehnt dieses Jahrhunderts entwickelte (siehe vorstehende Tabelle).

Bis zum Ausbruch des Ersten Weltkriegs war die Bebauung Klettenbergs im Rahmen der Planung Steuernagels fast vollendet. Der Vorort hatte wie das benachbarte Sülz von dem erheblichen Bevölkerungszuwachs profitiert, den die Stadt Köln weiterhin zu verzeichnen hatte. Zwischen 1900 und 1910 stieg die Gesamtzahl der Einwohner beider Vororte von 5736 auf 24 109. In Klettenberg standen im Jahr 1914 bereits 337 bewohnte Häuser; der Ort hatt sich im ersten Jahrzehnt seines Bestehens geradezu stürmisch entwickelt.

Auch in Sülz entstanden bis zum Beginn des Ersten Weltkriegs mehrere neue Wohnviertel, so zwischen Berrenrather und Luxemburger Straße, auch über die Sülzburgstraße hinaus, wo die Straßen dann wie üblich »Im Felde« endeten. Der Sülzgürtel war noch »Im Bau begriffen«. Auch zwischen Zülpicher, Kerpener und Rurstraße stand bereits eine stattliche Zahl von Neubauten; dagegen war der Lindenthalgürtel zwischen Zülpicher und Rurstraße zu beiden Seiten noch nicht bewohnt.

Die Lebensverhältnisse in einigen Sülzer Neubaugebieten – so etwa um den Nikolausplatz – unterschieden sich stark von denen des alten Ortskerns, sie waren vielmehr wie in den meisten Wohnvierteln Klettenbergs »gut bürgerlich«. Auch hier wohnten in der Mehrzahl selbständige Kaufleute neben Beamten und leitenden Angestellten, doch kaum Arbeiter. Zuweilen ließ sich in diesen »besseren Kreisen« ein gewisser Hochmut gegenüber den Bewohnern von Alt-Sülz antreffen. Es soll manchen gegeben haben, der als seine Adresse lieber Klettenberg oder Lindenthal angab, obwohl er innerhalb der Sülzer Ortsgrenzen wohnte.

Ganz anders verlief die Bebauung am Südende von Sülz. Dort entstanden nach 1900 Hirz- und Scherfginstraße. Zum erstenmal in der Baugeschichte der beiden Vororte trat eine Genossenschaft als Bauherr auf und leitete damit eine Entwicklung ein, die sich nach dem Ende des Ersten Weltkriegs in Sülz und Klettenberg verstärkt fortsetzte. Die »Arbeiterwohngenossenschaft Köln-Süd, gegr. 1899« baute ab 1901 in beiden Straßen eine Reihe von Zweifamilienhäusern. Hier zogen fast ausschließlich Handwerker und Arbeiter ein. Für den einzelnen wären die Wohnungen wohl unerschwinglich gewesen, doch der Zusammenschluß vieler Mitglieder unter dem Motto »Gemeinsam sind wir stark« erlaubte den Baugenossenschaften, Baumaterial in großer Menge und damit billig einzukaufen wie auch die Planungskosten zu senken, da meist mehrere Häuser des gleichen Typs gebaut wurden.

*Manderscheider Platz, 1910*

Nach der Eingemeindung war endlich auch für Sülz ein »Omnibusverkehr« zur Innenstadt eingerichtet worden. Doch dieses Verkehrsmittel fand bei der Bevölkerung wenig Anklang; so geriet das private Omnibusunternehmen bald in die roten Zahlen und mußte Konkurs anmelden. 1895 trat die Pferdebahn die Nachfolge an und eröffnete die private »Cölnische Straßenbahn-Gesellschaft« auch eine Linie nach Sülz.

Die Dienstvorschriften für Fahrer und Schaffner aus dem Jahr 1894 lassen erkennen, daß es auf der Pferdebahn im allgemeinen recht gemütlich zuging. Der Fahrgast tat gut daran, sich durch das martialische Äußere der Pferdebahnbediensteten nicht verwirren zu lassen und sich, wenn er den Wagen bestieg, mit viel Geduld zu wappnen.

»Der Schaffner muß, wenn Fahrgäste ein- und aussteigen wollen, auf Verlangen halten lassen . . .«

»In schnellerer Gangart als im Trab zu fahren ist untersagt.« »Verständigung der Fahrbediensteten unter sich durch Zeichen und Gebärden über die etwaige Anwesenheit von Aufsichtsbeamten auf der Strecke wird mit sofortiger Entlassung bestraft . . .«

»Haltung und äußere Erscheinung des Schaffners und Kutschers muß eine militärisch stramme sein, dementsprechend soll auch der Gruß durch das Anlegen der rechten Hand an die Mütze geboten und die Dienstkleidung zugeknöpft getragen werden . . .«

»Das Anfassen von Fahrgästen beim Einsteigen und Anweisen von Plätzen, insbesondere Vertraulichkeiten gegen Damen beim Auf- und Absteigen sind streng verboten.«

Was die letztere Bestimmung betrifft, beruhte sie offenbar auf einschlägigen Erfahrungen der Direktion; einige Bedienstete hatten wohl Schwierigkeiten, die »militärisch stramme« Haltung auch dann beizubehalten, wenn die auf- und absteigende Dame besonders hübsch war. Natürlich konnte die Direktion der Pferdebahngesellschaft handgreifliche Vertraulichkeiten ihrer An-

**Ordentliche Jungen und Mädchen**

für leichte dauernde Arbeit gesucht.

**E. Gottschalk, Köln=Sülz,**

Gummiwaaren=Fabrik,

Zülpicherstraße 297.

☞ **Unfall.** Gestern Abend überfuhr der Zug 53 der Köln=Bonner Kreisbahn, der hier 9.53 Uhr fällig ist, auf der Strecke zwischen Efferen und Sülz einen jungen Mann aus Sülz, wobei demselben beide Beine vollständig abgefahren wurden. Die herbeigerufene Feuerwehr, welche schnell zur Stelle war, legte dem Unglücklichen, der noch lebte, einen Nothverband an und schaffte ihn auf ihrem Wagen nach dem Bürger=Hospital.

*Meldungen aus Sülz, 1898*

gestellten gegenüber weiblichen Fahrgästen nicht durchgehen lassen. Interessant aber bleibt, daß in diesem Zusammenhang von einer sofortigen Entlassung mit keinem Wort die Rede war: ein Fall für Arbeitsrechtler, Brauchtumsforscher und Verhaltenspsychologen.

Im übrigen verdiente ein Straßenbahnschaffner ab 1900, als die Stadt Köln die private Pferdebahngesellschaft kaufte und den ab 1901 elektrifizierten Betrieb in eigene Regie übernahm, täglich 2,80 bis 3,40 Mark bei einer Arbeitszeit von 11½ Stunden. Für die Dienstkleidung, die von der Straßenbahngesellschaft gestellt wurde, waren pro Monat 3 Mark abzuführen.

Am 15. Januar 1903 nahm die »Cölnische Straßenbahn-Gesellschaft« den elektrischen Betrieb nach Sülz auf. Die Linie führte über die Zülpicher, Gottfried- und Berrenrather bis zur Sülzburgstraße, wo die Züge wendeten. Bis 1906 wurde dann das Straßenbahnnetz durch eine Linie über die Luxemburger

Straße erweitert; Endstation war ebenfalls die Sülzburgstraße »am Klettenberg«. Die Bürger dort zeigten sich als zukünftige Nutznießer am Neubau der Klettenberger Linie sehr interessiert und steuerten zu den Baukosten den ansehnlichen Betrag von 15 000 Mark bei.

Bald aber war die Straßenbahn nicht mehr das einzige Schienenfahrzeug auf der Luxemburger Straße. 1892 hatten die Stadt- und Landkreise von Köln und Bonn eine Konzession für den »Bau und Betrieb einer schmalspurigen Nebeneisenbahn« zwischen den beiden Städten entlang dem Vorgebirge beantragt. Sechs Jahre später, am 20. Januar 1898, konnte die Gesamtstrecke eröffnet werden. Von da an gehörte die dampfbetriebene Kleinbahn, von der Bevölkerung wegen der ein wenig mühsam daherschnaubenden Lokomotive »Feuriger Elias« oder auch »Knochemüll« genannt, für viele Jahre zum gewohnten Bild der Luxemburger Straße.

Später wurde eine Nebenstrecke zwischen Köln und Berrenrath eröffnet. Während die Hauptlinie der Vorgebirgsbahn bis zum Barbarossaplatz führte, wo die Züge wendeten, endete die »Berrenrather Bahn« an der Luxemburger Straße zwischen Wall und Weißhausstraße.

Sülzer und Klettenberger hatten nun endlich die lange Zeit vermißte regelmäßige Verkehrsverbindung zur Kölner Innenstadt. Die drei Straßenbahnlinien 15, 19 und 20 waren jedem Einwohner vertraut, weil er sich nicht schon nach wenigen Jahren auf veränderte Liniennummern umstellen mußte, wie es nach 1945 leider öfter geschah.

*Güterbahnhof der Köln-Bonner Eisenbahn in Sülz, Zeichnung, 1916*

# Gefeiert soll werden, aber wo ...

Der rasche Anstieg der Bevölkerungszahl beider Vororte mußte auch die kirchliche Arbeit beeinflussen; das Kölner Generalvikariat suchte den veränderten Verhältnissen zunächst mit einer Verwaltungsmaßnahme beizukommen, indem es 1892 St.Nikolaus zur selbständigen Pfarrei erhob. Doch das änderte nichts daran, daß die »Notkirche« in der Münstereifeler Straße die Menge der sonntäglichen Gottesdienstbesucher schon längst nicht mehr fassen konnte. Ein großer Teil der fast 4000 Katholiken der Pfarre mußte sonntags im wahrsten Sinne des Wortes »draußen vor der Tür« bleiben. Der Bau einer neuen Pfarrkirche wurde unausweichlich.

Die Familie Dahmen in Weißhaus, damals größte Grundeigentümerin in Sülz und Klettenberg, schenkte der Pfarre einen Bauplatz an der Berrenrather Straße, den heutigen Nikolausplatz. Vermutlich stand hier schon die erste Nikolauskapelle, die der Kölner Rat 1474 im Burgundischen Krieg hatte niederlegen lassen und die vorher und nachher Ziel der Prozession nach Sülz gewesen war.

Die neue St.-Nikolaus-Pfarrkirche entstand zwischen 1906 und 1908 und wurde im folgenden Jahr durch den damaligen Kölner Erzbischof, Kardinal Fischer, konsekriert. Allerdings teilte sie zum Zeitpunkt ihrer Einweihung das Schicksal ihrer Vorgängerin; auch die erheblich größere neue Nikolauskirche reichte vom ersten Tag an für die umfangreichen Aufgaben einer ständig weiter wachsenden Pfarre nicht aus; 1913 zählte die Gemeinde bereits 21000 Seelen.

Ganz anderer Art waren da die Sorgen der evangelischen Bürger von Sülz und Klettenberg. Beide Vororte blieben lange Zeit Diasporagebiet, wo unter sehr vielen Katholiken nur wenige Protestanten wohnten. Diese zählten zur evangelischen Gemeinde in Lindenthal. Angesichts dieser Umstände stellte sich vor dem Ersten Weltkrieg die Frage nach dem Bau einer evangelischen

*Die neue Nikolauskirche im Bau, 1907*

Kirche in Sülz oder Klettenberg nicht. Vielmehr hielten die evangelischen Christen ihren Gottesdienst zunächst in einem Raum des Hauses Nikolausstraße 97. Vor 1914 erfolgte dann der Umzug in den »Gemeindesaal der evangelischen Gemeinde Lindenthal« in der Berrenrather Straße 177.

Die jüdischen Bürger beider Vororte mußten, wenn sie gemeinsam Gottesdienst feiern wollten, die Synagogen in der Innenstadt oder in Ehrenfeld aufsuchen. Obwohl auch die Zahl der Juden in Sülz und Klettenberg zunahm, war der Bau einer eigenen Synagoge nicht durchzusetzen.

Nicht nur die kirchlichen Gemeinschaften litten angesichts des Zustroms vieler neuer Einwohner unter wachsender Raumnot, mit den gleichen Sorgen hatten sich auch die Schulen in beiden Vororten herumzuschlagen. Die wenigen Schulgebäude erwiesen sich sehr bald als viel zu klein. Schon zehn Jahre vor der Jahrhundertwende war die Hälfte der Sülzer Bevölkerung jünger als 14 Jahre. Der anhaltende Bevölkerungszuwachs, gefördert durch einen starken Geburtenüberschuß, verschärfte die Schulsituation in Sülz und Klettenberg derart, daß nur noch ein großzügiges Neubauprogramm den wachsenden Bedürfnissen gerecht werden konnte. So entstanden bis 1914 neben der bereits vorhandenen alten Volksschule

Schule Berrenrather Straße, vor 1914

Schule Manderscheider Platz, 1913

*Schule Lohrbergstraße, um 1905*

Münstereifeler Straße die Schulgebäude Berrenrather Straße und Manderscheider Platz sowie Redwitz-/Palanterstraße und Zülpicher Straße.

Die Klettenberger Volksschüler, für einige Jahre im Schulgebäude Münstereifeler Straße untergebracht, wurden seit 1903 in der »Katholischen Volksschule Köln-Komar« unterrichtet. Die Schule war anfangs in zwei Räumen des Hauses Luxemburger Straße 445 untergebracht; später kamen eine Baracke und Räume im »Storchennest« hinzu, denn bis 1910 war die Zahl der Klassen auf nunmehr sechs gestiegen; die Raumnot nahm beängstigende Formen an. Endlich konnten dann die Klettenberger Volksschüler 1912 das neue Schulgebäude in der Lohbergstraße beziehen, Klettenbergs erste eigene Schule.

Neben diesen Volksschulen in den beiden Vororten bestand in der Remigiusstraße eine Hilfsschule. Ferner waren städtische Haushaltungsschulen in den Gebäuden der

Volksschulen Lohrberg-, Zülpicher und Berrenrather Straße untergebracht; höhere und mittlere Schulen jedoch fehlten.

Für die vielzitierte Vereinsfreudigkeit der Deutschen ließen sich auch in der jüngeren Geschichte von Sülz und Klettenberg genügend Beispiele finden. Ob man sich der Musik, der Tradition, dem Frohsinn oder dem Sport verschrieb: für alle diese Zwecke und noch für einige mehr bot ein Verein die Möglichkeit, Gleichgesinnte zusammenzuführen, zumindest drei Mitgliedern zu einem Vereinsamt zu verhelfen und, wie es viele Vereinsstatuten festlegten, das allgemeine Wohl zu fördern. Daß Stiftungsfeste und öffentliche Umzüge, Fahnenweihe und die Ehrung verdienter Mitglieder nicht nur für den Verein selbst von großer Wichtigkeit waren, sondern auch öffentliche Aufmerksamkeit forderten und fanden, lag in der Absicht der Veranstalter. Und da Vereine auch ein Vereinslokal benötigten, durften

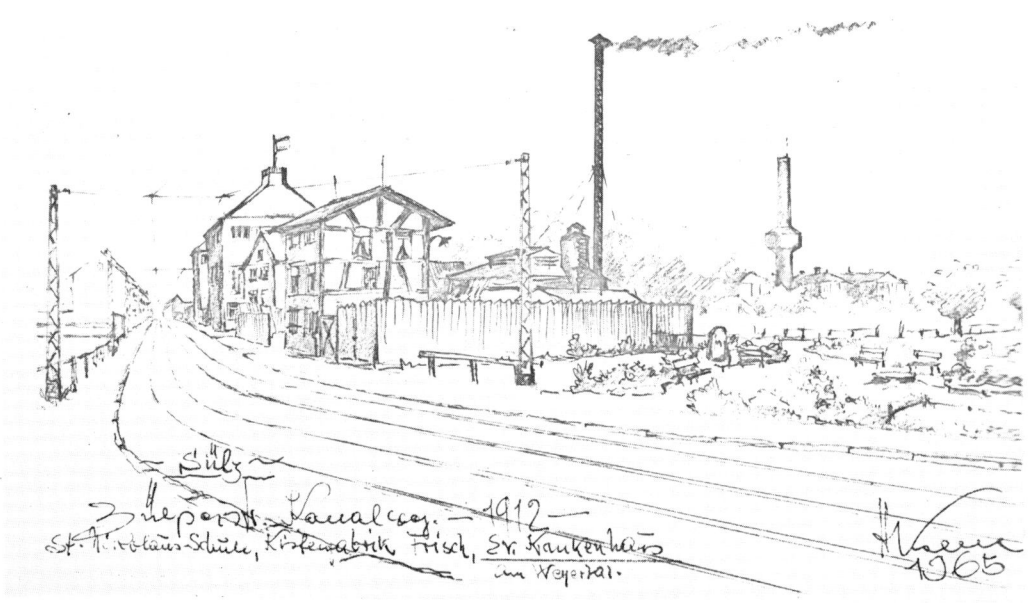

*Zülpicher Straße/Ecke Kanalweg, Zeichnung, 1912*

sie sich des Interesses und der Förderung der am Ort ansässigen Wirte sicher sein. Vereinsversammlungen pflegen im allgemeinen den Durst der Teilnehmer anzuregen; wer viel reden oder singen muß, dem schmeckt ein Glas Bier, ein Umstand, den die Wirte allemal zu schätzen wußten. Im übrigen feierten die Kölner gern: 1892 etwa fanden zwischen Juni und August allein in der Innenstadt 19 Pfarrkirmessen statt, ihnen folgten die entsprechenden Veranstaltungen in den Vororten. Leider litt unter der Feierei ein wenig die Arbeitsmoral. Mancher kleine Betrieb mußte mehrmals im Jahr wegen der zahlreichen Kirmessen stillgelegt werden. Es blieb nicht aus, daß von seiten der Arbeitgeber Widerspruch laut wurde. So wandte sich 1898 der Verein der Industriellen des Regierungsbezirks Köln gegen das »Überhandnehmen der öffentlichen Lustbarkeiten« insbesondere in Köln und der näheren Umgebung und forderte gar, benachbarte Kirmessen zusammenzulegen und mehrtägige Festlichkeiten zu verbieten. · Trotzdem verallgemeinerte der »Rheinische Merkur« in unzulässiger Weise, wenn er im

Jahr der großen Eingemeindung behauptete: »Es ist gewiß nicht übertrieben, zu sagen, daß manche kölnische Familie, um nach außen hin glänzen und Feste mitfeiern zu können, zu Hause von Kartoffeln, Kaffee und Kraut lebt, und daß zwar Geld für alle möglichen Schützenfeste, Concerte, Kirmessen, Ausflüge etc. ausgegeben wird, daß aber Metzger, Bäcker, Schuster, Schneider und Spezereiwarenhändler vielfach vergebens auf Bezahlung warteten.« Die Mehrzahl der Sülzer Arbeiterfamilien lebte, als der Artikel erschien, tatsächlich von Kartoffeln und Kraut, doch wohl kaum aus dem Grund, den der Artikelschreiber anführte. Zu den ersten Vereinen in Sülz zählten der »Männergesangverein Sülz« und der »Quartettverein in Sülz«. Von beiden wird berichtet, daß sie bereits bei der Amtseinführung des ersten katholischen Pfarrers Becker im Jahr 1886 mitwirkten. Der Sülzer Männergesangverein unter seinem vielbeschäftigten Dirigenten Franz de la Motte hatte sein Vereinslokal in der Restauration Breuer, Berrenrather Straße 182 (»Vorsitzender: Ant. Esser; Probe: Mittwochs

Abends 9–11 Uhr«). Der Quartettverein übte im Restaurant Horn, Marsiliusstraße 36 (»Probe: Donnerstags Abends 9 Uhr«). Beide Vereine konnten jedoch nicht dazu gewonnen werden, regelmäßig den Gottesdienst musikalisch zu begleiten. So entstand 1886 in der Gemeinde von St. Nikolaus ein eigener Kirchenchor; er wirkt seit über hundert Jahren in Sülz und ist wohl der älteste Verein des Vororts.

Zehn Jahre jünger ist der katholische Arbeiter-Verein; gegründet am 16. August 1896, erhielt er in dem damaligen Kaplan an St. Nikolaus, Karl Wilhelm Peters, seinen ersten Präses. Dagegen besteht der »Evangelische Bürger-Verein-Sülz-Klettenberg gegr. 1886« nicht mehr; auch er zählte zu den ersten in den beiden Vororten entstandenen Vereinen.

Wie die Beispiele zeigen, entsprangen Vereinsgründungen häufig kirchlicher Initiative,

*Zeitungsanzeige, vor 1910*

denn neben der Sozialdemokratischen Partei waren es vor allem die Kirchen, die sich der Arbeiterbevölkerung anzunehmen ver-

## »KATHOLISCHER ARBEITERVEREIN KÖLN-SÜLZ VON 1896«

Auswahl aus dem Veranstaltungskalender:

| | | |
|---|---|---|
| 6. Dezember 1896 | Vorträge: | Kaplan Peters: »Die heutige Lage des Handwerks« »Nansens Nordpolfahrt« (ein Vereinsmitglied) |
| 10. Februar 1897 | Vorträge: | Kaplan Peters: »Soziale Frage und Reichsgesetzgebung« Herr Heinen: »Die Entstehung der Gesellenvereine« |
| 14. März 1897 | Vorträge: | Korrektor Brüls: »Parteilose Presse und Schundliteratur« Kaplan Haas: »Die wesentlichen Forderungen der Sozialdemokratie« |
| 11. April 1897 | Vortrag: | Hauptlehrer Bicker: »Die möglichen Ursachen des Weltuntergangs« |
| 18. April 1897 | | Besprechung des Beitritts zur stadtkölnischen Versicherungskasse gegen Arbeitslosigkeit |
| 11. September 1897 | Vortrag: | Mitglied Maaß: »Familienkrankenkassen« Gründung einer Fachabteilung der Maurer und Grundarbeiter |
| 12. September 1897 | | Vorbereitungsversammlung zur Gründung einer christlichen Gewerkschaft der Maurer |
| 28. November 1897 | Vortrag: | Pfarrer Bruders: »Arbeiterfachpresse« Besprechung für die Wahl der Vertreter zur Ortskrankenkasse |
| 21. Dezember 1897 | Vortrag: | Kaplan Heßdörffer: »Die Bedeutung der christlichen Gewerkschaften« |
| 25. Mai 1898 | Vortrag: | Pfarrer Drießen: »Kapital und Arbeit« |

suchten und außer der Seelsorge als ihrer eigentlichen Aufgabe auch Fortbildungsmöglichkeiten anboten.

In Sülz und Klettenberg entstanden um die Jahrhundertwende auch mehrere Kriegervereine, so der »Gardeverein Sülz«, die »Kriegerkameradschaft Sülz« und der »Verein Deutscher Krieger Köln-Sülz«. Wenn man auf die mehr als hundert Kriegerverbände und -vereine blickt, die das Kölner Adreßbuch 1914 aufführte, kann man durchaus den Eindruck haben, die Militarisierung habe das gesamte öffentliche Leben erfaßt. Doch täuscht diese Vermutung darüber hinweg, daß die Kölner stets ein ziemlich distanziertes Verhältnis zu allem erkennen ließen, das sich militärisch aufführte; die Kölner Begeisterung für Preußens Gloria hielt sich in Grenzen. Die stattliche Zahl von Kriegervereinen war wohl in erster Linie darauf zurückzuführen, daß sich dort die Reservisten der einzelnen Truppenteile zusammenfanden, um gemeinsame Erinnerungen auszutauschen; drei Jahre aktive Dienstzeit schufen schließlich eine Fülle von Erlebnissen und Erfahrungen. Außerdem blieb in den Kriegervereinen für manchen Offizier, dessen militärische Laufbahn an der »Majorsecke« zu Ende gegangen war, wenigstens noch der Posten eines Ersten Vorsitzenden oder eines Schatzmeisters: ein kleiner, wenn auch nur schwacher Trost.

Fußballbegeisterte Klettenberger gründeten 1901 den »Kölner Ballspiel-Club (KBC)«. Es dauerte einige Jahre, bis man den Übungsbetrieb, wofür man zuerst mit der Mülheimer Heide und danach mit einer Stadtwaldwiese vorliebnehmen mußte, schließlich auf einen Sportplatz an der Wolkenburgstraße verlegen konnte. Nicht allzu weit davon entfernt lagen in Richtung auf den Gottesweg einige Tennisplätze. Der dort beheimatete Tennisklub »Pudelnaß« zählte vorübergehend einen berühmten Kölner zu seinen Mitgliedern: den nachmaligen ersten Kanzler der Bundesrepublik Deutschland, Konrad Adenauer.

Sechs Jahre nach dem KBC entstand, diesmal in Sülz, ein weiterer Fußballverein, die »Spielvereinigung Sülz 07«. Selbstverständlich traten beide Vereine in sportliche Konkurrenz zueinander. Wenn die beiderseitigen 1. Mannschaften gegeneinander spielten, war das ein wichtiges lokales Ereignis, das in der Presse und an den Stammtischen seinen entsprechenden Widerhall fand. Die Vereinsmitglieder beider Klubs aber hielten auf Abstand: der KBC war den Sülzern zu vornehm, umgekehrt Sülz 07 den Klettenbergern zu wenig fein, denn auch die beiden Fußballvereine spiegelten in der Zusammensetzung ihrer Mitgliederschaft die unterschiedliche soziale Struktur von Sülz und Klettenberg wider; sie wird auch aus den Angaben deutlich, die Grevens Adreßbuch 1915 über die Wohnbevölkerung beider Vororte veröffentlichte.

| | Sülz | Klettenberg |
|---|---|---|
| Bewohnte Häuser | 1225 | 337 |
| Personenangaben zu Hauseigentümern und Mietern | 6893 | 1899 |
| Berufe und Gewerbe | | |
| Selbständige | 14,0% | 27,0% |
| Beamte/Angestellte | 27,0% | 37,0% |
| Handwerker/Fabrikarbeiter | 29,5% | 16,0% |
| Tagelöhner | 7,5% | 2,0% |
| Wirte | 0,5% | 0,4% |
| Einzelhandel | 5,0% | 3,1% |
| Ohne Gewerbe | 11,0% | 11,0% |
| Andere | 5,5% | 3,5% |
| Zusammen | 100,0% | 100,0% |

Wenn auch die Adreßbuchangaben nicht in jedem einzelnen Fall erlauben, die dort aufgeführten Personen den auf sie zutreffenden Berufsgruppen zuzuordnen, ergibt sich aus dem Vergleich dennoch ein eindeutiger Hinweis auf die unterschiedliche soziale Schichtung beider Vororte. Trotz des anhal-

*Aus dem Sülzer Vereinsleben, 1922*

tenden Zuzugs von außerhalb änderte sich an der jeweiligen gesellschaftlichen Grundstruktur beider Vororte kaum etwas, wenn man die Randgebiete von Sülz außer acht läßt. Die Unterschiede in Wohn- und Arbeitsverhältnissen blieben unübersehbar und schlossen selbst technische Neuerungen ein: zu einer Zeit, als ein Telefon fast noch zu den Luxusgütern gezählt wurde, hatte in Klettenberg im Durchschnitt fast jedes zweite Haus Telefon, in Sülz aber nur jedes sechste. Der Vergleich wäre für Sülz noch ungünstiger ausgefallen, hätten von den 25 Bewohnern der Laudahnstraße, darunter eine Reihe Ärzte der nahen Krankenanstalt Lindenburg, im Jahr 1915 nicht bereits 19 über einen eigenen Fernsprechanschluß verfügt.

# Rüben sind eigentlich Viehfutter...

Trotz aller sozialen Unterschiede boten Sülz und Klettenberg vor Ausbruch des Ersten Weltkriegs dem Betrachter das Bild zweier Gemeinden, die in kräftigem Aufbau begriffen schienen und von ihrer schon früher bewiesenen Anziehungskraft auf die Bewohner der näheren und weiteren Umgebung offensichtlich nichts eingebüßt hatten. Allein im ersten Jahrzehnt des 20. Jahrhunderts vervierfachte sich die Einwohnerzahl beider Vororte. Sehr zur Freude der Bauunternehmer, Fuhrbetriebe und Handwerker herrschte eine lebhafte Bautätigkeit. Das Straßennetz wuchs, die Zahl der Läden und Gewerbebetriebe nahm zu. Zwischen Gottesweg und Klettenberggürtel fand Sülz Anschluß an das Klettenberger Wohngebiet. Hier schienen die beiden Vororte über die

*Sülz-Klettenberg, 1915*

der Nikolausstraße das Priamus-Automobil-
werk, die Maschinenfabrik Esser sowie
mehrere Zulieferungsbetriebe. Das »Sülzer
Eisenwerk Fremerey & Stamm, Schmiedba-
rer Guß und Stahlguß«, einer der größten
Industriebetriebe am Ort, produzierte auf
einem Gelände zwischen Berrenrather und
Marsiliusstraße. An der Berrenrather Straße
war auch die »Automatische Düten- und
Packetier-Maschinenfabrik W. Quester« zu
finden, die ihren Betrieb um die Jahrhundertwende in Sülz aufgenommen hatte und
bis in die jüngste Vergangenheit, als sie
ihren Sitz in den Erftkreis verlegte, der
größte private Arbeitgeber des Vororts
blieb. Dagegen siedelte sich im Viereck zwischen Luxemburger, Sülzburg- und Wichte-
richstraße ein Industriezweig an, der bisher
in Sülz noch nicht vertreten war: zwei
Brotfabriken, die »Germania-Brotfabrik
GmbH« und die »Erste Oberländische
Brotfabrik und Feinbäckerei von Heinrich
Herrmann«. In ihrer unmittelbaren Nachbarschaft lagen das »Eisen- und Stahlwerk
Klettenberg« sowie die »Cito-Werke AG«,
eine Fahrradfabrik.

Daß nunmehr drei Straßenbahnlinien nach
Sülz und Klettenberg führten, verschaffte
Sülz Zuzug von städtischen Bahnbediensten-
ten, die sich möglichst in unmittelbarer Nähe der damaligen Endhaltestelle in Höhe
der Sülzburgstraße niederließen; so wohnten nun viele von ihnen in der Schleidener
und Münstereifeler Straße wie auch am
Gottesweg.

»Ich führe Euch herrlichen Zeiten entgegen«, hatte Kaiser Wilhelm II. verkündet,
als er den Thron bestieg. Nun empfiehlt sich
zwar immer derartigen Verkündigungen gegenüber eine gewisse Zurückhaltung; Zukunft hat ihre eigenen Gesetze und Maßstäbe und läßt sich nicht zwingen. Trotzdem
waren viele Deutsche bereit, sich den kaiserlichen Optimismus zu eigen zu machen,
schien er doch nicht unbegründet. Die deutsche Wirtschaft stand in voller Blüte; das
Reich, durch ein mächtiges Heer und eine
starke Flotte scheinbar unbezwingbar, war

Luxemburger Straße hinweg zusammenzu-
wachsen, wie auch Sülz an seinem westlichen Ortsrand näher an Lindenthal heran-
zurücken begann.

Klettenberg war der Vorort, wo man gut
und ruhig wohnen konnte, aus dem Industriebetriebe und Verwaltungszentren ver-
bannt blieben. Soweit seine Bewohner Beamte oder Angestellte waren, fuhr die
Mehrzahl von ihnen morgens zur Arbeit in
die Innenstadt und nahm den längeren Weg
zur Arbeitsstelle um der besseren Wohnverhältnisse willen in Kauf.

Anders verlief die Entwicklung in Sülz. Hier
siedelten sich weitere kleine und mittlere
Gewerbebetriebe an und vermehrten das
Angebot an Arbeitsplätzen. Das nahm mancher Arbeiter aus der Umgebung gern wahr
und zog mit seiner Familie nach Sülz. Der
alte Siedlungskern des Ortes beherbergte
inzwischen eine Reihe von Produktionsstätten des Maschinen- und Wagenbaus, so in

*Quester-Fabrik, 1925*

auf dem Wege, eine der führenden Industrienationen der Welt zu werden. So ließ sich vor allem das deutsche Bürgertum in seinem Glauben, der Fortschritt sei das selbstverständliche Ergebnis deutschen Fleißes und deutscher Tüchtigkeit, auch dann nicht erschüttern, als am politischen Horizont dunkle Wolken aufzuziehen begannen und erste Anzeichen darauf hindeuteten, daß sich die vierzigjährige Friedenszeit in Europa ihrem Ende zuneigte.

Die deutschen Arbeiter ihrerseits hatten weit weniger Grund, mit den sozialen und politischen Verhältnissen zufrieden zu sein. Sie mußten sich aller wirtschaftlichen Fortschritte zum Trotz nach wie vor als Staatsbürger zweiter Klasse fühlen, und das lag keineswegs nur an den Arbeitsbedingungen, die ihnen zugemutet wurden. Zwar begannen die Löhne ganz langsam zu steigen, doch alle Forderungen, die tägliche Arbeitszeit auf höchstens zehn Stunden zu begrenzen, blieben ohne Erfolg. Angesichts dieser Verhältnisse konnten die Arbeiter den ihnen vom Staat zugebilligten Schutz im Fall von Krankheit und Invalidität lediglich als Almosen empfinden. Vor allem erbitterte sie der Umstand, daß ihnen das preußische Drei-Klassen-Wahlrecht die volle, gleichberechtigte Teilnahme an der politischen Willensbildung versagte. Es war nur verständlich, daß sich viele in ihrer Verbitterung radikalen politischen Lehren und Parteien zuwendeten.

Der Ausbruch des Ersten Weltkrieges am 1. August 1914 bereitete allen unrealistischen Hoffnungen auf eine noch bessere Zukunft ein gewaltsames Ende. »In Europa gehen die Lichter aus«, faßte ein Zeitkritiker die plötzliche Ernüchterung zusammen, die nun überall den früheren hochgeschraubten Erwartungen folgte. Der Mann sollte recht behalten. Die »gute, alte Zeit«, von vielen älteren Mitbürgern, die um die Jahrhundertwende geboren sind, heute noch so empfunden, war vorbei; sie sollte niemals wiederkehren.

Zunächst löste der Kriegsausbruch in Deutschland eine gewaltige nationale Begeisterung aus. Im sicheren Gefühl, einer guten und gerechten Sache zu dienen, eilten die Männer zu den Fahnen. Die Gegner, das war die allgemeine Überzeugung, würden in wenigen Wochen besiegt, der Friede bis spätestens Weihnachten errungen sein. Doch die Wirklichkeit sah anders aus. Je länger der Krieg dauerte, um so größer und schwerer wurden die Belastungen, auch in der Heimat. Viele Frauen traten nun an die Stelle ihrer eingezogenen Männer, sie arbeiten in Verkehrsbetrieben und Munitionsfabriken. Der Winter 1917 wurde zu einer der härtesten Prüfungen; als berüchtigter »Steckrübenwinter« forderte er zahlreiche Opfer unter der hungernden und deshalb gesundheitlich geschwächten Bevölkerung, weit mehr als durch feindliche Angriffe auf das Reichsgebiet. Auch unter Luftangriffen hatte die Zivilbevölkerung weniger zu leiden, sie blieben bis Kriegsende selten und forderten glücklicherweise nur wenige Tote und Verletzte.

Sülz und Klettenberg wurden – ganz im Gegensatz zum Zweiten Weltkrieg – verschont. Während des Krieges ruhte in beiden Vororten die Bautätigkeit fast vollständig. Nur der Neubau des städtischen Waisenhauses, der vor Kriegsbeginn geplant worden war, wurde zu Ende geführt. Am Sülzgürtel, der noch im Bau begriffen war, lag das Waisenhaus buchstäblich »im Felde« in unmittelbarer Nachbarschaft von Kiesgruben und Ziegeleien.

Am 18. Oktober 1917 wählten die Kölner Stadtverordneten den bisherigen Beigeordneten Konrad Adenauer einstimmig zum Oberbürgermeister von Köln.

Adenauer übernahm sein Amt in schwerer Zeit. Längst war die Zivilbevölkerung angesichts der Opfer und Entbehrungen, die ihr nun schon seit Jahren zugemutet wurden, des Krieges überdrüssig geworden. Die anhaltende Blockade durch die britische Flotte verschärfte die Lage auch in der Heimat, von einer ausreichenden Versorgung der Bevölkerung konnte schon lange nicht mehr die Rede sein. In der Arbeiterschaft gärte es. Die SPD war seit 1917 gespalten; der linke Flügel der Partei hatte sich als »Unabhängige Sozialdemokratische Partei Deutschlands« (USPD) verselbständigt und agitierte mit den radikalen Forderungen, den Krieg sofort zu beenden und die politischen Verhältnisse in Deutschland – wenn nötig gewaltsam – zu verändern. Sie fand damit immer mehr Anhänger. Dennoch schleppte sich der Krieg, der durch den Kriegseintritt der USA an der Seite der Verbündeten bereits 1917 militärisch entschieden schien, noch ein viertes Jahr hin und forderte weitere Opfer.

Die Revolution brach schließlich Anfang November 1918 in Kiel aus, als meuternde Matrosen das Auslaufen der deutschen Hochseeflotte verhinderten. Überall im Reich verbündeten sich nun Arbeiter und Soldaten und versuchten die Macht zu übernehmen. In Köln begannen die Unruhen in der Nacht zum 8. November. Unter Führung des SPD-Stadtverordneten Wilhelm Sollmann bildete sich ein Arbeiter- und Soldatenrat, der sich an die Spitze der öffentlichen Verwaltung stellte. Oberbürgermeister Adenauer gab der revolutionären Macht scheinbar nach und stellte im Kölner Rathaus einige Räume zur Verfügung. Damit behielt Adenauer zugleich engen Kontakt zu den neuen Machthabern und war über deren Pläne und Maßnahmen stets als einer der ersten informiert: ein nicht zu unterschätzender Vorteil, wenn es galt, Gegenmaßnahmen zu ergreifen oder Übergriffe zu verhindern.

Am 9. November 1918 rief der Sozialdemokrat Philipp Scheidemann in Berlin die Republik aus, einen Tag später ging Kaiser Wilhelm II. nach Holland ins Exil. Seit dem 11. November ruhten an allen Fronten die Waffen. Innerhalb von sechs Wochen mußten die deutschen Truppen an der Westfront Frankreich und Belgien räumen und sich auf das rechte Rheinufer hinter eine 10 km breite neutrale Zone zurückziehen. Köln mit seinen Rheinbrücken war für das Gelingen des Rückzugsplans von besonderer Bedeutung. So strömten bald auch über die Luxemburger Straße deutsche Truppen hin zur Deutzer Hängebrücke, die noch während des Krieges fertiggestellt worden war. Die Bevölkerung empfing die zurückkehrenden Frontsoldaten mit großer Herzlichkeit, aber ohne lauten Jubel; zu viele Opfer hatte der Krieg gefordert, rund 15 000 Kölner waren im Krieg geblieben.

Den letzten deutschen Soldaten folgten am 6. Dezember 1918 Einheiten der britischen Armee. Über die Aachener Straße – wie 1794 die Franzosen – rückten die Engländer nach Köln ein und begannen sogleich, sich in der Stadt und deren Vororten häuslich einzurichten. Auch die Bewohner von Sülz und Klettenberg mußten enger zusammenrücken. Die Besatzungstruppen beschlagnahmten Wohnungen und Möbel für sich und ihre Familien und suchten sich dafür nicht gerade die unan-

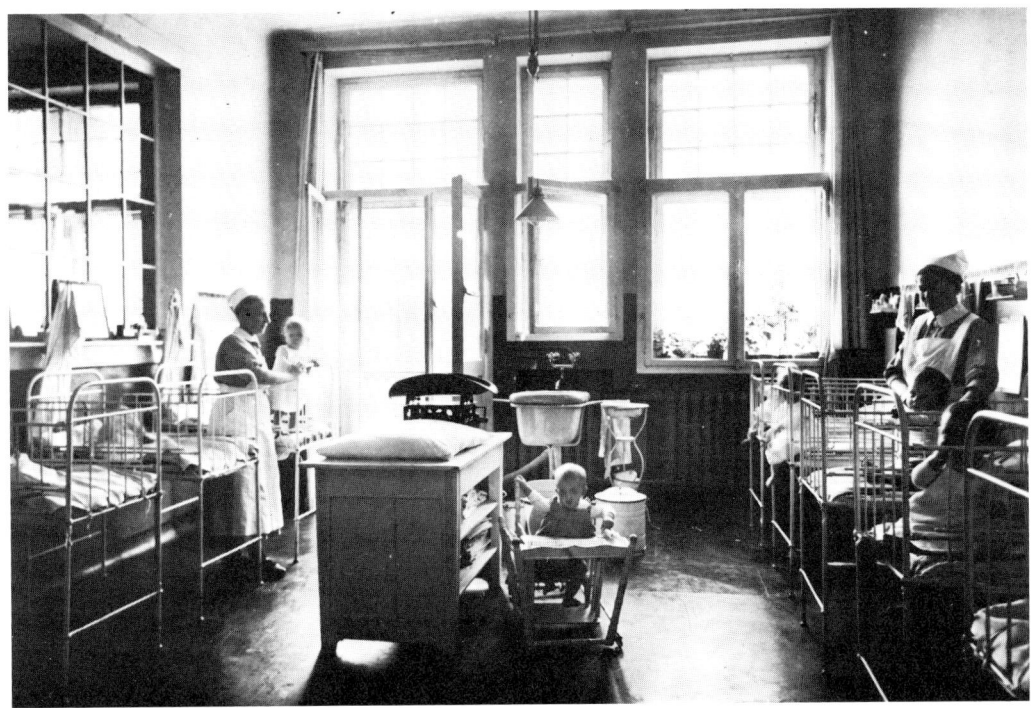

*Evangelische Zufluchtsstätte und Säuglingsheim, Kyllburger Straße 3, 1925*

sehnlichsten Häuser und Wohnungen aus; insofern hatte Alt-Sülz noch am wenigsten unter Beschlagnahmungen zu leiden.

Doch mit derartigen Belästigungen, wie sie zwangsläufig während einer Besatzungszeit vorkommen, waren die schweren Zeiten für die Bevölkerung keineswegs zu Ende. Auch nach der Unterzeichnung des Waffenstillstands hoben die Sieger die Blockade zunächst nicht auf. So konnte die Kölner Bevölkerung nur sehr mangelhaft versorgt werden; daran änderten auch die fahrbaren Stadtküchen, von den Kölnern »Goulaschkanonen« genannt, kaum etwas. Als dann endlich die Hungerblockade aufgehoben war, begann die schlimme Zeit der Inflation. Sie beeinflußte für die nächsten Jahre das politische und wirtschaftliche Leben in ganz besonderer Weise. Von der steigenden Geldentwertung, die im weiteren Verlauf geradezu stürmische Formen annahm, waren vor allem die kleinen Leute betroffen, die Lohn- und Gehaltsempfänger, die weder über Immobilien noch Wertsachen verfügten. Ersparnisse langer Jahre wurden innerhalb weniger Wochen und Monate zu wertlosem Papier. Schließlich konnten die nationalen Notenpressen während der zum Schluß galoppierenden Inflation mit dem Druck neuer Banknoten nicht mehr folgen. Deshalb beauftragte die Reichsbank private Druckereien, so in Köln J. P. Bachem und M. DuMont-Schauberg, mit der Herstellung von Papiergeld. Was die Inflation für die einzelnen Familien bedeutete, verdeutlicht eine Verlautbarung in den Statistischen Monatsberichten der Stadt Köln: »Die gesamten vierwöchentlichen Lebenshaltungskosten für eine vierköpfige Arbeiterfamilie betrugen nach dem Preisstand vom 24. Januar 1923 192 080 Mark, dem 1474fachen der Friedenszahl.« Dabei war um diese Zeit die Inflation noch nicht auf ihrem Höhepunkt angelangt. Im Januar 1923 kostete 1 Dollar noch 18 000 Mark, am 22. Oktober dagegen 40 Milliarden. Mit der Einführung der Rentenmark im November 1923 war der Inflationsspuk dann endlich vorbei.

# Wer die Wahl hat...

Was die Bevölkerung politisch denkt und fühlt, findet seinen öffentlichen Niederschlag im Ergebnis allgemeiner und regionaler Wahlen. Seit der Ausrufung der Republik war das Deutsche Reich eine parlamentarisch regierte Demokratie.

Die erste Wahl nach dem Krieg am 19. Januar 1919 entschied über die Zusammensetzung der künftigen Nationalversammlung. Den nur männlichen deutschen Wählern – die Frauen erhielten das Wahlrecht erst durch die im August 1919 verkündete Reichsverfassung – stellte sich eine Vielzahl von Parteien und politischen Gruppen. Unter ihnen zählten die Deutschnationale Volkspartei (DNVP) und die Deutsche Volkspartei (DVP) zu den Rechtsparteien; die katholische Zentrumspartei (Z) und die Deutsche Demokratische Partei (DDP) verkörperten die demokratische Mitte, während SPD und USPD das linke Spektrum der Parteienvielfalt bildeten.

Sülz-Klettenberg verzeichnete eine Wahlbeteiligung von nur 72,6%; jeder vierte Wähler der beiden Vororte war also zu Hause geblieben. Die abgegebenen gültigen Stimmen verteilten sich auf

| DNVP | DVP | Z | DDP | SPD | USPD |
|------|------|------|------|------|------|
| 584 | 781 | 5294 | 2274 | 6575 | 238 |
| (3,7%) | (4,9%) | (33,5%) | (14,4%) | (41,6%) | (1,9%) |

Das Wahlergebnis war in zweifacher Hinsicht interessant. Es wich von den Prozentdurchschnittswerten des gesamten Wahlkreises Köln-Aachen insofern erheblich ab, als es für den Wahlbezirk Sülz-Klettenberg die Reihenfolge der beiden größten Parteien umkehrte: hier erreichte nicht das Zentrum die meisten Stimmen, sondern die SPD, die sich hingegen im Gesamtergebnis des Wahlkreises Köln-Aachen auf die zweite Stelle verwiesen sah. Das örtliche Wahlergebnis in den Sülzer Stimmbezirken bestätigte außerdem die allgemeine Erfahrung, daß die Arbeiter ihre Interessen am besten durch die SPD vertreten wußten, daß aber jede Verschlechterung der sozialen Lage zumindest Teile der Arbeiterschaft den radikalen Parteien zutrieb. Hinter Ehrenfeld, Deutz, Kalk und Vingst verzeichnete Sülz-Klettenberg den höchsten Stimmenanteil für die radikale USPD, deren Rolle die unmittelbar vor der Wahl gegründete Kommunistische Partei Deutschlands (KPD) später übernahm.

Daß sich im Wählerverhalten innerhalb der beiden Vororte deutliche Unterschiede ergaben, veranschaulicht u.a. das Einzelergebnis des Stimmbezirks Ägidiusstraße (Männer) anläßlich der ersten Wahl zur Kölner Stadtverordnetenversammlung vom 5. Oktober 1919. Hier erhielten die Linksparteien SPD und USPD fast 85% aller Stimmen, wogegen in anderen Stimmbezirken, besonders außerhalb des alten Sülzer Ortskerns, der Anteil der bürgerlichen Parteien erheblich größer war.

Bis in die Mitte der zwanziger Jahre ging die Stimmenzahl der Linksparteien offensichtlich als Folge des wirtschaftlichen Aufschwungs zurück. Der »Silberstreifen am Horizont« war aber nicht von langer Dauer. Unter dem Eindruck der sich wieder verschlechternden wirtschaftlichen Lage und der steigenden Arbeitslosigkeit erhielten die radikalen Parteien wieder größeren Zulauf.

Am 20. Mai 1828 fanden Reichstagswahlen statt. Die Vororte Sülz und Klettenberg erhielten die Kölner Stimmbezirke 109 bis 122 zugeteilt.

| Nr. | Stimmbezirk | Wahllokal |
|---|---|---|
| 109 | Komar, Klettenberg | Schule Manderscheider Platz |
| 110–112 | Klettenberg | Schule Lohrbergstraße |
| 113 | Klettenberg | Schule Manderscheider Platz |
| 114–115 | Sülz | Schule Berrenrather Straße 179 |
| 116 | Sülz | Schule Münstereifeler Straße 4 |
| 117 | Sülz | Schule Euskirchener Straße 50 a |
| 118 | Sülz | Schule Münstereifeler Straße 4 |
| 119 | Sülz | Schule Palanterstraße 13 |
| 120–121 | Sülz | Schule Redwitzstraße |
| 122 | Sülz | Schule Münstereifeler Straße 4 |

In den einzelnen Stimmbezirken erzielten an gültigen Stimmen

| Nr. | DNVP | DVP | Z | DDP | SPD | USPD | KPD |
|---|---|---|---|---|---|---|---|
| 109 | 119 | 316 | 462 | 104 | 266 | 1 | 44 |
| 110/112 | 286 | 832 | 844 | 280 | 1009 | 2 | 246 |
| 113 | 95 | 258 | 336 | 83 | 296 | 1 | 73 |
| 114/115 | 210 | 401 | 802 | 175 | 773 | 5 | 348 |
| 116 | 82 | 145 | 413 | 57 | 429 | 2 | 147 |
| 117 | 106 | 305 | 528 | 101 | 262 | 2 | 71 |
| 118 | 74 | 113 | 377 | 48 | 453 | 2 | 195 |
| 119 | 40 | 72 | 159 | 19 | 481 | 5 | 329 |
| 120/121 | 119 | 274 | 526 | 124 | 739 | 6 | 496 |
| 122 | 105 | 261 | 308 | 59 | 154 | 0 | 63 |

Abermals ergibt sich bei der Auswertung des Ergebnisses das schon bekannte Bild: in den Klettenberger Stimmbezirken verfügten entsprechend der sozialen Schichtung der Einwohner die Mittel- und Rechtsparteien über die Mehrheit, dagegen behielten vor allem in den Stimmbezirken des alten Sülzer Ortskerns die Linksparteien ihren großen Vorsprung. Besonders bezeichnend war das Ergebnis im Stimmbezirk 119, Palanterstraße, wo die KPD zweitstärkste Partei wurde, während sich in dieser Rolle in fast allen anderen Stimmbezirken der beiden Vororte Zentrum und SPD abwechselten. Die Gegend um Palanterstraße und De-Noël-Platz blieb bis 1933 stark kommunistisch geprägt, dort wehten bei politischen Veranstaltungen viele rote Fahnen.

# Einigkeit macht stark – zuweilen auch fröhlich . . .

Unter den vielen Schwierigkeiten, mit denen die Menschen in Deutschland nach dem Ersten Weltkrieg zu kämpfen hatten, war die Wohnungsnot nicht die geringste. Während des Krieges hatte der Wohnungsbau fast vollständig geruht; der steigende Bedarf an preiswerten Wohnungen für Arbeiter und Angestellte wurde anfangs durch den Umstand verdeckt, daß Millionen Männer während ihres Kriegsdienstes Wohnraum zu Hause nicht benötigten. Als dann aber die Soldaten zurückkehrten, verschärfte sich die Wohnungsnot mit einem Schlag derart, daß ganze Städte zu Wohnungsnotstandsgebieten erklärt werden mußten. Darunter befand sich auch die Stadt Köln, wo bereits 1919 über zehntausend Wohnungssuchende registriert waren. Der steigende Bedarf traf zu allem Unglück auf völlig veränderte wirtschaftliche Verhältnisse. Private Bauherren hielten sich zurück, denn politische Maßnahmen – wie z. B. Mietstopp – sowie sinkende Realeinkommen machten den privaten Wohnungsbau zu einem unrentablen Geschäft. Außerdem stiegen die Preise für private Grundstücke und für Baustoffe so stark, daß viele, die gern gebaut hätten, ihre Pläne aufgeben mußten.

In dieser schwierigen Lage traten die Baugenossenschaften auf den Plan, davon zwischen 1919 und 1926 allein neunzig in Köln. Ihre Wohnanlagen begannen das äußere Bild vor allem der Vororte zu verändern.

Bereits im Jahr 1920 baute die »Siedlungsgenossenschaft Köln-Sülz 1920« (heute: Gemeinnützige Wohnungsgenossenschaft Köln-Sülz) auf einem Gelände zwischen Neuenhöfer Allee, Berrenrather Straße und Sülzgürtel. Zunächst schien es um die Finanzierung sehr schlecht bestellt, doch dann gelang es dem rührigen Vereinsvorsitzenden Anton Antweiler, einem der führenden Mitglieder der Katholischen Arbeiter-Bewegung in Sülz, mehrere wohlhabende Sülzer und Klettenberger Bürger für das Bauvorhaben zu interessieren. Mit Hilfe der von ihnen gewährten zinslosen Kredite konnte die Genossenschaft das Baugelände erwerben; die ersten Häuser waren bis zum Jahresende 1920 bezugsfertig.

»Zweckdienliche Heimstätten« zu errichten war auch das Ziel der »Heimstätten Baugenossenschaft freigewerklicher Angestellten und Beamten«, die sich 1925 in »Heimstätten Baugenossenschaft 1921« umbenannte und heute unter »Gemeinnützige Wohn- und Heimbau eG« firmiert. Sie errichtete in der Münstereifeler Straße gegenüber dem Städtischen Waisenhaus sowie auf dem Sülzgürtel und in der Nürburgstraße bis 1929 insgesamt 20 Häuser mit vorwiegend Drei-Zimmer-Wohnungen. Niedrige Mieten und vor allem die weitläufigen, gepfleg-

ten Gartenanlagen machen das Wohnen dort besonders angenehm.

Die »Gemeinnützige Wohnungsbaugenossenschaft ›Am Vorgebirgspark‹« (heute: »Gemeinnützige Wohnungsgenossenschaft ›Am Vorgebirgspark‹«) betrieb seit 1922 auch den Bau größerer Wohnungen, die – für den Mittelstand gedacht – in Anlage und Ausstattung »nicht zu übertreffen« seien, wie es in einer Werbebroschüre hieß. Die Genossenschaft baute neben Einzelhäusern, womit Baulücken geschlossen wurden, und Wohnblocks in der Euskirchener und Mommsenstraße sowie am Sülzgürtel eine umfangreiche Wohnanlage zwischen Breibergstraße und Klettenberggürtel.

Wenn den Genossenschaften die Mittel fehlten, um das vorgesehene Baugelände käuflich zu erwerben, bot sich als Ausweg vor allem bei Grundstücken in städtischem Besitz zunächst die Übernahme in Erbpacht an. So verfuhr auch die Heimstätten-Baugenossenschaft »Grundstein« (heute: Gemeinnützige Baugenossenschaft »Grundstein«). Für die in Sülz gebauten Wohnungen mußten die Genossen neben dem Pflichtanteil, der bei Erwerb der Mitgliedschaft zu übernehmen war, einen Baukostenzuschuß und – je nach Größe der Wohnung – weitere Geschäftsanteile erwerben, ein Verfahren, das sich bewährte: zwischen 1925 und 1932 entstanden auf dem Baugelände um den Auerbachplatz bis hin zum Sülzgürtel eine stattliche Zahl von Häusern mit 2-, 3- und 4-Zimmer-Wohnungen.

Die Mehrzahl der Genossenschaftsbauten in Sülz und Klettenberg stammt aus den Jahren nach 1925. An der sehr regen Bautätigkeit beteiligten sich auch kleine Genossenschaften, so die Klettenberger »Gemeinnützige Wohnungsgenossenschaft Honnefer Platz«. Unter ihren Mitgliedern herrschte ganz augenscheinlich ein besonders starkes Gemeinschaftsgefühl. Lange bevor anderswo Nachbarschaftstreffen und Straßenfeste aufkamen, waren sie am Honnefer Platz längst üblich. So berichtete das »Kölner Genossenschaftsblatt« im Jahr 1926:

*Blankenheimer Platz, heute Auerbachplatz, 1925*

»...Wohl aber können gemeinsam verlebte frohe Stunden einen guten Nährboden für das Gemeinschaftsgefühl abgeben. Von dieser Erkenntnis ausgehend haben sich vor Jahresfrist in der Gemeinnützigen Wohnungsgenossenschaft Honnefer Platz unter Führung eines Vorstandsmitgliedes mehrere idealgerichtete, sangesfreudige Genossen zusammengetan in der Absicht, durch kleinere Festlichkeiten die Genossen einander näherzubringen und in ihnen das Gefühl des Verbundenseins zu einer großen Familie zu erwecken. Dieser Gesangesvereinigung gehören bis jetzt 12 Genossen als tätige und 23 als unterstützende Mitglieder an (= 30 % sämtlicher Genossen).« Vorwiegend wohnten Gemeinde- und Reichsbahnbeamte in der Genossenschaft Honnefer Platz. Weshalb gerade unter ihnen der Drang zum Singen und Feiern besonders heftig war, läßt sich heute nicht mehr ermitteln.

Der Straßenbau in Sülz und Klettenberg war bis 1926 weitgehend abgeschlossen. In den südwestlichen Randgebieten von Sülz blieben aber große unbebaute Flächen. Noch immer lag zwischen der Sülzburgstraße und dem neuerrichteten Straßenbahnhof an der Hermeskeilstraße viel freies Feld.

# Grün ist die Hoffnung . . .

Daß Sülz und Klettenberg als Wohnorte geschätzt waren und heute noch sind, hängt nicht zuletzt mit ihrer Nähe zum Kölner Grüngürtel zusammen, von dem beide Vororte in besonderer Weise profitieren.

Diese großartige Grünanlage rings um die Stadt verdankt ihr Entstehen einigen Bestimmungen des Versailler Friedensvertrags sowie der Weitsicht des Kölner Oberbürgermeisters Konrad Adenauer. Im Versailler Vertrag war dem besiegten Deutschland neben anderem die Schleifung zahlreicher Festungswerke auferlegt worden. Zu den Städten, die entfestigt werden mußten, zählte auch Köln. Die Stadtverwaltung hatte bereits das städtische Grundeigentum im äußeren Rayonbereich dadurch zu vergrößern versucht, daß sie einige Hofgüter, z. B. in Mengenich, aufkaufte. In Köln erwartete man nämlich, daß unabhängig vom Ausgang des Krieges die Rayonbeschränkungen fallen würden. Weitere Ankäufe jedoch verhinderten die hohen Konjunkturpreise. Als nun im Friedensvertrag die Entfestigung verfügt wurde, sah Adenauer voraus, daß es vor allem im äußeren Rayongelände, das völlig unbebaut geblieben war, zu wilden Bodenspekulationen kommen werde, sobald dort Bauland ausgewiesen wurde. Die britische Besatzungsmacht wollte das gesamte Rayongebiet als Ödland bestehen lassen, Adenauer aber hatte völlig andere Vorstellungen von der zukünftigen Verwendung des Gebiets: dem Kölner Oberbürgermeister schwebte vor, den Festungsrayon in seiner gesamten Ausdehnung zu einer einzigen großen Grünanlage zu machen; weite Wiesen, Weiher und Waldflächen sollten dort mit Sportanlagen und Dauerpachtgärten abwechseln und der Kölner Bevölkerung vielfältige Erholungsmöglichkeiten bieten. Adenauer wußte allerdings auch, daß sich sein Plan nur verwirklichen ließe, wenn es gelang, private Eigentümer im Rayongebiet zugunsten der Stadt zu enteignen. Diesen Plan betrieb er mit großer Energie und erreichte schließlich, daß Preußen wie auch das Reich bis zum Jahr 1920 die gesetzlichen Voraussetzungen dafür schufen, daß die Umlegung erfolgen konnte. Aber damit waren noch längst nicht alle Widerstände beseitigt. Nicht nur die betroffenen städtischen Eigentümer wehrten sich, sondern auch die Bauern im Landkreis, die ebenfalls Grund und Boden im äußeren Rayon besaßen. Sie drohten schließlich damit, ihre Milchlieferungen nach Köln einzustellen, angesichts der angespannten Versorgungslage unmittelbar nach dem Krieg eine Ankündigung, deren Folgen bedacht sein wollten. Doch Adenauer ließ sich weder beirren noch einschüchtern und setzte seine Pläne schließlich durch. Die Stadtverwaltung schrieb einen Wettbewerb zur Gestaltung des Grüngürtels aus, den der Hamburger Baudirektor Professor Fritz Schumacher für sich entschied. Schumacher kam für drei Jahre als Beigeordneter nach Köln und begann seinen Entwurf in die Tat umzusetzen.

Für wie wichtig Adenauer den Bau des Grüngürtels hielt, geht aus einem Artikel hervor, den der Kölner Oberbürgermeister unter dem Titel »Eine Lebensfrage Kölns« veröffentlichte. Darin heißt es: ». . . Was bedeutet das Projekt für Köln? Mit einem Wort, seine ganze Zukunft. Wenn überhaupt auf die Zukunft geschlossen werden darf, so ist der Schluß sicher, daß Köln an Einwohnerzahl noch stark zunehmen wird. Ein Zeitraum von 10 oder 20 Jahren spielt bei der Frage, um die es sich hier handelt, keine Rolle, weil Köln jetzt in Wahrheit am Scheidewege steht: jetzt muß es sich entscheiden, ob Köln dereinst eine riesige Steinwüste sein wird oder aber eine Stadt, deren Bewohner ein menschenwürdiges Dasein führen können. Für eine Entwicklung, die Steinwüste zu verhüten, gibt es nur eine Möglichkeit: Verwendung des einzigen noch von Bauwerken freien, sich breit um Köln herumziehenden Streifens zu öffentli-

*Sülzer Kinder, 1931*

chen Zwecken, zu Wald- und Wiesenanlagen. Auf der linken Rheinseite soll der Rayongürtel, als Wald, Feld und Wiese angelegt, den Einwohnern Kölns wahre und lebensnotwendige Erholung in großem Maßstabe bieten und Schutz vor den Braunkohlenzechen gewähren. Vom Rhein bis zum Rhein sich hinziehend und von allen Punkten der Stadt auf einem Dutzend jetzt schon vorhandener, die Menschenmassen verteilender Straßenbahnen leicht erreichbar, wird der Rayon-Grüngürtel allen Bewohnern des zukünftigen Kölns den Zusammenhang mit der Natur wiedergeben. Sport-, Spielplätze, Luft- und Sonnenbäder, Schwimmbäder, Waldschulen, Tageserholungsheime für Kinder und Erwachsene soll dieser Gürtel in sich aufnehmen; dauernde Pachtgärten – nicht Gärten, die der fortschreitenden Bebauung weichen müssen –, sondern Pachtgärten, die jeder Bürger sich auf 10, auf 20, auf 30 Jahre pachten kann, werden wie einst vor hundert Jahren, wo so viele vor den Toren ihren Garten besaßen,

den weitesten Kreisen der Bürgerschaft wieder die Fühlung mit der verjüngten Erde geben; Schulgärten werden an den schulfreien Nachmittagen unsere Jugend beschäftigen. Von diesem Gürtel aus sollen weite Waldstreifen in das nach Abbau der Braunkohle wieder neu aufzuforstende Vorgebirge führen ... Breite Ströme von Licht und Luft werden diese Kanäle bis in den Mittelpunkt der zukünftigen linksrheinischen Stadt hineinführen, und in umgekehrter Richtung werden sie den Menschen verlocken, auch ohne Benutzung der Straßenbahnen durch Grün- und Parkanlagen hindurch den Wald- und Wiesengürtel aufzusuchen ...«

Mit Recht machte Adenauer auf die große Bedeutung des Grüngürtels für die Gesundheit und Erholung der Stadtbevölkerung aufmerksam. Eines konnte der Kommunalpolitiker Adenauer damals noch nicht wissen: die sich bald wieder verschlechternde Wirtschaftslage ließ die Arbeitslosenzahlen steigen. Für die Stadt Köln bedeutete es

103

*Brunokirche, um 1970*

unter diesen Umständen eine gewisse Entlastung, daß Arbeitslose auch bei den umfangreichen Erdarbeiten eingesetzt werden konnten, die der Bau der Grünanlagen rings um die Stadt erforderte. Den Sülzer und Klettenberger Bürgern öffnete der neue Beethovenpark den Zugang zu den Grünanlagen und Sportplätzen hinter der Militärringstraße: ein ideales Erholungsgebiet zu allen Jahreszeiten.

Je mehr Menschen nach Sülz und Klettenberg zogen, um so schwieriger wurde die Arbeit der Kirchengemeinden. Besonders betroffen war wie in der Vergangenheit die katholische St.-Nikolaus-Pfarre. Die neue Kirche erwies sich, wie bereits erwähnt, schon bei ihrer Einweihung wiederum als viel zu klein für die ungewöhnlich rasch wachsende Gemeinde. Pfarrer Schwippert, der Nachfolger von Pfarrer Becker an

St. Nikolaus, kaufte noch während des Krieges ein Grundstück auf dem Klettenberggürtel für den Bau einer weiteren Kirche. Doch es dauerte noch Jahre, bis die Pläne des Sülzer Pastors Wirklichkeit wurden. Anfangs verhinderten der Krieg, dann die Not der unmittelbaren Nachkriegszeit sowie die Inflation, daß der Bau der neuen Kirche, die den Namen des heiligen Bruno tragen sollte, in Angriff genommen werden konnte. Schon im Jahr 1923 bestellte die kirchliche Behörde den Präses des Katholischen Arbeiter-Vereins Köln-Sülz, Kaplan Josef Meier von St. Nikolaus, zum Rektoratspfarrer an St. Bruno. Die neue katholische Kirchengemeinde mußte ihren Gottesdienst vorerst in einem Saal des Städtischen Waisenhauses am Sülzgürtel feiern, denn es dauerte noch bis zum 10. Oktober 1926, ehe die Brunokirche konsekriert und ihrer Bestimmung übergeben werden konnte; zu

*Karl-Borromäus-Kirche, um 1935*

dieser Zeit zählte die Pfarre rund 9 000 Katholiken.

Doch selbst die Ausgliederung der Brunopfarre brachte der Mutterpfarre St. Nikolaus noch nicht die gewünschte Entlastung. Trotz acht Messen am Sonntagmorgen stauten sich oft die Gläubigen in und vor der Kirche. Der Bau eines weiteren Gotteshauses in Sülz wurde unausweichlich. Zu diesem Zweck erwarb die Pfarrgemeinde St. Nikolaus ein Grundstück auf dem Gelände einer stillgelegten Kiesgrube Ecke Zülpicher und Redwitzstraße. Diesen Geländeverhältnissen verdankt die Pfarre St. Karl Borromäus, daß ihre Pfarrbauten mit Ausnahme des Pastorats tief unter der Kirche liegen. Zum ersten Pfarr-Rektor der 1930 geweihten Kirche wurde Walter Fuhrmanns bestellt. Seit 1950 sind St. Bruno und St. Karl Borromäus selbständige Pfarreien.

Wenn nun auch die Kirchbaufrage gelöst schien, so blieb dennoch die Schwierigkeit bestehen, den in einer katholischen Pfarre traditionell stark vertretenen Vereinen und Gruppen Versammlungsräume zu schaffen. 1920 hatte die Pfarrgemeinde St. Nikolaus die ehemalige Pfarrkirche in der Münstereifeler Straße zum Jugendheim umgebaut. Es war eine Notlösung, wie sich bald herausstellte. Deshalb beschloß der Kirchenvorstand, auf dem hinteren Gelände des Grundstücks Berrenrather Straße 254–258 ein Vereinshaus für die Nikolauspfarre zu errichten. Es geriet zu einem Gebäude, in dem nun alle ihren Platz fanden: der Katholische Arbeiter-Verein, der Katholische Frauenbund, der Paramentenverein und die Jungfrauenkongregation, der Katholische Kaufmännische Verein, der Katholische Beamtenverein, die Katholische Jugend, der Katholische Gesellenverein und Jung-Mer-

*Evangelisches Gemeindehaus, heute Tersteegenhaus, Emmastraße, 1928*

kur, die Männerkongregation, der Mütterverein, der Kirchenchor als Cäcilienverein, der Verein vom Lebendigen Rosenkranz, der Bonifatiusverein, der Franziskus-Xaverius-Missionsverein, der Kindheit-Jesu-Verein, der Schutzengelverein, der Elisabethverein, der Vinzenzverein und der Borromäusverein – und schließlich noch die Schar der Meßdiener: eine stattliche Vielfalt fürwahr. Und außerdem sollte jeder Verein nach Möglichkeit einen geistlichen Präses haben: eine Menge zusätzlicher Arbeit für Pastor und Kapläne.

Die evangelischen Christen von Sülz und Klettenberg mußten lange warten, bis sie zu einer selbständigen Kirchengemeinde wurden. Ihnen fehlte ein eigenes Gemeindehaus. Für Gottesdienst und Gemeindearbeit mußten sie mit dem angemieteten Saal in der Berrenrather Straße 177 vorlieb nehmen. Angesichts dieser beengten Verhältnisse – der »Saal« bestand lediglich aus zwei miteinander verbundenen Räumen – betrieb Pfarrer Benze, dem die evangelischen Christen in Sülz, Klettenberg und Efferen anvertraut waren, den Bau eines Gemeindezentrums und einer Kirche in Sülz. Benze fand die Unterstützung von dreißig Gemeindemitgliedern, die einen Kirchbauverein gründeten. Das Presbyterium förderte den Plan – inzwischen lebten in Sülz und Klettenberg etwa 10 000 evangelische Christen – und stellte das Geld für ein Baugrundstück

Ecke Wittekind- und Emmastraße zur Verfügung. Ursprünglich war beabsichtigt, dort das Gemeindehaus und daran anschließend auf einem benachbarten Grundstück an der Einhardstraße die Kirche zu errichten. Das Gemeindehaus, das heutige Tersteegenhaus, wurde am 21. Oktober 1928 eingeweiht, doch der beabsichtigte Kirchbau mußte unterbleiben, weil das Geld dazu fehlte. 1930 wurde Pfarrer Schloßmacher die Leitung der Gemeinde übertragen, zwei Jahre später erwies es sich wegen der großen Ausdehnung des Gemeindebezirks bis nach Efferen und der erneut gestiegenen Zahl von Gemeindemitgliedern als notwendig, eine zweite Pfarrerstelle einzurichten; sie übernahm Pfarrer Boysen.

Seit 1928 verkehrte eine vierte Straßenbahnlinie von und nach Sülz-Klettenberg. So wie die bereits bestehende Omnibuslinie den Anschluß zum benachbarten Zollstock mit dem Südfriedhof und nach Bayenthal hergestellt hatte, verbesserte nun die neueingerichtete Linie 13 die Verkehrsverbindungen zu den westlichen und nordwestlichen Kölner Vororten ganz erheblich. Die »Gürtelbahn« fuhr auf ihrem Weg nach Lindenthal, Braunsfeld und Ehrenfeld vorläufig noch an viel freiem Gelände vorbei, das der Bebauung harrte. Im übrigen war die Liniennummer 13 keineswegs unumstritten, sondern erhitzte vielmehr die Gemüter einiger abergläubischer Zeitgenossen, die angesichts der »Unglückszahl« Schlimmes auf Bahn und Fahrgäste zukommen sahen.

Wer von den Sülzer und Klettenberger Bürgern morgens mit der Straßenbahn zur Arbeit in die Innenstadt fuhr, mußte den Platz in den um diese Zeit meist vollbesetzten Straßenbahnen mit einer Reihe von Schülern teilen. Es waren Gymnasiasten und Mittelschüler, deren Schulen ebenfalls im Stadtzentrum lagen. Für manchen der jungen Leute bot zwar die Viertelstunde Straßenbahnfahrt in die Stadt die letzte willkommene Gelegenheit, Vokabeln zu pauken oder sich sonstwie auf den Unterricht vorzubereiten, ihren Eltern aber wäre es sicher lieber gewesen, ein Gymnasium oder eine Mittelschule im Vorort zu wissen. Zumindest die Fahrtkosten wären entfallen; sie waren neben dem obligaten Schulgeld für manche Eltern eine durchaus spürbare zusätzliche Belastung. Auch in Sülz und Klettenberg fehlten höhere und mittlere Schulen. Zur einzigen Ausnahme wurde eine Zweigschule des privaten Lyzeums Drammer, die Ostern 1928 mit den Anfangsklassen Sexta und Quinta in einen Gebäudeteil der ehemaligen Strohhutfabrik Silberberg & Mayer in der Lotharstraße 18 übersiedelte. Daraus entwickelte sich das »Hildegardis-Oberlyzeum vorm. Drammer«. Bereits 1933 fanden dort die ersten Reifeprüfungen statt. Die höhere Mädchenschule erfreute sich bald regen Zuspruchs von Schülerinnen der beiden Vororte wie auch aus Zollstock und Lindenthal; wegen der günstigen Verkehrsverbindungen durch die Vorgebirgsbahn gehörten auch Efferen und Hermülheim zum weiteren Einzugsbereich der Schule.

In der benachbarten Remigiusstraße war bereits 1912 eine Hilfsschule gegründet worden. 1926 wurde sie Gast der achtklassigen Volksschule des Städtischen Waisenhauses; zwei Jahre später siedelte sie in das Gebäude der Volksschule Münstereifeler Straße über. Dort blieb sie ebenfalls nur zwei Jahre und wurde anschließend in das Schulgebäude Manderscheider Platz verlegt: Schicksal einer wenig geliebten und doch so außerordentlich wichtigen Einrichtung, die sich der benachteiligten Kinder annahm und trotzdem wenig öffentliche Anerkennung erfuhr.

Am 31. Januar 1926 räumten die britischen Truppen die Kölner Zone. Nach sieben Jahren Besatzungszeit war die Freude der Menschen über die wiedergewonnene Freiheit unendlich groß. Stellenweise trieb die Begeisterung seltsame Blüten: »Die Freiheit kam, das höchste Gut, Befreiung vom Sklavenzwang. Und heißer rauscht das rheinische Blut im Dankesglockenklang . . .« Angesichts des Spotts, mit dem die Kölner sonst allem politischen Pathos zu begegnen pflegen, klangen derartige Verse recht ungewöhnlich; die Erleichterung darüber, endlich wieder Herr im eigenen Haus zu sein, muß erheblich gewesen sein.

Den Engländern dagegen fiel es offensichtlich schwer, sich von Köln trennen zu müssen, und das ausgerechnet auch noch in der Vorkarnevalszeit. An einem Waggon des Truppentransportzugs, der die Besatzungssoldaten nach Wiesbaden brachte, verkündete ein Transparent frei nach einem Lied von Willi Ostermann: »Warum solle mir schon nach Wiesbade gonn, wo mir so koot für dem Fastelovend stonn?« Auch der Abschiedsgruß »Adjüs, ihr kölsche Bore« ließ eher auf eine gewisse Vertrautheit mit den Kölnern und ihren Sitten schließen als auf korrekte Zurückhaltung, wie sie von den Vertretern einer Besatzungsmacht zu erwarten gewesen wäre. Abfahrtszeit und Reiseroute des Zuges waren in Köln rechtzeitig bekannt geworden. So standen viele Klettenberger und Sülzer in der Rhöndorfer Straße und genossen das Schauspiel des vorbeifahrenden Militärzugs, aus dessen geöffneten Fenstern die Signale der Clairons ertönten und mancher Soldat den Kölnern noch einmal zuwinkte.

Oberbürgermeister Adenauer zog in der großen mitternächtlichen Befreiungsfeier am 1. Februar vor dem Dom eine Bilanz der Besatzungszeit: ». . . Schweres haben wir erdulden müssen durch die harte Faust des Siegers in sieben langen Jahren. Heute, in dieser weihevollen Stunde, laßt uns davon schweigen. Ja, wir wollen gerecht sein: trotz vielem, was uns widerfahren ist, wollen wir anerkennen, daß der geschiedene Gegner auf politischem Gebiet gerechtes Spiel hat walten lassen . . .«

# Und das Unglück schreitet schnell . . .

Im Deutschen Reich verlief die wirtschaftliche Entwicklung nach einer Scheinblüte um die Mitte der zwanziger Jahre bald wieder in die entgegengesetzte Richtung. Die Lage wurde jedoch dramatisch, als die Amerikaner 1929 wegen eigener wirtschaftlicher Schwierigkeiten ihre kurzfristigen, an europäische Staaten verliehenen Kredite zurückriefen. In Deutschland brachen viele Firmen zusammen; etliche Banken mußten ihre Schalter schließen, weil sie zahlungsunfähig geworden waren. Die Arbeitslosigkeit in Deutschland explodierte; sie stieg 1930 auf drei Millionen und wuchs bis zum Ende des Jahres 1932 auf mehr als sechs Millionen. Die politischen Auswirkungen dieser wirtschaftlichen Katastrophe ließen nicht lange auf sich warten. Als eine der Folgen der Massenverelendung verschärften sich die Gegensätze zwischen den Parteien außerordentlich. Besonders die radikalen Forderungen der Nationalsozialisten und der Kommunisten fanden bei der Bevölkerung zunehmend Gehör. Beide Parteien, so groß auch die gegenseitige Feindschaft sein mochte, hatten es bei den Massen leicht mit ihren Parolen und Versprechungen. Wider besseres Wissen schoben sie, die nie Regierungsverantwortung getragen hatten, nun die gesamte Schuld an der rasch steigenden wirtschaftlichen und sozialen Not den Parteien der Mitte zu.

Die Auseinandersetzungen zwischen den Parteien blieben bald nicht mehr nur auf Wortgefechte beschränkt, vielmehr lieferten sich die militärähnlichen Kampforganisationen der radikalen Parteien häufig Straßenschlachten oder störten mit Schlägertrupps Versammlungen der politischen Gegner. Von diesen teilweise blutigen Zusammenstößen war innerhalb Kölns der Vorort Sülz stärker betroffen als Klettenberg. Besonders zwischen De-Noël-Platz und Sülzburgstraße kam es öfter zu Tätlichkeiten. Daran waren in der Regel sowohl Anhänger und Mitglieder des kommunistischen Roten Front-

kämpferbundes als auch rechtsradikale Hitleranhänger von SA und SS beteiligt, deren provozierende Umzüge durch das »rote« Viertel von Sülz fast zu einem Ritual wurden und die entsprechende Reaktion des politischen Gegners geradezu herausforderten.

Besonders in den Arbeitervierteln von Sülz war die Not groß, denn viele der dort ansässigen kleinen Betriebe waren in den Strudel des allgemeinen wirtschaftlichen Niedergangs mit hineingezogen worden und hatten Konkurs anmelden müssen. So konnte es nicht ausbleiben, daß mancher Arbeiter, Handwerker oder kleine Angestellte sein Heil nur noch bei den radikalen Parteien suchte, an deren Versprechungen er sich wie an einen rettenden Strohhalm klammerte. Bei der Wahl eines neuen Reichstags am 14. September 1930 wurde in den Klettenberger und Sülzer Stimmbezirken wie folgt abgestimmt, wobei lediglich die Stimmen der wichtigsten Parteien aufgeführt sind (siehe nebenstehende Tabelle).

Daß Hetze und Propaganda der radikalen Parteien nicht ohne Erfolg geblieben waren, erwies sich wie überall auch am Wählerverhalten der beiden Vororte. Geradezu sensationell waren die Stimmengewinne der Nationalsozialisten. In sechs von insgesamt siebzehn der Sülz-Klettenberger Stimmbezirke erreichten sie jeweils die höchste Stimmenzahl aller Parteien. Dabei erzielten sie nicht nur große Erfolge in den bürgerlich geprägten Wohnvierteln um Nikolausplatz und Wittekindstraße, sondern es gelang ihnen sogar ein Durchbruch im Stimmbezirk Marsiliusstraße, wo viele Handwerker und Arbeiter wohnten. Von der Wählerbewegung hin zu den radikalen Parteien profitierten auch die Kommunisten; in ihren Sülzer Hochburgen um Ägidius- und Palanterstraße ließen sie alle übrigen Parteien weit hinter sich. Das Zentrum beklagte einen leichteren, die SPD einen stärkeren Stimmenver-

| Stimmbezirk | NSDPA | DNVP | DVP | Z | SPD | KPD |
|---|---|---|---|---|---|---|
| 124/124 a: Klettenberg, Komar, Sülz, Asbergplatz | 208 | 18 | 185 | 330 | 177 | 53 |
| 125/125 a: Klettenberg, Ölbergstraße | 338 | 44 | 216 | 358 | 255 | 73 |
| 126/126 a: Klettenberg, Klettenberggürtel | 319 | 38 | 181 | 330 | 289 | 84 |
| 127/127 a: Klettenberg, Honnefer Platz | 363 | 37 | 157 | 301 | 296 | 122 |
| 128/128 a: Klettenberg, Breibergstaße | 335 | 59 | 225 | 347 | 235 | 91 |
| 129/129 a: Sülz, Nikolausplatz | 343 | 26 | 161 | 300 | 227 | 135 |
| 130/130 a: Sülz, Wittekindstraße | 345 | 28 | 147 | 338 | 341 | 188 |
| 131/131 a: Sülz, Manderscheider Platz | 344 | 28 | 90 | 318 | 325 | 178 |
| 132/132 a: Sülz, Münstereifeler Straße | 294 | 41 | 146 | 343 | 290 | 176 |
| 133/133 a: Sülz, Euskirchener Straße | 354 | 36 | 263 | 523 | 270 | 72 |
| 134/134 a: Sülz, Sülzgürtel | 223 | 27 | 187 | 492 | 144 | 76 |
| 135/135 a: Sülz, Blankenheimer Platz | 315 | 28 | 99 | 340 | 469 | 200 |
| 136/136 a: Sülz, Marsiliusstraße | 363 | 16 | 60 | 310 | 348 | 277 |
| 137/137 a: Sülz, Ägidiusstraße | 254 | 7 | 40 | 215 | 345 | 547 |
| 138/138 a: Sülz, Palanterstraße | 234 | 15 | 49 | 186 | 337 | 444 |
| 139/139 a: Sülz, Weyertal | 274 | 27 | 97 | 289 | 319 | 178 |
| 140/140 a: Lindenthal-Sülz, Rurstraße | 319 | 23 | 136 | 230 | 198 | 98 |

lust. Immerhin konnte sich das Zentrum vor allem in den Klettenberger Stimmbezirken mit Ausnahme des Honnefer Platzes und dessen engerer Umgebung sowie in den Sülzer Neubaugebieten behaupten. Die ehemaligen Anhänger der Deutschnationalen aber waren offensichtlich in Scharen zur Hitlerpartei übergelaufen.

Zwei Jahre später erhielten die Nationalsozialisten in den Reichstagswahlen vom 31. Juli 1932 38%, die Kommunisten 14% aller Stimmen. Damit hatte sich mehr als die Hälfte aller deutschen Wähler für Parteien entschieden, die den demokratischen Staat ganz offen bekämpften. Hitler forderte nun für sich das Reichskanzleramt. Er erhielt es schließlich, obwohl die Reichstagswahlen im November 1932 zu einem empfindlichen Stimmenverlust der Nationalsozialisten geführt hatten. Am 30. Januar 1933 ernannte Reichspräsident von Hindenburg Hitler zum Reichskanzler, eine der folgenschwersten Entscheidungen, die je in der deutschen Politik getroffen worden sind.

Kaum war Hitler Reichskanzler, begann er damit, den Staat seiner Partei zu unterwerfen. Ein gewaltiger Propagandarummel, verbunden mit Schmähungen und Verdächtigungen des politischen Gegners, sollte die Bevölkerung beeindrucken und sie den Wünschen der Nationalsozialisten gefügig machen. Während Hitler die Linksparteien diffamierte und immer wieder öffentlich angriff, suchte er das Bürgertum dadurch auf seine Seite zu bringen, daß er die Schrecken einer angeblich unmittelbar bevorstehenden kommunistischen Revolution beschwor. Am Abend des 27. Februar 1933 ging das Berliner Reichstagsgebäude in Flammen auf. Sofort behauptete Hitler, die Kommunisten hätten den Brand gelegt, und ließ durch den Reichspräsidenten die Notverordnung »Zum Schutze von Volk und Staat« verkünden. Sie beseitigte die Grund- und Freiheitsrechte der Weimarer Verfassung und blieb bis zum Ende der Hitlerdiktatur in Kraft. Nachdem der Reichstag im März 1933 Hitler ermächtigt hatte, für die nächsten vier Jahre selbst Gesetze ohne die Mitwirkung der Volksvertretung zu erlassen, waren die wichtigsten legalen Hindernisse auf dem Weg in die Diktatur beseitigt. Hitler ließ nun alle politischen Parteien und Gruppierungen, soweit sie sich nicht schon selber aufgelöst hatten, verbieten oder gliederte sie seiner »Bewegung« ein. Dieses Schicksal widerfuhr auch den Gewerkschaften. Zugleich wurde die Neugründung von Parteien verboten und unter schwere Strafe gestellt. Politische Gegner verschwanden ohne Gerichtsurteil in Konzentrationslagern. Presse und Rundfunk wurden »gleichgeschaltet«, liberale und sozialistische Zeitungen verboten. Getreu dem Grundsatz »Die Partei befiehlt dem Staat« besetzten Parteimitglieder

in allen städtischen und staatlichen Behörden die wichtigsten Ämter.

In Köln wurde Oberbürgermeister Adenauer aus seinem Amt gejagt. Er hatte bis zuletzt aus seiner Abneigung gegenüber Hitler kein Hehl gemacht. Der neue Oberbürgermeister Riesen, selbstverständlich ein Parteigenosse, war entsprechend dem »Führerprinzip« nicht mehr der Stadtverordnetenversammlung verantwortlich. An deren Stelle traten nun als Berater des Oberbürgermeisters »erfahrene Männer« mit dem Titel »Ratsherr«. Sie wurden nicht von der Bevölkerung gewählt, sondern auf Vorschlag des »Gauleiters« vom Regierungspräsidenten ernannt, später dann von der Parteiführung berufen. Auf diese Weise war sichergestellt, daß im Stadtrat nur linientreue, dem Führer ergebene Parteimitglieder saßen. Sofern es überhaupt zu Abstimmungen kam, verliefen sie in der Regel einstimmig, nicht anders übrigens als im Reichstag auch.

Die letzten freien Wahlen in Deutschland während der Hitlerdiktatur zeigten jedoch, daß es in der Bevölkerung gegenüber den neuen Machthabern noch erhebliche Vorbehalte gab. In Köln erhielt bei der Reichstagswahl vom 5. März 1933 die NSDAP nur 33,1% aller Stimmen und damit 10% weniger als im Reichsdurchschnitt. Das Zentrum behauptete sich mit 25,6%, dagegen fiel die SPD auf knapp 15% aller Stimmen zurück. Erstaunlich aber war das Ergebnis der Kommunisten; ihnen gelang es trotz der Verfolgungen und Verhaftungen, denen gerade sie besonders ausgesetzt waren, einen Stimmenanteil von über 18% zu erreichen.

Wie in Sülz und Klettenberg gewählt wurde und welche politischen Verschiebungen seit der Reichstagswahl vom 13. September 1930 zu verzeichnen waren, ergibt die nachfolgende Auflistung; sie berücksichtigt nur die Wahlergebnisse der wichtigsten Parteien:

| Nr. | Stimmbezirk | NSDAP | DVP | Z | SPD | KPD |
|---|---|---|---|---|---|---|
| 124/124 a | Sülz, Nikolausplatz | 679 | 53 | 347 | 187 | 140 |
| 125/125 a | Sülz, Wittekindstraße | 643 | 31 | 347 | 302 | 229 |
| 126/126 a | Sülz, Manderscheider Platz | 658 | 19 | 329 | 297 | 202 |
| 127/127 a | Klettenberg, Breibergstraße | 784 | 54 | 413 | 175 | 112 |
| 128/128 a | Klettenberg, Honnefer Platz | 765 | 42 | 364 | 281 | 140 |
| 129/129 a | Klettenberg, Klettenberggürtel | 716 | 49 | 383 | 230 | 98 |
| 130/130 a | Klettenberg, Ölbergstraße | 648 | 53 | 411 | 244 | 109 |
| 131/131 a | Klettenb.-Komar-Sülz, Asbergplatz | 497 | 60 | 400 | 121 | 68 |
| 132/132 a | Sülz, Euskirchener Straße | 663 | 68 | 623 | 207 | 103 |
| 133/133 a | Sülz, Sülzgürtel | 500 | 66 | 622 | 160 | 61 |
| 134/134 a | Sülz, Münstereifeler Straße | 667 | 29 | 412 | 256 | 184 |
| 135/135 a | Sülz, Blankenheimer Platz | 629 | 22 | 412 | 367 | 149 |
| 136/136 a | Lindenthal-Sülz, Rurstraße | 780 | 82 | 392 | 256 | 114 |
| 137/137 a | Lindenthal-Sülz, Jos.-Stelzmann-Straße | 415 | 43 | 329 | 110 | 48 |
| 138/138 a | Sülz, Marsiliusstraße | 649 | 17 | 255 | 279 | 288 |
| 139/139 a | Sülz, Ägidiusstraße | 476 | 6 | 248 | 314 | 647 |
| 140/140 a | Sülz, Palanterstraße | 405 | 8 | 223 | 285 | 565 |
| 141/141 a | Sülz, Weyertal | 539 | 25 | 249 | 276 | 226 |

Im Vergleich zur Reichstagswahl vom 14. September 1930 verzeichneten die Nationalsozialisten einen weiteren Stimmenzuwachs und erreichten nun in fünfzehn der achtzehn Sülzer und Klettenberger Stimmbezirke jeweils die meisten Stimmen. Wiederum aber war es der Hitlerpartei nicht gelungen, auch in den Arbeitervierteln von Alt-Sülz die stärkste politische Kraft zu werden. Hier behauptete sich die KPD mit beträchtlichem Vorsprung. Vom offenen Terror ihrer braunen Widersacher zeigten sich

*Sülzgürtel, 1933*

die Kommunisten noch am wenigsten beeindruckt, was sich von vielen bisherigen SPD-Wählern nicht sagen ließ.

Die Märzwahlen 1933 – am 12. März fanden noch einmal Gemeinderatswahlen statt – waren die letzten freien Wahlen in Deutschland bis zum Ende der Hitlerdiktatur. In einem Staat, der von einer einzigen Partei beherrscht wird und der keine andere politische Meinung als die offiziell vorgeschriebene zuläßt, sind Wahlen überflüssig. Außerdem begannen Propaganda, Einschüchterung und Verbote allmählich in der Bevölkerung Wirkung zu zeigen. In der Öffentlichkeit führten nun die »alten Kämpfer«, Mitglieder der NSDAP schon vor 1933, das große Wort. Sie erhielten bald Unterstützung durch die »Märzgefallenen«, die sich selbst nach dem eindeutigen Wahlausgang plötzlich als überzeugte Anhänger des »Führers« entdeckten und bei der Befolgung von Weisungen der braunen Obrigkeit einen besonderen Eifer an den Tag legten. Es gab auch Überläufer aus den Reihen der linksradikalen Gruppen; der Volks-

mund nannte sie »Beefsteaks«: außen braun und innen rot. Und schließlich war da noch die unpolitische große Masse all derer, die sich ohne Begeisterung, aber auch ohne offenen Widerspruch mit den neuen politischen Verhältnissen arrangierten.

Die Wiederaufrüstung, die Hitler seit 1933 zielstrebig betrieb, blieb nicht ohne Auswirkung auf den Arbeitsmarkt. Schon im Sommer 1935 war die Zahl der Arbeitslosen auf 1,7 Millionen gesunken, und die Menschen, die nun nach langen harten Jahren wieder in Arbeit und Brot kamen, fragten nicht danach, welche Absichten der »Führer« mit der Wiederaufrüstung verfolge. Wer aber das kommende Unheil voraussah, hielt seine Gedanken für sich, denn die Überwachung des gesamten öffentlichen Lebens durch Parteifunktionäre und durch die Geheime Staatspolizei (Gestapo) sorgte dafür, daß sich öffentlicher Widerstand nicht regte. »Blockleiter« und »Zellenwarte« kontrollierten die »Volksgenossen«; die »Goldfasanen«, wie sie wegen ihrer reichverzierten

Uniformen insgeheim von der Bevölkerung bespöttelt wurden, meldeten dem allgewaltigen »Ortsgruppenleiter« umgehend, wer sich etwa den häufigen Straßen- und Haussammlungen verweigerte, an nationalen Feiertagen die Hakenkreuzfahne vor seinem Fenster vermissen ließ oder stets neue Ausflüchte ersann, wenn er aufgefordert wurde, das Parteiblatt, den »Westdeutschen Beobachter«, zu abonnieren.

Vor allem in der Anfangszeit der nationalsozialistischen Gewaltherrschaft wurden alte politische Rechnungen beglichen. So berichtet eine Zeitgenossin: »... Es kann Mitte 1933, vielleicht auch etwas später gewesen sein. An einem Abend, es kann zwischen 23 und 24 Uhr gewesen sein, hörte ich mehrere Schüsse. Ich ging ans Straßenfenster, machte kein Licht und öffnete auch nicht. In dem gegenüberliegenden Haus, Palanterstraße 47, sah ich die Haustüre weit geöffnet, Licht brannte im Treppenhaus, so daß ich die Treppe hinaufsehen konnte. Dunkle Gestalten liefen vor dem Haus und im Hausflur hin und her. Auf der ersten Etage wohnte ein älteres Ehepaar, Herr und Frau W. Die Räume zur Straße waren hell erleuchtet. Da, plötzlich sehe ich oben auf dem Treppenabsatz etwas Großes, Dunkles – wie ein Sack, der vollgefüllt war – liegen. Man trat dagegen, und ich sah diesen Gegenstand die Treppe herunterrollen. Unten im Hausflur wurde darauf getreten und er raus in den Vorgarten gerollt. Dann fielen wieder mehrere Schüsse – und alles war totenstill. Ich hatte keinen Mut, nach draußen zu gehen. Am anderen Morgen erfuhr ich: ›Herr W. ist gestern abend erschossen worden, es sollen politische Gründe gewesen sein.‹ Ich habe nie mehr etwas hierüber gehört.

Nach einigen Monaten traf ich auf dem Südfriedhof Frau W., die zum Ausgang wollte. Wir begegneten uns, blieben wortlos stehen, Frau W. liefen die Tränen runter, mir auch. Wir gaben uns die Hand, und ein jeder ging seinen Weg weiter.«

»Heute gehört uns Deutschland und morgen die ganze Welt«, sang die »Hitler-Jugend«, deren Kolonnen fast jeden Samstag unter dem Dröhnen von Landsknechtstrommeln durch die Straßen zogen. Schon der Anspruch des ursprünglichen Liedtextes – »Heute, da hört uns Deutschland und morgen die ganze Welt« – war reichlich vermessen. Doch die bewußte oder unbewußte Textänderung ließ kaum einen Zweifel daran, welches politische Weltbild sich da in den Köpfen der ahnungslosen jungen Marschierer breitmachte. Hitlers rassistische Lehre vom »Herrenvolk« begann ihre unheilvolle Wirkung zu zeigen, zumal die überall verkündete Parole »Führer, befiehl, wir folgen« wenig dazu angetan war, eigenständiges Denken zu fördern.

In Sülz und Klettenberg wohnten 1933 unter insgesamt 46 868 Einwohnern auch 1054 jüdische Bürger. Vor allem im Ortsteil Sülz bestanden einige jüdische Firmen, doch war die Zahl jüdischer Einzelhandelsgeschäfte in beiden Vororten gering. So konnte hier der von den Nationalsozialisten verfügte und betriebene Boykott jüdischer Geschäfte am 1. April 1933 nicht ähnliches Aufsehen erregen wie in der Innenstadt, wo es eine Reihe von Kaufhäusern und Einzelhandelsgeschäften gab, die im Besitz jüdischer Mitbürger waren. Diese sahen sich in den folgenden Jahren in steigendem Maß Drangsalierungen und Demütigungen durch Partei und Staat ausgesetzt, was keinem Bürger verborgen bleiben konnte. Öffentlicher Protest jedoch unterblieb. Er fand selbst dann nicht statt, als in der berüchtigten »Reichskristallnacht« vom 9. zum 10. November 1938 SA-Leute auf höchsten Befehl die Synagogen in Brand steckten, jüdische Geschäfte verwüsteten und die jüdischen Bürger aus ihren demolierten Wohnungen auf die Straße trieben. In Sülz fiel dem von oben verordneten »Volkszorn« neben anderen das alteingesessene Spiel- und Schreibwarengeschäft von B. Mange, Berrenrather Straße, Ecke Wittekindstraße, zum Opfer. Den Passanten, darunter vielen Schülern auf dem Weg zu ihrer Schule, bot sich am Morgen ein Bild der Verwüstung wie überall da, wo die Parteihorden gehaust hatten: die

Schaufenster des Geschäfts waren zertrümmert, im Ladeninnern Regale herabgerissen und Vitrinen umgestürzt; Spielzeug, zerrissene Hefte und aufgebrochene Kartons bedeckten den Bürgersteig. Die Vorübergehenden reagierten mit Schweigen, sofern sie nicht Nazianhänger waren und Schadenfreude äußerten. Die Bevölkerung nahm es auch hin, daß eine nachfolgende Reichsverordnung nicht die Täter, sondern die Opfer bestrafte und die deutschen Juden zwang, den durch SA und aufgehetzte Jugendliche verursachten Schaden auf eigene Kosten zu beheben – die fälligen Versicherungssummen beschlagnahmte der Staat – und zusätzlich eine »Sühneleistung« in Höhe von 1 Milliarde Mark zu entrichten. Es gab auch keine Proteste, als 1941 während des Kriegs eine Polizeiverordnung bestimmte: »Juden, die das sechste Lebensjahr vollendet haben, ist es verboten, sich in der Öffentlichkeit ohne einen Judenstern zu zeigen...« Selbst als die jüdischen Mitbürger schließlich vollständig aus Köln verschwanden, ging man in der Öffentlichkeit mit Schweigen darüber hinweg. Wer etwas über das weitere schreckliche Schicksal seiner ehemaligen jüdischen Nachbarn oder Bekannten zu wissen glaubte, behielt es für sich.

Seit 1930 begann die Einwohnerzahl, die sich einige wenige Jahre kaum verändert hatte, in beiden Vororten wieder zu wachsen und erreichte unmittelbar vor Kriegsausbruch mit über 54 000 ihren bis dahin höchsten Stand. Allein in Sülz wohnten fast 43 000 Menschen. Hier entstanden bis 1939 neue Wohnviertel zwischen Zülpicher und Curtiusstraße, ferner stadtauswärts hinter dem Straßenbahnhof Sülz, ebenso in der Nähe der Universität zwischen Gottfried- und Zülpicher Straße sowie an der Berrenrather Straße um Elz- und Lieserstraße in unmittelbarer Anlehnung an den Beethovenpark. In Klettenberg wurde als größtes zusammenhängendes Bauvorhaben das Wohnviertel zwischen Weißhaus, Gottesweg und Linzer Straße in Angriff genommen und noch vor Kriegsbeginn fertiggestellt.

# Hier fehlen die Worte . . .

Bereits im September 1938 hatte die Welt am Rande des Kriegs gestanden, als Hitler in ultimativer Form von der Tschechoslowakei die Abtretung des Sudetenlandes forderte. Doch schien der Friede gerettet, als Großbritannien und Frankreich den Forderungen des Diktators nachgaben und sich zur Unterzeichnung des Münchener Abkommens verstanden. Schon während dieser »Sudetenkrise« hatten sich Beunruhigung und Angst der deutschen Bevölkerung bemächtigt. Viele fürchteten, daß der Krieg unmittelbar bevorstehe; erste Rationierungsmaßnahmen der deutschen Reichsregierung ließen nichts Gutes ahnen. Es dauerte dann aber doch noch fast ein Jahr, ehe Befürchtungen und Sorgen zu schrecklicher Gewißheit wurden.

Am Morgen des 1. September 1939 erfuhr die deutsche Bevölkerung durch den Rundfunk die Nachricht vom Ausbruch des Krieges. Eigentlich konnte die Meldung kaum überraschen; bereits am 26. August waren alle wehrfähigen Männer der Jahrgänge 1898 bis 1900 einberufen worden, soweit sie nicht in kriegs- und lebenswichtigen Betrieben beschäftigt waren. Gleichzeitig erfolgte die Dienstverpflichtung vieler Frauen zur Arbeit in staatlichen und städtischen Behörden und Betrieben; auch die Anordnung der Polizei an die Hausbesitzer, für Verdunkelungseinrichtungen zu sorgen, die Speicher zu räumen und Löschwasser bereitzustellen, ließ kaum Gutes ahnen. Die überwältigende Mehrheit der Deutschen begegnete der Meldung vom Ausbruch des Krieges mit Betroffenheit und Furcht. Nichts war von der Aufbruchsstimmung des Jahres 1914 zu spüren. Wer die Leidenszeit des Ersten Weltkriegs miterlebt hatte, mußte in tiefer Sorge dem kriegerischen Abenteuer entgegensehen, das Hitler gewissenlos und ohne Grund einging. Doch selbst die schlimmsten Befürchtungen sollten von den Ereignissen der folgenden fünf Jahre noch übertroffen werden.

Im Gegensatz zum Ersten Weltkrieg zeigte sich schon nach wenigen Tagen, daß das Reichsgebiet diesmal viel stärker in das unmittelbare Kriegsgeschehen einbezogen würde. Schon am 5. September 1939 erschienen die ersten englischen Flugzeuge über Köln. Noch warfen sie nur Flugblätter ab, doch das sollte sich bald ändern. Die allgemeine Stimmung in Deutschland war von Anfang des Krieges an gedrückt und blieb auch so, obwohl von einer angespannten Versorgungslage zunächst kaum etwas zu spüren war. Zwar wurden Lebensmittel- und Kleiderkarte eingeführt, von Schwierigkeiten in der Nahrungsmittelversorgung aber konnte keine Rede sein. In einer amtlichen Bekanntmachung vom 24. November 1939 hieß es: »Kartenfrei sind alle eigentlichen Kuchengebäcke, insbesondere auch die wohlfeileren Kuchengebäcke wie ungefüllte Schnitten, ungefüllte Streuselkuchen, Amerikaner usw.... Vom 1. Dezember an sind neben Brot, Kleingebäck und Zwieback folgende Gebäckarten kartenpflichtig: Korinthen- und Rosinenbrot, Kuchenbrot, Stuten (Semmeln), Korinthenstuten, Platz, Klaben, Klöben, einfache Strietzel, einfache Stollen, Einback, Korinthen- und Rosinenbrötchen, Kuchenbrötchen, Hörnchen, Hedwige, Kipfel, Reiswecken, Zopfgebäck.« Man konnte also noch gut satt werden. Weit schwieriger war es für die Bevölkerung, mit den ungewohnten Verdunkelungsmaßnahmen zurechtzukommen. Abends waren nach Einbruch der Dunkelheit überall Block- und Luftschutzwarte – meist Angehörige der Parteiorganisationen – in den Straßen unterwegs, um die lückenlose Befolgung der Verdunkelungsanordnungen

zu kontrollieren. Als Folge der verdunkelten Straßen und Wege häuften sich vor allem in den ersten Kriegsmonaten die Unfälle, aber derartige Mißhelligkeiten bedeuteten wenig angesichts der schlimmen Nachrichten über Gefallene, Vermißte und Verwundete, die von den Fronten einzutreffen begannen. Daß aber selbst unter diesen Umständen öffentliche Kritik nicht laut wurde, dafür sorgte die demonstrativ verstärkte Anwesenheit uniformierter Parteimitglieder, darunter SA-Gruppen, die seit Kriegsbeginn als »Wehrmannschaften« überall in Erscheinung traten. Der Kölner Stadt-Anzeiger meldete am 6. Januar 1940: »Im Bereich des Sturmes 12/136 findet der Wehrmannschaftsdienst der Ortsgruppen Alt-Zollstock, Weißhaus, Klettenberg und Komar im Januar 1940 wie folgt statt: Sonntag, 14. Januar, 8.30 Uhr, und Sonntag, 28. Januar, 8.30 Uhr, auf dem Gottesweg, Ecke Rhöndorfer Straße. Außerdem treten an am Freitag, 19. Januar, 20.30 Uhr, und Freitag, 26. Januar, 20.30 Uhr, die Wehrmannschaft Weißhaus bei Prick, Ecke Marsilius- und Münstereifeler Straße, die Wehrmannschaft Klettenberg bei Keppler, Ecke Luxemburger Straße und Siebengebirgsallee, die Wehrmannschaft Komar bei Boschmann, Ecke Luxemburger Straße und Klettenbergpark.«

Während des strengen Winters 1939/40 blieb Köln von Luftangriffen verschont. Das änderte sich, als deutsche Truppen im Mai 1940 die Grenzen zu den Niederlanden, Belgien und Frankreich überschritten. Ein englischer Fliegerangriff auf Köln in der Nacht zum 13. Mai verlief glimpflich, in Sülz und Klettenberg entstanden keine Schäden. Daß die politische Führung die Lage zu verharmlosen trachtete, hatte schon vor dem Ausbruch der Feindseligkeiten Göring als Oberbefehlshaber der deutschen Luftwaffe mit seiner Bemerkung erkennen lassen, er wolle Meier heißen, wenn es auch nur einem einzigen feindlichen Flugzeug gelinge, in den deutschen Luftraum einzudringen. Derartige Sprüche ließen sich nun nicht mehr aufrechterhalten. Jetzt hieß es: »Künftighin wird in Fällen, in denen eindeutig

*Parteiamtliche Bekanntmachung vom 1. August 1940*

erkannt ist, daß es sich bei einem Feindanflug um ein einzelnes feindliches Flugzeug handelt, weder bei Tag noch bei Nacht Fliegeralarm gegeben, um bei der Bevölkerung und im Wirtschaftsleben Störungen so weit wie möglich zu vermeiden...«
Sülz erlebte seinen ersten Fliegerangriff am 7. November 1940; am 19. Dezember folgte ein weiterer Angriff, bei dem drei Luftminen und vier Sprengbomben abgeworfen wurden. Eine parteiamtliche Bekanntmachung sprach von Gebäudeschäden; von Opfern unter der Bevölkerung war nicht die Rede. Diese beiden Angriffe waren der Beginn von über 40 Fliegerangriffen, die Sülz und Klettenberg während des Krieges über sich ergehen lassen mußten.
Während des Jahres 1941 erlebten die beiden Vororte sieben Luftangriffe, darunter drei schwere. Vor allem der Angriff am

dritten Weihnachtstag richtete in Sülz erhebliche Verwüstungen an und forderte Opfer unter der Bevölkerung.
Als Antwort auf die Bombardierung englischer Städte durch die deutsche Luftwaffe beschloß das britische Kriegskabinett im Februar 1942, den Bombenkrieg zu verschärfen. Ziel dieser neuen Art von Kriegsführung wurde nun die Moral der deutschen Zivilbevölkerung, besonders der Arbeiterschaft. Doch trotz der ungeheuren Welle von Zerstörung und Leid, die als Folge der britischen und später auch amerikanischen Luftangriffe über die deutsche Bevölkerung hereinbrach, erwies sich die Zielsetzung der neuen Luftstrategie letztlich als wirkungslos. Die Menschen an der »Heimatfront« wagten bis auf wenige Ausnahmen weder Widerstand noch gar offenen Aufruhr: zu stark waren Kontrolle und Einschüchterung durch die fast allgegenwärtigen Parteifunktionäre und die Gestapo. Außerdem sorgten öffentlich vollstreckte Todesurteile gegen angebliche Defaitisten sowie parteiamtliche Drohungen, sich an den Familienangehörigen entkommener Widerstandskämpfer schadlos zu halten, in den meisten Fällen dafür, daß öffentlicher Protest unterblieb.
Der erste schwere britische Luftangriff auf eine deutsche Großstadt am 31. Mai 1942 zielte auf Köln. Er forderte unter der Zivilbevölkerung fast 500 Tote und etwa 5000 Verletzte; 3300 Wohnhäuser wurden zerstört, weitere 10 000 beschädigt, vorwiegend in der Innenstadt, aber auch zu einem erheblichen Teil in Sülz und Klettenberg. Wer sich bis dahin der Illusion hingegeben hatte, das eigentliche Ziel der Angriffe seien kriegswichtige Einrichtungen, Bomben auf Wohnviertel aber eher unglückliche Zufälle, mußte nun seine Vorstellungen revidieren. Allein die mehr als 110 000 Brandbomben, die bei diesem Angriff auf Köln niedergingen, machten auf grausame Weise deutlich, daß auch die Heimat zur Front geworden war. In der Stadt begannen die ersten Massenevakuierungen; manch einer, der in Köln seine Arbeitsstelle hatte, wich, wenn ihm die Möglichkeit dazu geboten wurde, über

Nacht in die nähere Umgebung der Stadt aus, wo die Gefahr eines Angriffs nicht so groß war.

Während der zweiten Hälfte des Jahres 1942 sah es zunächst danach aus, als flaue der Bombenkrieg merklich ab. Es trat eine trügerische Ruhe ein. Köln erlebte nur wenige Angriffe, Sülz und Klettenberg blieben verschont. Doch bald nach Beginn des Jahres 1943 begannen sich die Luftangriffe auf die Domstadt wieder zu häufen. Bereits am 14. Februar waren die beiden Vororte Ziel eines schweren Luftangriffs, ihm folgte ein noch stärkerer am 26. Februar. Eine Luftmine fegte das Dach der Nikolauskirche weg. Zum Gottesdienst mußte die Gemeinde nun in die Kapelle des Städtischen Kinderheims am Sülzgürtel ausweichen, bis auch diese Ende Oktober 1944 den Bomben zum Opfer fiel. Bis Kriegsende behalf man sich dann mit dem Luftschutzkeller der Kaplanei von St. Nikolaus, der als Gottesdienstraum für die arg zusammengeschmolzene Gemeinde eingerichtet wurde.

Ein ähnliches Schicksal traf auch die Brunokirche. Sie wurde beim Angriff vom 26. Februar so schwer getroffen, daß sie bis weit nach Kriegsende als Gottesdienstraum ausfiel, zumal weitere Angriffe in den beiden letzten Kriegsjahren das Werk der Zerstörung fortsetzten. Gemeindegottesdienste fanden bis Oktober 1944 im Brunosaal statt, dann wurde auch dieser zerstört.

Glimpflicher kam die St.-Karl-Borromäus-Kirche davon. Mehrere Brandbomben, die während der Angriffe die Kirche getroffen hatten, konnten rechtzeitig gelöscht werden. Zwar wurden Dach, Orgel und Fenster in Mitleidenschaft gezogen, doch blieben die Schäden insgesamt so gering, daß der Gottesdienst weiter in der Kirche gefeiert werden konnte.

Das evangelische Gemeindehaus in der Emmastraße erlitt ebenfalls schwere Bombenschäden; der glücklicherweise von Bombenschäden verschont gebliebene Keller des Gebäudes diente während des Krieges als Rettungsstation.

Die gequälte Kölner Bevölkerung war aber

Durch den Fliegerangriff am 29. Juni wurde meine liebe Gattin, Tochter, Schwiegertochter, Schwester und Schwägerin Frau

## Else Ziegelmayer

geb. Lehser
im Alter von 32 Jahren, nebst meinen lieben Kindern

## Dieter
geb. 26. 11. 1932

## Karl-Heinz
geb. 4. 4. 1934

## Marlis
geb. 6. 9. 1936

## Wolfgang
geb. 26. 12. 1937

## Anna-Magdalena
geb. 4. 12. 1939

## Lisbeth
geb. 4. 10. 1941

## Rosalie
geb. 16. 5. 1943

entrissen.

In tiefem Schmerz: **Julius Ziegelmayer** als Gatte, Fam. Karl Ziegelmayer, Fam. August Lehser und die übrigen Anverwandten.

**Köln**, z. Z. Luxemburger Str. 62.

Beerdigung: Donnerstag, 8. 7., 10 Uhr, Südfriedhof.

*Todesanzeige nach dem Fliegerangriff vom 29. Juni 1943*

längst noch nicht am Ende ihrer Leidenszeit. Den schweren Februarangriffen folgten am 17. Juni und am 9. Juli 1943 zwei weitere Großangriffe, die vor allem in Sülz weitere umfangreiche Verwüstungen anrichteten. Dazwischen lag der Bombenangriff vom 29. Juni 1943, der schwerste des ganzen Krieges. Er forderte in der gesamten Stadt 4377 Tote und Zehntausende von Verletzten. Unter dem Eindruck des sich ständig verschärfenden Bombenkrieges gingen die Behörden nun dazu über, ganze Schulklassen zusammen mit ihren Lehrern und Lehrerinnen in die weniger gefährdeten Gebiete Mittel- und Ostdeutschlands zu verlegen. Die fortschreitenden Zerstörungen machten es außerdem unumgänglich, Verwaltungs- und Parteistellen ständig an neuen Orten unterzubringen. In Sülz und Klettenberg hatte der Großangriff vom 29. Juni auch einige Parteilokale und Verwaltungsräume zerstört oder schwer beschädigt. Einen Tag später veröffentlichte die örtliche Kreisleitung der NSDAP eine Liste, die den Sülzer und Klettenberger Ortsgruppen die neuen Adressen der Dienst- und Verpflegungsstellen bekanntgab:

Obwohl das Ausmaß der Zerstörungen längst nicht mehr verborgen bleiben konnte, versuchten die parteiamtlichen Verlautbarungen immer noch das Bild einer Ordnung vorzutäuschen, die in Wirklichkeit längst zerbrochen war: »Die neuen Lebensmittelkarten werden an denselben Stellen wie für den jetzt laufenden Versorgungsabschnitt abgeholt, d. h. jeder muß dort, wo er die Lebensmittelkarten beim letzten Mal erhalten hat, sie auch für den kommenden Versorgungsabschnitt in Empfang nehmen, und zwar auch dann, wenn inzwischen die Wohnung in den Bereich einer anderen Bezirksstelle verlegt worden ist. Die Ausgabestellen im Opernhaus sind in die Richard-Wagner-Straße verlegt, da das Opernhaus anderweitig verwandt wird. Einige weitere kleine Än-

| Ortsgruppe | Dienststelle | Verpflegungsstelle |
|---|---|---|
| Beethovenpark | Zülpicher Hof | Zülpicher Hof, Zülpicher Straße 355 |
| Blankenheimer Platz | Schule Manderscheider Platz | ebenda |
| Klettenberg | Nonnenstrombergstraße 11 | Daimler-Benz-Niederlassung, Luxemburger Straße |
| Komar | Ölbergstraße | Daimler-Benz-Niederlassung, Luxemburger Straße |
| Palanterstraße | Marsiliusstraße 38 | Sülzburg-, Ecke Zülpicher Straße |
| Weißhaus | Ägidienberger Straße 32 | Siebengebirgsallee 1 |
| Weyertal | Gaststätte Terhack, Weyertal 2 | Gaststätte Kammel, De-Noël-Platz 2 |
| Wittekind | Emmastraße 17 | Gaststätte Kapellmann, Berrenrather Straße 266 |

Im Kölner Stadt-Anzeiger erschien kurz darauf eine Liste der in beiden Vororten noch praktizierenden Ärzte:

Dr. Honderich-Koch Grafenwerthstr. 15
Dr. Lukowski Sülzgürtel 96
Dr. Meckelburg Luxemburger Str. 69
Dr. Neumann Gerolsteiner Str. 101
Dr. Remmlinger Wichterichstr. 44
Dr. Walter Lohrbergstr. 35
Dr. Welter Zülpicher Str. 300
Dr. Weingarten Sülzburgstr. 80.

derungen sind aus dem untenstehenden Plan ersichtlich...« Hinter der »anderweitigen Verwendung« verbarg sich die Tatsache, daß die Bombenangriffe vom Opernhaus nur noch einen Schutthaufen übriggelassen hatten, und die »Verlegung der Wohnung« hieß im Klartext, daß jemand, dessen Wohnung durch die Bomben zerstört oder unbewohnbar gemacht worden war, irgendwo anders Unterschlupf gefunden hatte und vielleicht in einem Kellerraum hauste. Auch die »kleinen Änderungen« wiesen in die

## Beisetzung von Fliegeropfern

Am Dienstag, dem 21. November 1944, 9 Uhr, werden auf dem Südfriedhof folgende Fliegeropfer in Ehrengräbern beigesetzt:

Balkenhol, Theodor, Maybachstraße
Bayer, Gottfried, Alteburger Straße 180
Bayer, Friedrich, Gottesweg
Beverförder, Wilhelmine, Görresstraße 5
Bodawé, Jean, Wolkenburgstraße 5
Boese, Adolf, Hönninger Weg 65
Botty, Alfons, Luxemburger Straße 382
Botty, Hubertine, Luxemburger Straße 382
Bothe, Margarete, Luxemburger Straße 380
Bothe, Heinrich
Breitenbücher, Karl, Vorgebirgstraße 91
Braun, Franz
Berntgen, Peter, Zülpicher Straße 219
van Brée, Heinrich
Böhm, Franz
Decker, Albert, gefunden Hönninger Weg
Deckert, Hildegard
Dettmer, Grete, Wolkenburgstraße 3
Dietermann, Karl, Faßbenderkaul 8
Dohle, aus Frechen
Dünnebeil, Frau
Engler, Ernst
Felten, Johannes, gefunden Hönninger Weg 120
Fleischhauer, Christ., Nikolausstraße 56
Fleischhauer, Margarete, Nikolausstraße 56
Franosch, Heinrich, Hönninger Weg 120
Gladigau, Hermann, gefunden Raderthaler Straße
Grebe, Karl
Hambach, Gertrud, gefunden Volksgartenstraße 2
Haase, Julius, Berrenrather Straße 159
Hartmann, Konrad, Hönninger Weg 402
Hartmann, Fritz, Krefelder Straße 31
Häublein, Heinrich, Goltsteinstraße 1
Heister, Anna, Volksgartenstraße 6
Heister, Dieter, Volksgartenstraße 6
Hosteller, Christian, Hitzelerstraße 22
Hammer, Max, Wittekindstraße 17
Heine, Hubert, Wittekindstraße 17
Josefs, Elli, gefunden Volksgartenstraße 2
Kann, Margarete, Dauner Straße 4
Kirschbaum, Luise, gefunden Volksgartenstraße 2
Klein, Martin, Wittekindstraße 17
Klant, Matthias, Emmastraße
Kolvenbach, Gerhard, Gerhard-v.-Rath-Straße 67
Konrad, Frau, Salierring
Krämer, Ehemann, Bonner Straße 29
Krämer, Frau, Bonner Straße 29
Krämer, Frau
Krings, Hans, Engelbertstraße 28
Krischer, Margarete, Bachemer Straße 55
Langemeier, Wilhelm, gefunden Volksgartenstr. 2
Lepartz, Theodor, Hönninger Weg 322
Lepartz, Gertrud, Hönninger Weg 322
Lischka, Frau, Claudiusstraße 1-3
Loitsch, Reinhard, Bachemer Straße 276
Langohr, August, Bonner Straße 29
Lorenzen, Erich, gefunden Hönninger Weg
Maguin, Johann, Gerhard-v.-Rath-Straße 67
Maubach, Maria, Koblenzer Straße 88
Mengel, Karl, Luxemburger Straße 382
Meuten, Anna, Hönninger Weg 122
Mexner, Käthe, gefunden Volksgartenstraße 2
Mexner, Elise, gefunden Volksgartenstraße 2
Mücküle, Willi, Dauner Straße 4

Mühlenbirk, Helene, Sülzgürtel 47
Mühlenbirk, Valentin, Sülzgürtel 47
Nagdem, Liesel, Salierring 52
Nelles, Brigitte, Hönninger Weg 118
Oepen, Maria, gefunden Hönninger Weg 120
Olep, Martha, Wolkenburgstraße 3
Palm, Hermann, Classen-Kappelmann-Straße 22
Pappers, Clara, Salierring 52
Portz, Christian, Hönninger Weg 406
Plömacher, Anna, Hönninger Weg 118
Pfennig, Paul
Pütz, Anton, Fischenicher Straße 9
Rang, Wilhelm, Bonner Straße 58
Riedel, Richard, Wolkenburgstraße 5
Reeg, Maria
Seul, Peter, Probsteigasse 27
Severin, Emmi, Engelbertstraße 28
Severin, Monika, Engelbertstraße 28
Siebert, Margarete, Bachemer Straße 276
Schmitz, Margarete, Hönninger Weg 120
Schmitz, Anna, Augustiner-Krankenhaus
Schmitz, Laurenz, Luxemburger Straße 254
Schlömer, Josef, Hönninger Weg 120
Schneider, Adele, Wittekindstraße 17
Schuster, Lambert, Gerhard-v.-Rath-Straße 67
Schulze, Dr., Frau, Bachemer Straße 57
Schwarzer, Martha
Spors, Maria, Hirzstraße 7
Spors, Frau, Hirzstraße 7
Spors, Martin, Hirzstraße 7
Steitz, Johann, Gerhard-v.-Rath-Straße 67
Struth, Josefine, Vondelstraße 48
Steinbüchel, Erni, Rote-Kreuz-Schwester
Steinbüchel, Wolfgang, San.-Uffz.
Terhaag, Maria, Weyerthal 2
Thar, Friedrich, Hönninger Weg 408
Ulrich, Otto, aus Rondorf
Ulrich, Berta, aus Rondorf
Voges, Otto, Sparkassenbeamter
de Vogt, Herbert, Salierring 52
de Vogt, Hermann, Salierring 52
Vihser, Maria
Vivermann, Margot, Bachemer Straße 55
Wassong, Gertrud, Koblenzer Straße 67
Wassong, Joh. Josef, Raderberger Straße 115
Wassong, Christine, Raderberger Straße 115
Wassong, Helmut, Raderberger Straße 115
Wassong, Anton, Raderberger Straße 115
Wassong, Josef, Koblenzer Straße 67
Wassong, Hubert, Goltsteinstraße 78
Weißkopf, Heinz Albert, Schönhauser Straße 40
Weißkopf, Margarete, Schönhauser Straße 40
Werner, Elisabeth, Volksgartenstraße 6
Will, Anna, Blankenheimer Straße 14
Wichtenaxel, Wilhelm, Bonner Straße 406
Wildschrei, Käthe, Herderstraße 69
Wirtz, Matthias, Hönninger Weg 120
Wirtz, Thomas, Hönninger Weg 120
Wollersheim, Johann, Gerhard-v.-Rath-Straße 67
Wysbeck, Elisabeth, Weyerthal 2
Zepter, Agnes, Weyerthal 2
Zepter, Wilhelm, gefunden Weyerthal 2
Zimmer, Kurt
Zimmer, Balbina, Luxemburger Straße 382

Diese Bekanntmachung gilt als Benachrichtigung der Angehörigen.

Der Oberbürgermeister: In Vertretung: Brandt.

*Todesanzeige, November 1944*

119

*Todesanzeige, November 1944*

gleiche Richtung; für Sülz etwa bedeuteten sie, daß die Ausgabestelle Sülzburgstraße 21/23 wegen Bombentreffer in die Lotharstraße 16/18 verlegt werden mußte.
Wie weit sich Leben und Sterben im zerbombten Köln vom gewohnten Maß normaler Zeiten entfernt hatte, ließ sich auch an der Form der Todesanzeigen ablesen, die in den Zeitungen veröffentlicht wurden. Bis 1943 erschienen Einzelanzeigen der betroffenen Familien; in der ersten Hälfte des Jahres 1944 ließ der Gauleiter Sammelanzeigen in Großformat veröffentlichen; schließlich brachte der »Westdeutsche Beobachter« nur noch amtliche Listen mit dem lapidaren Hinweis am Ende der Anzeige: »Diese Bekanntmachung gilt als Benachrichtigung der Angehörigen.«
Ab August 1944 steigerte sich die Wucht der Bombardierungen noch einmal. Bis zum Jahresende mußte die geschundene Stadt weitere 52 schwere und schwerste Angriffe über sich ergehen lassen. Die deutsche Luftabwehr erzielte kaum noch Wirkung; so bedeutete es für die angreifenden Bomber fast kein Risiko mehr, am hellen Tag über Köln zu erscheinen und ihre tödliche Last abzuwerfen.
Die meisten Kölner hatten inzwischen die Trümmerstadt verlassen; von den 770 000 Einwohnern bei Kriegsbeginn hielten sich während der letzten Monate des Krieges

weniger als 40 000 in der Stadt auf. Seit dem 4. Oktober 1944 waren alle Kölner Schulen geschlossen.
Sülz und Klettenberg erlebten Ende Oktober 1944 die schwersten Bombenangriffe des gesamten Krieges auf die beiden Vororte. Die wenigen im andauernden Bombenhagel noch ausharrenden Einwohner hatten Schreckliches zu erdulden. »Köln ist die meistbombardierte und schwerstgetroffene Stadt des Reiches... Die letzten vier Wochen in Köln waren das Furchtbarste, das je eine deutsche Stadt erlebte. Die nicht abreißende Kette der Angriffe schleuderte ein Mehrfaches an Minen, Spreng- und Brandbomben auf Köln, als was die vorangegangenen Kriegsjahre der schwerstgetroffenen Stadt insgesamt angetan hatten...«, berichtete am 3. November 1944 der »Westdeutsche Beobachter«, dessen anfängliche Beschönigungsversuche inzwischen längst von Durchhalteparolen abgelöst worden waren. Am 4. November erging ein neuer Aufruf an alle, die in Köln keine kriegswichtige Arbeit zu leisten hatten, von den »Umquartierungsarbeiten der Partei Gebrauch zu machen... Vor allen Dingen müssen Frauen, Kinder, alte und kranke Personen sich in den Aufnahmegauen in Sicherheit bringen.« Der Verkehr in der Stadt war längst völlig zusammengebrochen. Die Züge der Reichsbahn verkehrten – wenn überhaupt – nur

noch bis zu den Bahnhöfen der Vororte. Eine auch nur einigermaßen geordnete Arbeit der Stadtverwaltung ließ sich nicht mehr bewerkstelligen. Es kam vor, daß Familien ihre verstorbenen Angehörigen vor oder hinter ihrem Wohnhaus begruben, da offizielle Beerdigungstermine wegen der andauernden Luftangriffe nicht mehr festgesetzt oder wahrgenommen werden konnten. Weder Tag noch Nacht gab es Ruhe vor den Bomben, selbst Weihnachten nicht. Es war das traurigste Weihnachtsfest, das Köln in seiner langen Geschichte erlebte. Über die Reaktionen der gequälten und erschöpften Einwohner war in den offiziellen Verlautbarungen des Reichspropagandaamtes von einer »ungeheuren Empörung der Bevölkerung über diese neue anglo-amerikanische Kulturschande« die Rede, eine angesichts der schrecklichen Wirklichkeit völlig unsinnige Behauptung. Wer am Ende des Jahres 1944 das Schicksal seiner Vaterstadt miterlebte, kämpfte allein nur noch um das nackte Leben und hatte den einzigen Wunsch, dem Chaos lebend zu entkommen.

Außer den Kölnern, die trotz aller Angriffe die Stadt nicht verlassen konnten oder wollten, lebte während der letzten Kriegsjahre eine Anzahl Menschen in den Trümmern, um sich dort dem Zugriff der Polizei zu entziehen. Es waren desertierte deutsche Soldaten, entsprungene KZ-Häftlinge, Zwangsarbeiter aus den besetzten Ostgebieten, daneben aber auch deutsche Zivilisten, die aus dem Untergrund einen erbitterten Kleinkrieg gegen die Vertreter von Partei und Staat führten. In den amtlichen Verlautbarungen erschienen sie als »Banden«, doch traf diese Kennzeichnung keineswegs auf alle zu. Neben kriminellen Elementen, die auf Raub und Plünderung ausgingen, fanden sich Männer und Jugendliche, die aus politischen Motiven vor allem gegen Parteimitglieder Gewalt anwendeten. In Köln bestanden 1944 etwa 20 derartige Gruppen, ihr Tätigkeitsfeld war das gesamte Stadtgebiet. Am 26. November 1944 erschossen sie in Klettenberg in der Nähe der

*Petersberg-/Ecke Hardtstraße, Jahreswende 1944/45*

Rhöndorfer Straße den Leiter der Kölner Gestapo, SS-Sturmbannführer und Regierungsrat Dr. Hofmann. Welchen Umfang die Untergrundtätigkeit in Köln zuletzt angenommen hatte, machte der Lagebericht deutlich, den der Kölner Generalstaatsanwalt am 30. Januar 1945 dem Reichsjustizminister erstattete. Darin hieß es: »Auf das Konto aller Banden gehen insgesamt 29 Morde. Unter den Ermordeten befinden sich 5 politische Leiter, 1 SA-Mann, 1 HJ-Angehöriger, 6 Polizeibeamte, darunter der Leiter der Staatspolizeistelle Köln, SS-Sturmbannführer Regierungsrat Hofmann, der am 26. November im Kampf gegen eine Bande im Stadtteil Köln-Klettenberg fiel, und 2 weitere Beamte der Geheimen Staatspolizei, 11 Zivilisten und 5 Wehrmachtsangehörige... Alle Banden konnten zerschlagen werden.«

Unter den Opfern der polizeilichen Razzien befanden sich auch 49 Mitglieder des »Nationalkomitees Freies Deutschland«, auch »Komitee Volksfront« genannt, die im November 1944 im Hause Sülzgürtel 8 von der Gestapo verhaftet wurden. Die Kölner Gruppe des Nationalkomitees stand unter der Leitung von Willi Tollmann. Dieser, seit 1932 Mitglied der Kommunistischen Partei Deutschlands, war als Soldat 1943 in Polen desertiert und später in Köln untergetaucht. Es gelang ihm, etwa zweihundert Kriegsgegner aus allen Bevölkerungsschichten und politischen Richtungen zusammenzubringen, darunter Arbeiter, Ärzte, Beamte, Richter und sogar zwei nationalsozialistische Parteigenossen. Das Nationalkomitee verfolgte eine ganze Reihe von Zielen, darunter auch solche, die über das Kriegsende hinauswiesen. Als erstes wollte man durch Sabotageakte auf ein möglichst rasches Ende des Krieges hinwirken und den Parteiapparat der NSDAP zerschlagen. Zugleich kümmerte man sich um Fremd- und Ostarbeiter, die legal oder auch illegal in Köln lebten. Für die Zeit nach dem Krieg bereiteten die Komiteemitglieder eine Volksfrontpolitik vor, für die ehemalige Mitglieder aufgelöster oder verbotener früherer Parteien gewonnen werden sollten. Mit dem Zugriff der Gestapo wurden nun alle diese Vorhaben und Absichten gegenstandslos. Die drei führenden Mitglieder des Kölner Komitees, Willi Tollmann, Engelbert Brinker und Otto Richter, wurden in Brauweiler von der Gestapo zu Tode gefoltert. Gegen 42 weitere Mitglieder der Kölner Gruppe verhängte der Volksgerichtshof im April 1945 die Todesstrafe, doch konnten die Urteile zum Glück nicht mehr vollstreckt werden.

Doch dann begann sich ganz allmählich abzuzeichnen, daß die Leidenszeit der Kölner Restbevölkerung ihrem Ende zuging. Die alliierten Truppen, deren Vormarsch auf die Rheinmetropole durch die blutigen Kämpfe im Hürtgenwald nur vorübergehend aufgehalten worden war, näherten sich der Stadt in den letzten Februartagen immer mehr; am 27. Februar schlugen die ersten Artilleriegranaten in den Trümmern ein. Ihnen folgte am 2. März ein letzter Großangriff aus der Luft, über den der »Westdeutsche Beobachter« schrieb: »Am Freitagvormittag unternahmen die Amerikaner einen Terrorangriff auf Köln, der zu den brutalsten gehörte, welche die Stadt je über sich ergehen lassen mußte. Tausende von Spreng- und Brandbomben wurden auf die linksrheinischen Vororte und auf die Innenstadt abgeworfen... Was wollten sie in einer Stadt zerstören, die dem Erdboden gleichgemacht worden ist?...«
Am 6. März 1945 erreichten die ersten alliierten Truppen Kölner Stadtgebiet. Der deutsche Wehrmachtsbericht meldete: »In den westlichen Vorstädten von Köln wird gekämpft.« Am 9. März wurde die Stadt zum letztenmal im Wehrmachtsbericht erwähnt: »Die Amerikaner konnten im Raum Köln die eigenen Kräfte auf das Ostufer des Rheins zurückdrängen.«
Für das linksrheinische Köln war der Krieg zu Ende.

# Und neues Leben blüht aus den Ruinen ...

Köln bot am Ende des Zweiten Weltkrieges ein Bild der Vernichtung und des Grauens. Niemals zuvor in ihrer zweitausendjährigen Geschichte hatte die Stadt Zerstörungen vergleichbaren Ausmaßes hinnehmen müssen. Innenstadt und Vororte bildeten ein einziges riesiges Trümmerfeld. Zusammengestürzte Wohnbauten, ausgebrannte Häuserfassaden, meterhoher Schutt in den Straßen, dazwischen Bombentrichter und umgestürzte Laternen schienen das Ende der einst so lebensfrohen Metropole anzuzeigen. Wo ehedem Fahrbahnen und Bürgersteige lebhaftem Verkehr Raum gegeben hatten, schlängelten sich nunmehr unebene Trampelpfade durch die Schuttmassen, vorbei an herabgerissenen Oberleitungen und verkohlten Balken, die von brennenden Dächern auf die Straße gestürzt waren. Drei Viertel aller Wohnungen waren zerstört, nur einige wenige Häuser ohne größere Schäden davongekommen. Gemessen am Vorkriegsstand war die Stadt fast menschenleer.
Beim Einmarsch der Amerikaner hielten sich im linksrheinischen Teil der Stadt nur noch etwa 10 000 Menschen auf, weitere

30 000 lebten in den rechtsrheinischen Vororten, die seit dem 21. April 1945 ebenfalls von den Amerikanern besetzt waren. Die Stadt hatte etwa 20 000 Bombenopfer zu beklagen, ebenso viele Kölner waren an den vielen Fronten des Krieges gefallen. Von den 15 000 jüdischen Bürgern der Stadt waren über 11 000 deportiert und in den Vernichtungslagern der Nazis ermordet worden.

Vor dem Krieg zählte die Pfarre St. Bruno fast 13 000 Gemeindemitglieder, beim Einmarsch der Amerikaner hausten davon gerade noch 200 in Klettenberg. Ähnlich sah es in den Sülzer Gemeinden aus. Wenn auch die Zerstörungen innerhalb der beiden Vororte nicht das Ausmaß der innerstädtischen Verwüstungen erreichte, waren doch zahlreiche Häuser dem Bombenkrieg zum Opfer gefallen. Die stehengebliebenen Gebäude wiesen fast ohne Ausnahme schwere Schäden auf: zerbrochene Fenster und Türen, umgestürzte Innenwände und abgedeckte Dächer.

Es mutet heute wie ein Wunder an, daß die Kölner trotz aller Verwüstung und Zerstörung nicht aufgaben, sondern sich, kaum daß die Waffen schwiegen, an die ungeheuerliche Aufgabe heranwagten, ihre Vaterstadt wieder aufzubauen. Die Schwierigkeiten erschienen auf den ersten Blick unüberwindlich. Überall fehlte es am Notwendigsten. Die Versorgung der Bevölkerung mit Lebensmitteln kam zwar unter amerikanischer Aufsicht wieder in Gang, doch entstanden bald zusätzliche Engpässe durch den Umstand, daß die während des Krieges aus Köln evakuierten oder geflüchteten Einwohner zurückzukehren begannen; ihre Zahl wuchs von Monat zu Monat, entsprechend vergrößerten sich die Versorgungsprobleme. Der Besatzung war auch im eigenen Interesse daran gelegen, die ärgsten Mängel möglichst rasch zu beheben. So konnten schon am 6. März, dem ersten Tag der amerikanischen Besetzung, Notpumpen des Pumpwerks Stadion die Bevölkerung der westlichen Stadtteile wieder mit Wasser versorgen. Zwei Tage später begann das Kraftwerk der Glanzstoff-Werke in Köln-Niehl den ersten Notstrom für das linksrheinische Köln zu produzieren; Ende März war dieser Teil der Stadt bereits wieder an das RWE-Verbundnetz angeschlossen.

Am 4. Mai 1945 setzte die amerikanische Militärregierung Dr. Konrad Adenauer wieder als Oberbürgermeister von Köln ein. Die Stadtverwaltung arbeitete zunächst unter amerikanischer, seit dem 21. Juni 1945 unter britischer Aufsicht, die gesamte staatliche Gewalt lag bei den alliierten Militärbehörden. Eine der ersten Maßnahmen war die Einführung einer Meldepflicht für alle arbeitsfähigen männlichen Personen zwischen 16 und 60 Jahren zum Arbeitseinsatz mit dem Ziel, die Trümmer zu beseitigen, die Ernährung zu sichern und die Wirtschaft wieder in Gang zu bringen. Arbeitsunwilligen drohte der Entzug der Lebensmittelkarten.

Die ersten Erfolge des angeordneten Arbeitsdienstes stellten sich bald ein. Seit dem 19. Mai war innerhalb der Stadt der Ortspostverkehr eingerichtet, die Müllabfuhr arbeitete wieder seit Anfang Juni, und am 15. desselben Monats begann die städtische Bücherei in Sülz als eine der ersten im Stadtgebiet mit der Ausleihe. Auch an der Wiederherstellung der städtischen Verkehrsverbindungen arbeitete man fieberhaft. Wie sehr sie durch den Krieg in Mitleidenschaft gezogen worden waren, ließ sich daran erkennen, daß der – teilweise eingleisige – Straßenbahnverkehr über die Luxemburger Straße erst im September aufgenommen werden konnte. Und es dauerte länger als ein Jahr, bis wieder Straßenbahnen über die Zülpicher Straße verkehrten.

Im Juli 1945 nahmen die Kölner Volksschulen den Unterricht auf, ihnen folgten im November die höheren Schulen. Improvisation war überall das Gebot der Stunde. Die meisten Schulgebäude waren entweder zerstört oder so schwer beschädigt, daß sie nicht benutzt werden konnten, so auch in Sülz und Klettenberg. Die einzige Ausnahme bildete die Schule am Manderscheider Platz, doch auch dieses Gebäude hatte starke Schäden

# Kölner, Kölnerinnen!

DIE Not, die uns drückt, die materielle, geistige und ethische Not, ist furchtbar. Wenn wir aus dem Abgrund, in den wir gestürzt sind, wieder emporsteigen wollen, müssen wir erkennen, was uns in ihn hineingestürzt hat.

„Wer Wind sät, wird Sturm ernten!"

„Wer das Schwert zieht, kommt durch das Schwert um!"

Das sind wahre Worte. Wir tragen Schuld an unserem Unglück; wir müssen uns klar darüber werden. Die einen haben gesündigt durch die Tat, die anderen durch ihr teilnahmloses Zuschauen, sei es, daß sie blind waren oder daß sie nicht sehen wollten. Wieder andere, die die Macht dazu gehabt hätten, haben nicht eingegriffen und dem Bösen, dem Wahnsinn nicht Einhalt geboten, als es noch möglich war.

Wo sind die Keime des Militarismus und des Nationalsozialismus, dieser entsetzlichen Verirrung des deutschen Geistes? Aus welchem Boden hat das Böse seine Kraft gewonnen? Die tiefsten Wurzeln liegen in dem ungezügelten Materialismus, der seit vielen Jahren unser ganzes Volk ergriffen hat, und in einer aus materialistischem Streben erwachsenen, bis ins äußerste vorgetriebenen Fortbildung des Staatsgedankens, der seit längerer Zeit im ganzen deutschen Volke herrschend geworden war.

Wir wollen nicht verzweifeln, wir wollen zurückschauen auf die wahrhaft große Vergangenheit des deutschen Volkes.

Wir Kölner wollen unsere Stadt neu erstehen lassen aus Schutt und Asche, aus tiefem geistigen Verfall. Es ist eine schwere Arbeit und ein weiter Weg bis zum Ziel. Wir wollen den Weg gehen. Wir wollen das Werk schaffen mit gutem und festem Willen, mit viel Geduld und Ausdauer, mit vereinten Kräften.

Mitbürger! 1950 werden 1900 Jahre vergangen sein seit der Gründung unserer Stadt. Wenn sie in ihr zwanzigstes Säkulum tritt, wird ihr Antlitz noch nicht frei sein von Narben, aber es soll dann doch wieder friedliche und schöne Züge tragen. Die ererbte Heiterkeit ihrer Bewohner soll sich wieder leise regen. Der Geist, der Köln eigen war wie kaum einer anderen Stadt diesseits der Alpen, ihr deutscher und gleichzeitig europäischer Geist, das große Erbe der Römer und der Deutschen, des Christentums und des Humanismus soll dann wieder auferstanden sein.

Helft alle mit, jeder zu seinem Teil, jeder an seinem Platz! Jeder ist wichtig, eines jeden Arbeit ist wertvoll. Wenn wir uns selbst nicht aufgeben, wenn wir mit Mut und Kraft Hand anlegen ans Werk, dann wird Gott uns weiter helfen!

*Dr. A. Adenauer*

*Oberbürgermeister.*

*Aufruf des Kölner Oberbürgermeisters Dr. Konrad Adenauer an die Kölner Bevölkerung, 7. Juli 1945*

davongetragen und mußte, bevor der Unterricht aufgenommen werden konnte, zunächst behelfsmäßig wiederhergestellt werden; Dach und Mauerwerk waren beschädigt, die Fenster ohne Glas, die Heizung defekt. Am 23. Juli fanden sich dann 645 Schülerinnen und Schüler der ersten vier Schuljahre ein, für sie wurden 14 Klassen eingerichtet. Als dann die britische Militärregierung auch die Wiederaufnahme des Unterrichts für die älteren Schüler erlaubte, stieg die Schülerzahl

steil an. Ende März 1946 beherbergte die Schule nicht weniger als 3399 Jungen und Mädchen. Die Zahl der Klassen stieg auf 57; sie mußten schichtweise unterrichtet werden. Welche Schwierigkeiten dabei zu überwinden waren, vermitteln Auszüge aus der Chronik der Schule, die der damalige Rektor E. Mömkes verfaßte:

»28. 9. 45: Obwohl Lehrer und Schüler mit Fleiß und Hingabe bei der Sache sind, leidet der Unterricht sehr unter dem Mangel an

Schulbüchern und Schreibmaterial. Die Schulleitung kaufte Restbestände von Tafeln und Griffeln, Heften und Bleistiften, Federn und Federhaltern und verteilte sie an die Kinder. Da die Schüler oft monate-, ja jahrelang keinen Unterricht erhielten, ist der Leistungsstand in den Klassen sehr schwach und unterschiedlich.

10. 10. 45: Das Schulgebäude ist noch immer in einem trostlosen Zustand: Die Fenster sind zum Teil notdürftig mit Kordelglas geflickt, einige Klassentüren werden durch alte Decken ersetzt, und der Fußboden ist fast überall schadhaft. Damit die notwendigen Ausbesserungen vorgenommen werden können, bringen die Kinder Gips, Zement und alte Schlüssel mit, welche von den Lehrern zurechtgefeilt werden, um wenigstens einige Räume abschließbar zu machen ...

24. 10. 45: Heute werden alle Schüler und Schülerinnen durch Angestellte der städtischen Desinfektionsanstalt entlaust.

3. 1. 46: Der Schüler R. H. des 8. Schuljahres verunglückte heute tödlich. Er wurde auf dem Bahndamm beim Kohleauflesen von einem D-Zug erfaßt und auf der Stelle getötet.«

Am 6. Oktober 1945 enthob der britische Militärgouverneur der Nordrheinprovinz, Brigadier Barraclough, Oberbürgermeister Adenauer seines Amtes mit der Begründung, Adenauer habe »bei der Durchführung der Politik der Militärregierung nicht die genügende Energie gezeigt, insbesonde-re nicht im Bau von Unterkünften für die Bevölkerung als Schutz vor dem kommenden Winter«. Ausgerechnet Adenauer fehlende Energie zu unterstellen, war mehr als ein schlechter Witz. Der eigentliche Grund für die unehrenhafte Entlassung war wohl eher in einem Interview zu suchen, das der Kölner Oberbürgermeister dem Londoner »News Cronicle« gegeben und worüber sich die Militärregierung mächtig geärgert hatte, denn Adenauer behauptete seinerseits, die Briten träfen keinerlei Anstalten, der deutschen Bevölkerung Hausbrand für den kommenden Winter zu besorgen.

Dieser erste Nachkriegswinter wurde zu einer harten Prüfung für die Bevölkerung. Der Hunger grassierte, die Wohnungsnot nahm wegen der in ihre Vaterstadt zurückkehrenden Kölner katastrophale Ausmaße an. Die Stadtverwaltung stand vor schier unüberwindlichen Schwierigkeiten. Eigentlich konnte sie nur den Mangel verwalten. Die täglichen Lebensmittelrationen waren äußerst gering und lagen weit unter dem lebenserhaltenden Mindestmaß. Angesichts dieser allgemeinen Not war es nicht verwunderlich, daß die Bevölkerung alle – auch ungesetzliche – Möglichkeiten wahrnahm, sich zusätzlich Lebensmittel zu verschaffen. Eine Gelegenheit dazu bot der Schwarzmarkt. Dort war fast alles zu haben, was sonst streng rationiert oder überhaupt nicht zugeteilt wurde, allerdings zu stark überhöhten Preisen. Sie waren für viele Bürger unerschwinglich:

| Waren | Menge | Kleinhandelspreise in RMark | Schwarzmarktpreise in RMark |
| --- | --- | --- | --- |
| Weizenmehl | 1 kg | 0,44 | 40,00 |
| Zucker | 1 kg | 1,14 | 120,00 |
| Markenbutter | 1 kg | 3,60 | 540,00 |
| Margarine | 1 kg | 1,96 | 280,00 |
| Vollmilch | 1 l | 0,24 | 10,00 |
| Herrenhalbschuhe | 1 Paar | 20,00 | 800,00 |
| Damenstrümpfe | 1 Paar | 3,00 | 225,00 |
| Kinderschuhe | 1 Paar | 15,00 | 400,00 |

(Preise Köln 1947)

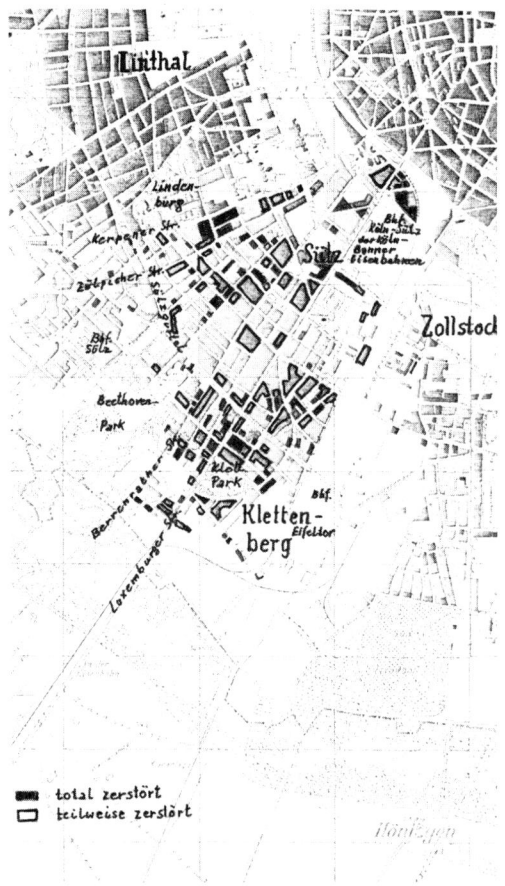

*Bombenschäden in Sülz und Klettenberg, 1945*

Auf dem Schwarzmarkt konnte sich nur versorgen, wer entweder über größere Barmittel oder über Sachwerte verfügte, die dann auf dem Tauschweg in Lebensmittel und Gebrauchsgüter umgesetzt werden konnten. Die Behörden sahen sich selbst außerstande, die Bevölkerung ausreichend zu versorgen, sie verfolgten deshalb den Schwarzhandel nur sehr halbherzig.

Eine weitere Möglichkeit der Versorgung außerhalb der amtlichen Zuteilung boten zumindest den Bewohnern von Klettenberg, Sülz und Zollstock die Gleisanlagen des Güterbahnhofs Köln-Eifeltor. Dort hielten die Versorgungszüge auf ihrem Weg vom oder zum Ruhrgebiet. Deren Kohle war für die gesamte Wirtschaft von äußerster Wichtigkeit; vorrangiges Ziel mußte es deshalb sein,

die Bergleute gut zu versorgen, denn von ihrer Leistungsfähigkeit hing das Schicksal aller ab. Auch auf dem Güterbahnhof Eifeltor kreuzten sich die Kohletransporte in den Süden mit den Zügen, die Versorgungsgüter ins Ruhrgebiet brachten. In großzügiger Auslegung einer Passage der Sylvesterpredigt des damaligen Kölner Erzbischofs Josef Kardinal Frings, daß ein Mensch sich in äußerster Not und zur Abwendung von Lebensgefahr an unbedingt Notwendigem nehmen dürfe, was ihm vorenthalten werde, fand sich mancher an den Gleisen des Güterbahnhofs ein, um die dort haltenden Züge zu »entladen«. Vor allem im äußerst harten Winter 1946/47 wurde »fringsen« zu einer Tätigkeit, an der sich Gerechte und Ungerechte beteiligten. Jedem Haushalt standen zwar für den Winter zwei Zentner Hausbrand zu, doch selbst diese lächerlich geringe Menge konnte nicht überall an die Verbraucher ausgeliefert werden. Ein zusätzlicher Sack Kohlen vom Bahndamm war unter diesen Umständen äußerst wertvoll. Für eine Tasche Kartoffeln aus den geplünderten Versorgungszügen riskierten auch bis dahin unbescholtene Bürger, auf der Polizeiwache oder gar vor dem Staatsanwalt zu landen. Die Polizeibeamten, die mit der Bewachung des Güterbahnhofs beauftragt waren, hatten es schwer. Sie mußten mitnehmen, wen sie an oder in den Güterwagen erwischten; oft waren es ältere Bürger oder Frauen, die sich beim Eintreffen der Beamten nicht schnell genug davonmachen konnten. Die weiten Anlagen des Güterbahnhofs Köln-Eifeltor trugen auf jeden Fall mit dazu bei, daß innerhalb weniger Wochen des Winters 1947 von Kohletransporten zwischen dem Ruhrgebiet und Süddeutschland mehr als 12 000 Zentner abhanden kamen. Wer dringend Heizmaterial benötigte, sich aber den Gefahren an den Bahngleisen nicht aussetzen wollte, verfiel unter Umständen auf den Ausweg, nachts die Parkanlagen aufzusuchen, um dort Bäume zu fällen, gleich an Ort und Stelle zu zersägen und sie anschließend mit einem kleinen Handwagen nach Hause zu transportieren. Bald hatte

*Ecke Gottesweg/Rhöndorfer Straße, 1914*

sich herumgesprochen, daß sich das Holz frisch gefällter Birken besonders gut zum sofortigen Verbrennen eigne. So ist es kein Zufall, daß etwa im häusernahen Teil des Beethovenparks Birken heute kaum anzutreffen sind, obwohl sie im Mischwald des Parks ursprünglich häufig vertreten waren: späte Folgen einer harten Zeit.

Zu Beginn des Winters 1946/47 wohnten in Sülz und Klettenberg bereits wieder über 43 000 Menschen, davon in Klettenberg mit 9000 nur 2000 weniger als 1939, obwohl der Vorort im Krieg fast die Hälfte seines früheren Wohnungsbestandes eingebüßt hatte. Die Wohnungen in Sülz waren »nur« zu einem Drittel zerstört, doch befanden sich die meisten der erhalten gebliebenen Wohnungen in einem äußerst schlechten Zustand. Nach wie vor herrschte großer Baumaterialmangel. Pappe oder Bretter mußten das fehlende Fensterglas ersetzen; oft waren die Fensteröffnungen einfach zugemauert; durch eine kleine Öffnung wurden dann die Abzugsrohre der »Kanonenöfen«, damals einer der am häufigsten verwendeten Wärmequellen, ins Freie geführt. Wer keine Wohnung hatte, war froh, wenn er in Kellerräumen oder Waschküchen eine Notunterkunft fand.

Im April 1946 richtete die Kölner Stadtverwaltung, um der riesigen Schuttberge in den Wohngebieten endlich Herr zu werden, einen »Ehrendienst der Kölner Bevölkerung« ein. Jeder arbeitsfähige Stadtbewohner wurde aufgerufen, mit Schaufel und Hacke seinen Beitrag zu leisten. Aus der Innenstadt wie auch aus den zerstörten Zentren der Vororte führten Feldbahnen zu den vorgesehenen Schuttlagerplätzen, wo die kleinen Kippwagen entleert wurden. Auch in Sülz verkehrten die Trümmertransporte. Von der Münstereifeler Straße aus überquerte eine derartige Feldbahn Sülzgürtel und Neuenhöfer Allee und endete in der ehemaligen Kiesgrube in der Nähe der Berrenrather Straße. Bei der Anlage des Beethovenparks war diese Grube in die gärtnerische Planung einbezogen worden. Nun füllte sie sich mit Trümmerschutt bald über ihren

127

*Ecke Gottesweg/Rhöndorfer Straße, 1943*

*Ecke Gottesweg/Rhöndorfer Straße, 1945*

*Ecke Gottesweg/Rhöndorfer Straße, 1980*

fähigkeit der Menschen machte sich bemerkbar. Das ganze Jahr 1947 hindurch betrug die tägliche Lebensmittelration für den »Normalverbraucher« etwa 1200 Kalorien, zwischen März und Juni sank sie auf knapp 800: zuviel zum Sterben und zu wenig zum Leben. Was die Lebensmittelversorgung betrifft, waren die drei Jahre nach Kriegsende wohl die härteste Zeit, die Kölns Bevölkerung jemals erlebt hat. Sie ging mit der Währungsreform im Juni 1948 zu Ende. Für die meisten war es wie ein Wunder: fast über Nacht begannen sich die Schaufenster der Geschäfte auch mit solchen Waren zu füllen, auf die man jahrelang hatte verzichten müssen. Am 6. Juli 1948 fanden in Sülz und Klettenberg die ersten Wochenmärkte nach dem Krieg statt, sie quollen vor Besuchern fast über.

Die Währungsreform markierte den Beginn des allgemeinen wirtschaftlichen Aufschwungs. Für Köln wurde die Siebenhundertjahrfeier der Grundsteinlegung des Kölner Doms von ähnlich überragender Bedeutung. Die Anwesenheit vieler Würdenträger aus der ganzen Welt mit dem Legaten des Papstes an der Spitze stärkte das angeschlagene Selbstbewußtsein der Kölner; endlich fanden sie ihre Stadt wieder eingereiht unter die großen Kulturmetropolen des Kontinents. Zugleich war mit der Feier vom 15. August 1948 die Frage nach der städtebaulichen Zukunft Kölns endgültig zugunsten des Wiederaufbaus der alten Stadt entschieden, nachdem schon Überlegungen laut geworden waren, das zerstörte Köln dem Verfall zu überlassen und abseits der Trümmer eine neue Stadt zu erbauen. Mit neuer Kraft nahmen nun die Kölner den Wiederaufbau ihrer Stadt und deren Vororte in Angriff.

Im Jahr 1955 wohnten in Sülz und Klettenberg zusammen wieder 55 000 Menschen, so viele wie vor Ausbruch des Krieges. In Sülz hatten sich seit 1946 fast 9000 Einwohner zurückgemeldet oder neu angesiedelt, doch auch Klettenberg erlebte einen erheblichen

Rand hinaus und wurde schließlich zu dem stattlichen Berg, der heute den Beethovenpark überragt.
1946 schaffte die Kölner Bevölkerung rund 727 000 Kubikmeter Trümmerschutt beiseite, im Jahr darauf war es nur noch knapp die Hälfte: die geringer gewordene Leistungs-

Bevölkerungszuwachs. Hier stieg die Einwohnerzahl bis 1955 auf über 14 000 an und damit auf ihren höchsten Stand überhaupt. Die beiden Vororte stellten ein zusammenhängendes Wohngebiet mit über 61 000 Einwohnern dar, konnten allerdings diesen Stand nur kurze Zeit halten. Bereits 1960 zeigte die Bevölkerungsentwicklung eine rückläufige Tendenz; sie hat sich bis in die frühen achtziger Jahre fortgesetzt, weil eine stattliche Zahl von bisherigen Bewohnern in den Landkreis Köln abgewandert ist.

Nach dem kriegsbedingten Stillstand setzte 1955 in Sülz und Klettenberg die Neubautätigkeit wieder ein. Viele Einheimische warteten immer noch darauf, endlich aus den bedrängten Wohnverhältnissen der Nachkriegszeit herauszukommen. Zu ihnen gesellten sich die Heimatvertriebenen aus den deutschen Ostgebieten, die ebenfalls Wohnraum benötigten.

In den folgenden Jahren entstanden an Berrenrather und Luxemburger Straße zwischen Asbergplatz und Militärringstraße neue Wohnviertel zusammen mit der Johanneskirche in der Nonnenwerthstraße als einem weiteren evangelischen Zentrum für alle die Bürger, die sich an der Peripherie der beiden Vororte inzwischen neu angesiedelt hatten. Jenseits der Luxemburger Straße verband nun die Drachenfelsstraße die Geisberg- mit der Rhöndorfer Straße. Im Raum zwischen Siebengebirgsallee, Ölberg- und Geisbergstraße sowie dem Bahndamm füllte sich das Gelände mit einer Reihe von Wohnbauten, darunter Ein- und Zweifamilienhäuser; zum gesamten Bauvorhaben und seiner Verwirklichung leistete die Pfarrgemeinde St. Bruno wie auch die »Gemeinnützige Siedlungsgenossenschaft am Bilderstöckchen« einen erheblichen Beitrag.

Mit der Erschließung und Bebauung des Geländes zwischen Geisberg- und Militärringstraße scheint die Besiedlung Klettenbergs vorläufig abgeschlossen zu sein. Eine der letzten Baulücken schloß das großzügig angelegte Altenheim der Brunopfarre an der Geisbergstraße.

*Innenraum der evangelischen Johanneskirche, Nonnenwerthstraße, 1987*

*Komarhof, 1987*

Ähnlich verhält es sich in Sülz, wo die rechte Seite der Neuenhöfer Allee nunmehr vollständig bebaut ist, nachdem schon vorher das Wohnviertel hinter dem Straßenbahnhof vollendet worden war.

Schon vor dem Zweiten Weltkrieg waren Sülz und Klettenberg zusammen zu Größe und Einwohnerzahl einer Mittelstadt herangewachsen, ohne daß aber Verwaltungszentren und weiterführende Schulen dort zu finden waren. Einzige Ausnahme war die Hildegard-von-Bingen-Schule als höhere Schule für Mädchen. Nachdem aber im Krieg die Bombenangriffe auch die meisten Schulgebäude der Innenstadt zerstört hatten, bot sich die Möglichkeit an, einen Teil der höheren und mittleren Schulen in die Vororte zu verlegen, deren Bevölkerungszahl erheblich rascher anstieg als die im Stadtzentrum. Sülz und Klettenberg profitierten von dieser Entwicklung. Zur Hildegard-von-Bingen-Schule gesellte sich unmittelbar nach Kriegsende das von den Nazis 1939 aufgelöste, nun aber wiedererstandene Apostelgymnasium. Beide Schulen teilten sich während der ersten Nachkriegsjahre in das von Bomben schwer beschädigte, in seiner Bausubstanz aber erhalten gebliebene Gebäude in der Lotharstraße. Anfangs waren die Raumverhältnisse außerordentlich beengt, der Unterricht konnte nur schichtweise stattfinden. Doch Eigeninitiative sowie die in Notzeiten erworbene Kunst des Improvisierens machten es möglich, im Verlauf weniger Jahre wieder zu geordneten Schulverhältnissen zu kommen; der Schichtunterricht konnte schon 1950 aufgehoben werden. Vier Jahre später erhielt Sülz sein zweites Gymnasium, als die Elisabeth-von-Thüringen-Schule den Neubau in der Nikolausstraße bezog; als neusprachliches Gymnasium für Mädchen konnte sie die Hildegard-von-Bingen-Schule entlasten. Der Schülerzustrom zu den höheren Schulen hielt aber unvermindert an, und so entstanden immer wieder neue Engpässe. Selbst die Ansiedlung des Schillergymnasiums 1956 in unmittelbarer Nachbarschaft der Elisabeth-von-Thüringen-Schule brachte in den ersten Jahren nicht die erhoffte Entlastung; diese trat erst viel später ein, als die Zahl der Neuanmeldungen stagnierte und anschließend zu sinken begann.

1961 bezog die Hildegard-von-Bingen-Schule ihr neues Schulgebäude in der Leybergstraße hinter dem Gut Weißhaus, dessen damaliger Besitzer Wolf beim Verkauf des Baugeländes den Preisvorstellungen der Schulverwaltung sehr entgegengekommen war. So kam Klettenberg zu seiner ersten und bisher einzigen höheren Schule.

Das Angebot an weiterführenden Schulen für Sülz und Klettenberg wurde nach dem letzten Krieg durch zwei Realschulen vervollständigt. Seit 1950 ist die Theodor-Heuss-Schule im Schulgebäude Euskirchener Straße angesiedelt, wo auch die Volksschule Lohrbergstraße untergekommen war, ehe sie 1952 an ihren alten Standort zurückkehren konnte. Auch die Theodor-Heuss-Schule erlebte einen derartig starken Zuspruch, daß 1967 der Bau einer zweiten Realschule erforderlich wurde. Sie fand ihren Platz an der Peripherie von Sülz in der Berrenrather Straße und erinnert mit ihrem Namen an Elsa Brandström, die als Schwedin während des Ersten Weltkriegs ihr eben in den Dienst der deutschen Kriegsgefangenen in Sibirien gestellt hatte.

Mit 3 Gymnasien – das Apostelgymnasium hatte 1961 seine endgültige Bleibe in Köln-Lindenthal gefunden –, 2 Realschulen, 4 Grundschulen, 2 Hauptschulen, 2 Sonderschulen sowie den Außenstellen von Berufsschulen verfügen Sülz und Klettenberg heute über ein umfassendes Angebot unterschiedlicher Schulformen, das allen Ansprüchen gerecht zu werden vermag: vorbei sind für die Jugendlichen beider Vororte die mühsamen Zeiten langer Anfahrtswege zu den Schulen in der Innenstadt.

Politisches Leben regte sich nach 1945 nur sehr zögernd. Es sah fast so aus, als hätten viele Deutsche nach den Ereignissen der zwölf Jahre zwischen 1933 und 1945 jedes Interesse an der Politik verloren. Zudem nahm in den Hungerjahren unmittelbar nach Kriegsende der Kampf ums Überleben alle Kräfte in Anspruch.

Die Besatzungsmächte begannen die »Entnazifizierung«, eine wohl notwendige, in ihrer Durchführung und in ihren Ergebnissen aber recht umstrittene Aktion. Oft nämlich entstand dabei der Eindruck, daß die »kleinen Parteigenossen« strenger zur Rechenschaft gezogen würden als manche ehemaligen »hohe Würdenträger«, die sich gegenseitig ihre Abneigung gegenüber Hitler und seinen Verbrechen bestätigten und sich damit ihrer Mitverantwortung zu entziehen suchten.

Nur schrittweise erhielten die Deutschen ihre Selbstverwaltung zurück. So war auch der erste Stadtrat, der in Köln am 17. Januar 1946 zusammentrat, nicht von den Bürgern gewählt, sondern von der britischen Militärregierung eingesetzt. Die erste echte Wahl der Stadtverordneten nach dem Krieg fand am 13. Oktober 1946 statt, nachdem demokratische Parteien inzwischen wieder zugelassen worden waren. Zusammen mit den »alten« Parteien SPD und KPD kandidierten als Neugründungen CDU und FDP. Im Wahlbezirk 4 (Sülz-Klettenberg) brachte die erste freie Wahl nach der Hitlerdiktatur folgende Ergebnisse:

| CDU | SPD | FDP | KPD |
| --- | --- | --- | --- |
| 55,7% | 32,7% | 0,8% | 7,7% |

Der Mißerfolg der FDP ist dem Umstand zuzuschreiben, daß die Partei, gerade erst gegründet, der Masse der Wähler noch nicht genügend bekannt war, während es der CDU gelang, als christliche Partei nicht nur die meisten der katholischen Zentrumswähler, sondern auch evangelische Kreise an sich zu binden. Wie in der letzten freien Wahl dreizehn Jahre zuvor erzielte die KPD ihre größten Erfolge wieder in den Stimmbezirken von Alt-Sülz. In der ein halbes Jahr später folgenden ersten Landtagswahl vergrößerte sich der kommunistische Stimmenanteil noch einmal. Unter dem Eindruck der anhaltenden Hungersnot sank jedoch die Wahlbeteiligung von über 73% bei der Stadtratswahl auf weniger als 57% bei der Wahl des Landtags von Nordrhein-Westfalen. Die beiden großen Parteien mußten erhebliche Stimmenverluste hinnehmen, dagegen konnte die FDP deutlich zulegen und sich insgesamt als Partei konsolidieren.

Inzwischen ist die KPD längst verboten. Ihre Nachfolgerin aber, die DKP, hat auch in den Stimmbezirken von Alt-Sülz nicht mehr an die kommunistischen Erfolge anknüpfen können, die dort vor 1933 und in den ersten Jahren nach Ende des Zweiten Weltkriegs

*Duffesbach, jenseits der Militärringstraße, 1987*

zu verzeichnen waren. Mit dem sozialen Aufstieg großer Teile der Arbeiterschaft geht das Schwinden des ursprünglichen Klassebewußtseins einher; der Großteil ehemaliger kommunistischer Wähler hat seine politische Heimat in der SPD gefunden. Doch haben alle politischen und sozialen Veränderungen der letzten fünfzig Jahre nicht vermocht, in Sülz und Klettenberg einen grundlegenden Wandel der politischen Strukturen herbeizuführen. Die großen Parteien halten bis in die Gegenwart hinein ihre Hochburgen in den gleichen Wohnvierteln wie zu Zeiten der Weimarer Republik vor mehr als einem halben Jahrhundert.

Klettenberg hat sich durch den Wiederaufbau nach 1945 in seinem äußeren Bild kaum verändert und ist der ruhige Wohnvorort geblieben. Seine wenigen Gewerbebetriebe und die Einzelhandelsgeschäfte sind fast ausschließlich an der Luxemburger Straße

*Zülpicher Straße, 1987*

*Klubhaus des 1. F.C. Köln, äußerer Grüngürtel, 1987*

*Zülpicher Straße 315, 1987*

und dem Gottesweg sowie in der Rhöndorfer Straße zu finden. Nur an seinem Ortsrand nach Köln zu ist der Vorort durch die Hochhäuser an der Luxemburger Straße in eine neue Dimension hineingewachsen. Zwischen der Innenstadt und Weißhaus tut sich eine mächtige Betonschlucht auf, deren städtebaulicher Wert durchaus umstritten ist: die einen sprechen von zukunftsweisender Architektur, die anderen von Betonorgie. Wofür man sich selbst auch entscheiden mag, zum erstenmal sind nun mit Gericht und Arbeitsamt zwei Verwaltungszentren von überörtlicher Bedeutung in Klettenberg angesiedelt. Ihr Angebot an Arbeitsplätzen trägt dazu bei, daß in den letzten Jahren die Einwohnerzahl des Vororts wieder zu steigen beginnt.

Auch in Sülz hat sich gerade in jüngster Zeit einiges getan, sehr zum Vorteil des alten Ortskerns. Trotz der vielen Handwerks- und Reparaturbetriebe, die hier angesiedelt sind und zusammen etwa 6000 Arbeitsplätze anbieten, gehört er nach wie vor zu den am dichtesten besiedelten Kölner Stadtvierteln. An die Stelle der im Krieg zerstörten niedrigen alten Häuser treten jetzt immer häufiger vier- oder fünfstöckige Wohnbauten. Geblieben aber sind die alten schmalen Straßen, die dem Autoverkehr zwar wenig förderlich sind, dafür aber um so mehr nachbarschaftlichem Leben. Überall in den engen Straßen sind Bäume angepflanzt, die ersten überhaupt seit über einhundertfünfzig Jahren. Zusammen mit den geradezu anheimelnd wirkenden neuen Straßenlaternen vermitteln sie etwas von dem Flair alter gewachsener Ortschaften; kein Wunder, daß sich viele Menschen davon angezogen fühlen. Das gilt nicht zuletzt für die Studenten der nahen Universität, die sich gern im

*Marsiliusstraße 4, Innenraum, 1987*

*Nikolauskirche, 1987*

alten Sülz aufhalten; ihre Cafés und Speise- gaststätten bestimmen zunehmend das Stra- ßenbild.

Ein reiches kulturelles Leben entfaltet sich heute zwischen der Papst-Johannes-Burse mit ihren Studentenwohnheimen und dem äußeren Grüngürtel, wo der 1. FC Köln, der 1948 aus den beiden alten Vereinen Kölner Ballspiel-Club und Spielvereinigung Sülz 07 entstanden ist, sein Domizil aufgeschlagen hat. In Sülz leben und arbeiten eine Reihe von Künstlern, hier haben sich Galerien und Antiquitätengeschäfte niedergelassen, hier sind die »Bläck Fööss« zu Hause. Sänger- gruppe wie Fußballklub mögen für eine lan-

ge Reihe von weltlichen wie kirchlichen Vereinen stehen, die in Sülz und Kletten- berg wirken und ein breitgefächertes Ange- bot für alle bereithalten: für die »besseren« Leute in Klettenberg ebenso wie für die »einfachen«, aber keinesfalls weniger selbstbewußten im alten Sülz. Hier und dort kann jeder auf seine Kosten kommen.

Es ist viel geschehen in der alten Stadt Köln und vor ihren Mauern während der letzten zweitausend Jahre. Auch beiderseits des Duffesbachs zwischen Komar, Weißhaus und der Lindenburg hat die Geschichte ihre Spuren hinterlassen. Man braucht nur hin- zuschauen – es lohnt sich.

# Literaturverzeichnis

Adenauer, P., Konrad Adenauers sportpolitisches Wirken als Oberbürgermeister von Köln 1917–1933, in: Jahrbuch des Kölnischen Geschichtsvereins, Köln 1986

Aubin, H., Die Weistümer der Rheinprovinz, 2. Abt. Band 2, Amt Brühl, in: Publikationen der Gesellschaft für rheinische Geschichtskunde XVII, Bonn 1914

Aubin, H., Rheinische Agrargeschichte, in: Geschichte des Rheinlandes von der ältesten Zeit bis zur Gegenwart, Band 2, Essen 1922

Bayer, J. (Hrsg.), Köln um die Wende des 18. und 19. Jahrhunderts (1770–1830), Köln 1912

Bergmann, H. (Hrsg.), Die großen Clubs: 1. FC Köln, Fribourg/Schweiz 1978

Bericht über den Stand und die Verwaltung der Gemeindeangelegenheiten der Stadt Köln in den Etatsjahren 1891–1900, Cöln 1902

Boerner, A., Kölner Tabakhandel und -gewerbe 1628–1910, in: Rheinisch-westfälisches Wirtschaftsarchiv, Band 2, Essen 1912

Borger-Zehnder, Köln – die Stadt als Kunstwerk, Köln 1982

Borth, W., Die hydrographischen Verhältnisse (des Landkreises Köln), in: Berichte zur deutschen Landeskunde, Band 10, 1951

Braubach, M., Vom Westfälischen Frieden bis zum Wiener Kongreß, in: Rheinische Geschichte, Band 2, Düsseldorf 1976

Breuer, W., Burgbann und Bannmeile von Köln, Diss. Bonn 1921

Buttler, W., Die Bandkeramik in ihrem nordwestlichen Verbreitungsgebiet, 1931

Buyken-Conrad (Hrsg.), Die Amtleutebücher der kölnischen Sondergemeinden, Weimar 1936

Buyken-Conrad (Hrsg.), Die Kölner Schreinsbücher des 13. und 14. Jahrhunderts, Weimar 1937

Carnus, A. G., Reise in die Departemente des ehemaligen Belgiens und des linken Rheinufers am Ende des Jahres X der Republik, übersetzt von A. Chr. Borheck, Köln 1803

Cardauns, H., Köln in der Franzosenzeit, Bonn 1923

Clemen, P. (Hrsg.), Die Kunstdenkmäler der Stadt Köln, in: Die Kunstdenkmäler der Rheinprovinz, Düsseldorf 1934

Conrady, A., Die Rheinlande in der Franzosenzeit (1750–1815), Stuttgart 1922

Engels, W., Ablösungen und Gemeinheitsteilungen in der Rheinprovinz, Bonn 1957

Ennen, E., Geschichte der Stadt Köln, Köln und Neuß 1865

Ennen, Edith, Wechselwirkungen mittelalterlicher Agrarwirtschaft und Stadtwirtschaft, aufgezeigt am Beispiel Kölns, in: Cultus und Cognito, Warschau 1976

Ennen, Edith, Grundzüge des niederrheinischen Städtewesens, in: Soziale und wirtschaftliche Bindungen im Mittelalter am Niederrhein, Kleve 1981

van Eyll, K., Wirtschaftsgeschichte Kölns vom Beginn der preußischen Zeit bis zur Reichsgründung, in: Zwei Jahrtausende Kölner Wirtschaft, Band 2, Köln 1975

van Eyll, K., In Kölner Adreßbüchern geblättert, Köln 1978

Fabricius, W., Erläuterungen zum Geschichtlichen Atlas der Rheinprovinz, Band 2: Die Karten von 1789, Bonn 1898

Fischer, L., Köln im Luftkrieg 1939–1945, in: Statistische Mitteilungen der Stadt Köln, 9. Jg. Heft 2, Köln 1954

Galsterer, B. u. H., Die römischen Steininschriften aus Köln, in: Wissenschaftlicher Katalog des Römisch-Germanischen Museums II, Köln 1975

Göbel, E., Das Stadtgebiet von Köln; ein Abriß seiner Entwicklungsgeschichte von der Römerzeit bis zum Ende des zweiten Weltkriegs, in: Städtische Mitteilungen Köln, Sonderheft 1, Köln 1947

Hagen, G., Buch von der Stadt Köln, Köln 1921

Hagen, J., Römerstraßen der Rheinprovinz, Bonn 1932

Handbuch der Erzdiözese Köln, Band I, II, Köln 1966

Hashagen, J., Die Rheinlande beim Abschluß der französischen Fremdherrschaft, in: Hansen, Die Rheinprovinz 1815–1915, 1. Band, Bonn 1917

Hävernick, W., Der Kölner Pfennig im 12. und 13. Jahrhundert. Periode der territorialen Pfennigmünze, Stuttgart 1930

Hävernick, W., Die Münzen von Köln vom Beginn der Prägung bis 1304, Köln 1935

von Hellfeld, M., Widerstand und Verfolgung 1933–1945, Köln 1981

Herrmann, W., Wirtschaftsgeschichte der Stadt Köln 1914–1970, in: 2000 Jahre Kölner Wirtschaft, Band 2, Köln 1975

Hennes, J. H., Der Kampf um das Erzstift Köln, Köln 1878

Hilgers, Kisker, Murmann, Schäfke, Köln-Klettenberg, in: Rheinische Kunststätten, Heft 298, Neuss 1984

Hilliger, B., Die Urbare von St. Pantaleon, Bonn 1902

Historisches Archiv Köln (Hrsg.), Widerstand und Verfolgung in Köln 1933–1945, Köln 1974

Irsigler, F., Kölner Wirtschaft im Spätmittelalter, in: 2000 Jahre Kölner Wirtschaft, Köln 1975

Jasper, K., Der Urbanisierungsprozeß, dargestellt am Beispiel der Stadt Köln, in: Rheinisch-westfälisches Wirtschaftsarchiv zu Köln E. V., Köln 1977

Kaspers, H., Comitatus nemoris. Die Waldlandschaft zwischen Maas und Rhein, Düren/Aachen 1957

Katholischer Arbeiterverein Köln-Sülz (Hrsg.), Festschrift zum Silberjubiläum, Köln 1921

Kersten, W., Die niederrheinische Grabhügelkultur, Bonner Jahrbücher 1948

Keussen, H., Köln im Mittelalter, Bonn 1918

Kirchenchor St. Nikolaus, Köln-Sülz (Hrsg.), 100 Jahre Kirchenchor St. Nikolaus, Köln 1986

Klein, A., Köln im Dritten Reich, Köln 1983

Klersch, J., Von der Reichsstadt zur Großstadt, Köln 1925

Klersch, H., Stadtbild und Wirtschaft in Köln 1794–1860, Ungedruckte Dissertation, Köln 1921

Kliesing, G., Die Säkularisation in den kurkölnischen Ämtern Bonn, Brühl, Hardt, Lechenich und Zülpich in der Zeit der französischen Fremdherrschaft, Dissertation Bonn 1932

Klinkenberg, J., Köln a. Rh. und seine Kirchen, Köln 1909

Klüssendorf, N., Studien zur Währung und Wirtschaft am Niederhein vom Ausgang der Periode des Regionalen Pfennigs bis zum Münzvertrag von 1357, in: Rheinisches Archiv Nr. 93, Bonn 1974

Knipping, R., Die Regesten der Erzbischöfe von Köln, Band I, II, Bonn 1901

Kocka, J., Lohnarbeit und Klassenbildung, Berlin u. Bonn 1983

Köln 1945. Zerstörung und Wiederaufbau. Beiheft zur Ausstellung des Historischen Archivs der Stadt Köln in der Stadtsparkasse Köln

135

Kruse, S. E., Kölnische Geldgeschichte bis 1386, in: Westdeutsche Zeitschrift, Ergänzungsheft IV, Trier 1888

Kuczynski, R., Arbeitslohn und Arbeitszeit in Europa und Amerika 1870–1909, Berlin 1913

Kuczynski, R., Die Entwicklung der gewerblichen Löhne seit der Begründung des Deutschen Reiches, Berlin 1909

Kuphal, E., Kopiar des Klosters St. Pantaleon, in: Mitteilungen Stadtarchiv Köln 1926

Kuske, B., Die Großstadt Köln als wirtschaftlicher und sozialer Körper, Köln 1928

Kuske, B., Zur Geltung der Stadt, ihrer Waren und Maßstäbe in älterer Zeit, in: Jahrbuch des Kölnischen Geschichtsvereins Nr. 17, Köln 1935

Lacomblet, J. Th., Urkundenbuch für die Geschichte des Niederrheins, Band I, IV, Düsseldorf 1840, 1858

Lau, F., Die Entwicklung der kommunalen Verfassung und Verwaltung der Stadt Köln bis zum Jahre 1396, Bonn 1898

von Loesch, H., Die Grundlagen der ältesten Kölner Gemeindeverfassung, in: Zeitschrift der Savigny-Stiftung für Rechtsgeschichte, Germanische Abteilung, 1933

Lossum, M., Der kölnische Krieg, München/Leipzig 1898

Lung, W., Die vorgeschichtlichen Funde von der Nieder- und Mittelterrasse im Kölner Westen, in: ZS Mannus 24, 1932

Lung, W., Neufunde der Alt- und Mittelsteinzeit im Kölner Westen, in: ZS Mannus 32, 1940

Matzerath, H. (Hrsg.), ». . . Vergessen kann man die Zeit nicht, das ist nicht möglich . . .«, Kölner erinnern sich an die Jahre 1929–1945, Köln 1985

von Mering, F. E., Geschichte der Burgen, Rittergüter, Abteien und Klöster in den Rheinlanden und den Provinzen Jülich, Cleve, Berg und Westphalen, Heft 1–12, Bonn u. Köln 1833–1861

Meynen, H., Köln und sein Umland in alten Graphiken, Köln 1978

Most, Kuske, Weber (Hrsg.), Wirtschaftskunde für Rheinland und Westfalen, Berlin 1931

Müller-Miny, H., Die linksrheinischen Gartenbaufluren der südlichen Kölner Bucht, in: Berichte zur Raumforschung und Raumordnung, Band V, Leipzig 1940

Niessen, J., Geschichtlicher Handatlas der deutschen Länder am Rhein; Mittel- und Niederrhein, Köln 1950

Novy, K. (Hrsg.), Wohnraum in Köln. Geschichte der Baugenossenschaften, Köln 1986

Oppermann, O., Rheinische Urkundenstudien, Bonn 1922

von Petrikovits, H., Rheinische Geschichte in 3 Bänden, hrsg. von Petri u. Droege, Düsseldorf 1978

Pfarramt St. Albertus Magnus, Köln-Kriel (Hrsg.), Die alte Pfarre und Herrlichkeit Kriel, Köln 1963

Pfarramt St. Albertus Magnus, Köln-Kriel (Hrsg.), 25 Jahre St. Albertus Magnus im Schatten des Krieler Domes, Köln 1964

Pfarrgemeinderat St. Nikolaus, Köln-Sülz (Hrsg.), Festschrift St. Nikolaus, Pfarrbrief 3/78, Köln 1978

Pfarrgemeinderat und Kirchenvorstand von St. Bruno (Hrsg.), 50 Jahre St. Bruno, Köln-Klettenberg 1926–1976, Köln 1976

Porsch, R. (Hrsg.), 90 Jahre KAB Köln-Sülz, Köln 1986

Pütz, H., Die Grundstückspolitik der Stadt Köln, Diss. Bonn 1929

Rademacher, C., Germanische und gallische Kulturen am Niederrhein, in: ZS Mannus 6, Ergänzungsband 1928

Rademacher, C., Die Chronologie der Germanengrabfelder in der Umgebung von Köln, in: ZS Mannus 14, 1922

Rademacher, C., Germanische Lathène im Kölner Gebiet, in: Schumacher-Festschrift 1930

Rademacher, C., Vor- und Frühgeschichte des Stadtgebiets von Köln, Köln 1926

Repgen, K., Märzbewegung und Maiwahlen des Revolutionsjahres 1848 im Rheinland, Bonn 1955

von Restorff, F., Topographisch-statistische Beschreibung der Königlich Preußischen Rheinprovinzen, Berlin und Stettin 1830

Riedel, M., Köln, ein römisches Wirtschaftszentrum, Köln 1982

Rosellen, R. W., Geschichte des Dekanats Brühl, Köln 1887

Schmitz, H., Anbau und Bodenbenutzungsformen in der Kölner Bucht und den angrenzenden Höhengebieten, Diss. Bonn 1932

Schmitz, H., CCAA, Köln 1956

Schöningh, H., Der Einfluß der Gerichtsherrschaft auf die Gestaltung der ländlichen Verhältnisse in den niederrheinischen Territorien Jülich und Köln im 14. und 15. Jahrhundert, in: Annalen des Historischen Vereins für den Niederrhein, Band 79, 1905

Schrörs, H., Das Testament Erzbischofs Bruno I. von Köln (953–65), in: Annalen des Historischen Vereins für den Niederrhein, Band 91, Köln 1911

Schulteis, C., Erläuterungen zum geschichtlichen Atlas der Rheinprovinz, Band 1: die Karten von 1813 und 1818, Bonn 1894

Schumacher, K., Siedlungs- und Kulturgeschichte der Rheinlande von der Urzeit bis ins Mittelalter, Band I, II, III, Mainz 1923

Schwarz, S. (Hrsg.), 50 Jahre Tersteegenhaus 1928–1978, Köln 1978

Simon, P., Köln im Luftkrieg, Köln 1957

Staatliche Hildegard-von-Bingen-Schule (Hrsg.), Festschrift zur Einweihung des neuen Gebäudes, Köln 1961

Stadtbezirks-Sportverband Köln-Lindenthal e. V. (Hrsg.), Die Kölner Sportvereine im Bezirk 3, Köln 1986

Stadt Köln – Der Oberstadtdirektor (Hrsg.), Kulturpfade Bezirk 3 (Lindenthal), ohne Jahresangabe

Stadt Köln (Hrsg.), Die Stadt Köln im ersten Jahrhundert unter preußischer Herrschaft 1815–1915, Köln 1916

Statistisches Bureau im Auftrage des Oberbürgermeisters (Hrsg.), Mitteilungen über die Stadt und die Verwaltung der Stadt Köln, 1. Heft, Köln 1883

Statistisches Jahrbuch der Stadt Köln für 1914, 4. Jahrgang, Köln 1915

Steinbach, F., Der Ursprung der Kölner Stadtgemeinde, in: Rheinische Vierteljahrsblätter 19, 1954

Steinbach, F., Die Veränderungen der Agrarverhältnisse im 18. Jahrhundert unter der Fremdherrschaft und im 19. Jahrhundert, in: 1000 Jahre deutscher Geschichte und deutscher Kultur am Rhein, hrsg. von Alois Schulte, Düsseldorf 1925

Stelzmann, A., Illustrierte Geschichte der Stadt Köln, Köln 1961

Stoll, H., Die fränkische Besiedlung der südlichen Kölner Bucht, in: Rheinische Vorzeit in Wort und Bild, Jahrgang 2, 1939

Tackenberg, K., Fundkarten zur Vorgeschichte der Rheinprovinz, in: Beiheft 2 der Bonner Jahrbücher, Bonn 1954

Taylor-Niessen, Frontstadt Köln, Düsseldorf 1980

Walter, F., Das alte Erzstift und die Reichsstadt Köln, Bonn 1866

Weingarten, H., Die Erbgenossen vom Sülzer Feld, Köln 1976

Weise, E., Urkundenwesen und Geschichtsschreibung des Klosters St. Pantaleon zu Köln im 12. Jahrhundert, in: Jahrbuch des Kölnischen Geschichtsvereins Nr. 11, 1929

Wenzel, H., 75 Jahre öffentlicher Nahverkehr. 50 Jahre elektrische Straßenbahn in Köln, Köln 1952

Wisplinghoff, E., Beiträge zur Wirtschaftsgeschichte des Klosters St. Pantaleon, in: Aus kölnischer und rheinischer Geschichte, Köln 1969

Wrede, A., Das Klostergut Sülz bei Köln, in: Beilage zum Jahresbericht des Schiller-Gymnasiums zu Köln-Ehrenfeld, Köln 1909

Wrede, A., Die Kölner Bauerbänke, Diss. Tübingen 1905

Zanders, J., Der antifaschistische Widerstandskampf des Volksfrontkomitees »Freies Deutschland« in Köln im Jahre 1943/44, in: Beiträge zur Geschichte der deutschen Arbeiterbewegung, Band 2, 1960

Zschocke, R., Siedlung und Flur der Kölner Ackerebene zwischen Rhein und Ville, in: Kölner geographische Arbeiten, Heft 13

# Bildnachweis

H.-M. Becker: S. 10, 131, 132, 133; Evang. Kirchengemeinde Köln-Sülz/Klettenberg: S. 106, 129; Historisches Archiv der Stadt Köln: S. 19, 23, 24, 27, 57, 59; H. Keller: S. 86, 90; Kölnisches Stadtmuseum: S. 13, 14, 18, 52, 126; Privatbesitz: S. 69, 75, 82, 87, 88, 89, 93, 95, 103, 105, 112, 121, 127, 128; „Rheinische Kunststätten", Heft 298: S. 81, 104; Rheinisches Bildarchiv Köln: S. 9 links, 17, 26, 36, 38, 40, 43, 47, 50, 51, 62, 85, 97, 101; Römisch-Germanisches Museum Köln: S. 9, 10.